원격교육입문

기술복제시대 교육에 대한 이해

신나민 지음

서현사

서문

신나민의 책 『원격교육입문』의 발간을 기쁘게 생각합니다. 원격교육에 대해서는 세 권이 넘는 종합적인 핸드북이 이미 출판되었습니다. 그리고 또 이런 책이 출판되는 것을 보면 원격교육이 이제 완전히 전문화되고 점점 더 전 세계 학자들과 교육 기획자들에 의해 인정받는 과정에 있음을 알게 됩니다.

원격교육에 대한 수요는 점점 더 증대하고 있습니다. 많은 대학들이 원거리에서 가르치는 새로운 코스를 개설하고 있고, 원격대학들은 석사학위 과정까지 원격교육으로 제공합니다. 열린대학, 가상대학, 기업대학들도 전 세계의 학생들을 대상으로 원격교육을 제공하므로 원격교육 등록자는 급격히 늘어나고 있습니다. 자연히 학문적인 문헌에서도 원격교육은 그 어느 때보다도 더 자주 그리고 광범위하게 다루어지고 있습니다.

이 책을 읽기 전에 원격교육을 이해하는 데 있어 아주 중요한 몇 가지 측면들을 알아두는 것도 좋을 듯합니다. 원격교육은 단순히 컴퓨터와 인터넷 같은 새로운 기술매체의 이용에 의해 초래된 새로운 형태의 교육을 말하는 것이 아닙니다. 원격교육은 면대면 교실수업의 모방이나 그것의 또 다른 '버전' 도 아닙니다. 전통적인 수업(주로 설명식 수업과 수용식 학습)으로부터 풍부하고도 새로운 교육적 방법으로의 변화는 이전과는 전혀 다른 형태의 학습양식을 가져왔습니다. 그리고 이런 변화는 가르치는 사람과 배우는 사람 모두 자신들이 익숙해 있던 교수와 학습에 대해 다시 생각해보게끔 종용합니다. 이러한 '리폼' 과정을 거치면 교수자와 학습자는 모두 전통적인 것과는 좀 낯선 새로운 기술과 전문지식을 개발하게 될 것입니다.

왜 그런지 한번 살펴봅시다. 원격교육은 전통적인 교육적 양식에 강하게 도전하는 측면이 있습니다. 원격교육을 제공하려면 관습적인 교육기관의 구조를 넘어서야 합니다. 원격교육은 지역, 지방, 그리고 국가의 경계를 넘나듭니다. 원격교육은 자기 학습을 돕기 위해 질 높은 교수자료의 개발을 준비합니다. 원격교육은 고도로 멀티 미디어적인 접근을 인정합니다. 원격교육은 학습 프로그램에 있어 상호작용적 의사소통과 정보기술을 통합시킵니다. 원격교육은 학생들이 인터넷을 통해 서로 소통하고 협동할 것을 격려합니다. 원격교육은 학생들이 자기 학습을 계획하고, 조직하고, 또 때로는 스스로 평가하도록 자율적이며 자기 통제적이 되도록 고무합니다. 그리고 원격교육은 전문적인 튜터, 멘토, 카운슬러를 통해 학생들에게 학문적 지원을 제공합니다.

게다가 원격교육은 사회적 변화와 기대에 부응하며, 상당히 혁신적인 영향력을 지니고 있습니다. 원격교육은 교육을 보편화하는 데 기여하며, 전통적인 기관으로부터 교육기회를 차단당한 상당수의 학습자들에게 다가갑니다. 그리고 사회적으로 소외 받은 집단을 교육하는 특별한 임무를 수행하기도 하며, 학업과 직업을 연결시키고, 성인학습자들이 평생교육을 수행하는 데 도움을 주기도 합니다. 이 모든 교육적 노력은 시간, 공간, 그리고 인적 자원을 완전히 다른 양식으로 관리함으로써 그리고 교수와 학습을 산업화함으로써만 가능했습니다.

이 책, 『원격교육입문』을 읽는다는 것은 그 자체의 구조와 특성을 지닌 새로운 페다고지의 세계로 들어가는 것을 의미합니다. 따라서 이 새로운 형태의 교육의 장단점을 면대면 교실 수업의 장단점과 비교하는 것은 완전히 잘못된 것입니다. 원격교육은 그 자체의 기준에 의해 판단되어야 합니다. 나는 여러분이 이 중재된 학습의 새로운 시스템적 특징에 대해서 알고, 미래에는 이런 특징이 교수와 학습에 더 의미 있는 영향력을 가져올 것이라는 것을 깨달았으면 합니다.

2007년 1월 19일
오토 피터스
독일, 하겐에서

Preface

I am delighted with the publication of Namin Shin's book, Introduction to Distance Education. After the recent arrival of no less than three comprehensive handbooks on distance education, her book is another significant event which shows that distance education is now fully professionalized and in the process of being more and more recognized by academic experts and educational planners worldwide.

This book is timely and more than topical as there is presently a growing demand for distance education. Many more universities establish new courses which are taught at a distance, single mode distance teaching universities offer even MA courses, open, virtual and corporate universities cater for great numbers of students in industrialized, developing and threshold countries. Consequently, enrolments have increased dramatically. Never before was distance education so popular and so often dealt with in scholarly literature.

Before reading this book it might be advantageous to become aware of a special aspect of distance education which is of paramount importance. Distance education is not just a new format of education brought about by the use of new technical media, especially the computer and the net. It is not another version, not a replica of face-to-face classroom education. The change from traditional instruction-mainly expository teaching and receptive learning-to a wealth of new pedagogical approaches in distance education is a radical one and leads to an entirely new architecture of learning. This obliges traditional teachers and students to rethink and redesign their teaching and learning as well as the teaching and learning behaviour they are used to. Being involved in this reform process they will have to develop new skills and expertise which are alien to traditional teaching.

In order to justify this assertion readers are reminded of the following specific features of distance education : Distance education strikes forcibly against traditional educational patterns, transcends conventional academic institutional structures, transgresses boundaries of locations, regions, and nations, prepares high quality teaching material for self-learning, realizes the multi-media approach fully, integrates interactive communication and information techniques in the learning programmes, inspires students to learn by communicating and collaborating on the net, enables students to become autonomous, self regulated learners who plan, organize and quite often also evaluate their own learning, and provides for academic support by specialized dedicated tutors, mentors, and counsellors.

Furthermore, distance education responds to general societal trends, anticipates and realizes change, has a tremendous innovative impact, helps to universalize education, reaches large numbers of students who are otherwise barred from education at traditional institutions, performs a special humanistic mission as it endeavours to achieve social advancement of disadvantaged and underserved groups, links learning and work, focuses on adult students and contributes effectively to continuing and lifelong education. All these pedagogical innovations have only been possible by managing space, time and human resources in an entirely new different way and by industrializing learning and teaching.

Reading Namin Shin's book on distance education means entering a new pedagogical world with its own structure and properties. Comparing the advantages and drawbacks of this new format of education to those of face-to-face teaching in classrooms is therefore totally wrong. Distance education must be judged against its own criteria. It is important to know this already in the beginning. Readers should know these contours of this new system of mediated learning beforehand and recognize its unique innovative impact on learning and teaching which will assume even greater significance in the future.

January 9, 2007
Otto Peters
Hagen, Germany

머리말

'원격교육을 공부하고 싶은데 컴퓨터를 잘 다룰 줄 몰라서…' 라고 말끝을 흐리는 학생들을 많이 접했다. 컴퓨터와 원격교육이 도대체 무슨 상관인가? 이 책은 이런 학생들 혹은 원격교육 분야에 관심을 가진 일반인을 위한 입문서이다. 입문서는 쉽고 재밌어야 한다는 생각에서 두 가지 전략을 택했다. 하나는 '흥부놀부' 전략, 또 하나는 '감' 전략이다.

흥부놀부 전략은 독자가 이 책을 이야기책처럼 읽게 하자는 계획이었다. 수업시간에 들어가 수업할까, 이야기해줄까 하면 학생들은 십중팔구 이야기해달라고 한다. 그러면 나는 좋아, 하면서 수업을 이야기처럼 한다. 이러쿵, 저러쿵 이야기를 하다보면 수업의 중요한 내용이 다 꿰어 나오기 마련이다. 중반이 넘어 가면 학생들은 속았다는 눈빛을 보이지만 그리 싫지는 않은 표정이다.

그런데 이 전략을 책으로 구현하고 실험해 본 결과는 또 달랐다. 수업은 구술성이 강하니까 이야기 전략이 어느 정도 먹혔는데, 책을 이렇게 쓰니까 학생들이 사뭇 불편해했다. 책을 다 읽고도, 정리를 또 해달라는 것이다. 그러니까 흥부놀부 이야기를 다 읽고 나서 마지막에 이 책의 교훈, 하면서 권 · 선 · 징 · 악, 이렇게 마침표를 찍어달라는 것이다. 내용도 딱딱 정리해서 일목요연하게 해달라고 했다. 한마디로 기억하기 쉽고 중요한 게 뭔지 금방 드러나게 해달라는 것이다. 그래서 표, 그림, 주가 생각보다 많아졌다. 그런데 내 의도는 오히려 이에 반하는 '감' 전략이었다.

감 전략은 이 책을 읽고 이 분야에 대해 대략 감만 잡으면 된다는 의도이다. 삼십대 후반에 운전을 처음 배우면서 나는 이 '감' 이 얼마나 중요한지를 깨달았다. 강사가 설명은 별로 해주지 않고, 그냥 감으로 하는 겁니다, 라고 했을 때 정말 답답했다. 그 해 겨울 내내, 나는 이 '감' 이 언제 오나 하고 기다렸다. 그런데 연습을 자꾸 하다 보니까 그제서야 그 말이 이해가 되었다.

이 책의 내용과 구성에 대해서는 1장의 말미 '원격교육입문' 에 소개되어 있다. 독자들 중 특히 학생들에게는 책의 내용을 첫째, 둘째, 셋째 혹은 1, 2, 3 이렇게 정리해서 외우고, 시험 한번 보고 나서 잊어버리지 말고, 그냥 읽으라고 부탁드리고 싶다. 그편이 훨씬 오래 간다. 예를 들어, 이 책을 읽고 당장 원격교육 코스를 개발하기는 힘들지 모른다. 하지만 그 일이 어떻게 진행될 것인지에 대해서는 전체적인 그림을 그릴 수 있을 것이다. 그리고 이 분야에 대해 더 관심이 생긴다면 저자로서는 더욱 기쁘겠고, 그런 분들께는 좀 더 전문적인 관련 서적이나 자료를 참고하시길 부탁드린다.

이 책의 출판에 가장 공헌이 큰 이는 이 책의 초고로 수업을 같이 한 22명의 동국대학교 학생들이다. 2006년 2학기 원격교육론 강좌를 수강한 이들은 매주 각 장의 원고를 읽으며 엄청난 지적 에너지로 아낌없는 비판을 해주었다. 이 때 책을 쓰면서 처음으로 행복하다고 느꼈다. 이 학생들의 애정과 관심 덕분에 책의 내용이 이나마 좋아질 수 있었다. 이들 모두에게 고마움을 전한다.

그 밖에도 많은 분들이 이 책의 출판에 도움을 주셨다. 우선, 김신일 선생님과 마이클 무어 선생님, 두 분 은사의 지도와 격려에 감사드린다. 두 분 선생님을 만난 것은 교육학과 원격교육 분야를 공부하는 데 있어 정말 큰 행운이었다. 서문을 흔쾌히 써주신 오토 피터스 교수님의 격려도 많은 힘이 되었다. 서문을 번역하다 보니 이 책의 모든 내용이 여기다 들어있구나, 하고 느낄 수 있었다. 독자들에게도 분명히 인상 깊은 서문이 될 것 같다. 그리고 평소에 무척 존경하는 동국대학교 교육학과의 모든 교수님들께는 그저 감사드릴 뿐이다. 이분들의 이해와 지극한 애정이 없었다면 현실적으로 이 책이 나오기는 힘들었을 것이다. 책의 디자인에 도움을 준 이정훈 선생과 민선욱, 김태현에게도 고마움을 전한다. 마지막으로, 까다로운 주문을 모두 수용하면서 정성껏 책을 만들어 주신 조재성 사장님과 서현사의 편집부 가족들에게 감사드린다.

2007년 4월

남산이 보이는 연구실에서

신나민

차 례

제4장 원격교육 생산양식

제5장 원격교육의 진화

제6장 인터넷 시대의 원격교육

제7장 현존감과 관계성

제8장 원격학습자

제9장 테크놀로지

제10장 기술선택 : 'ACTIONS'

제11장 글로벌 교육

제1장 서론 : 원격교육의 이미지

시뮬레이션
용어들
정의들
원본과 복제
아류와 첨단
원격교육입문

일찍이 사람들은 사진의 예술성 여부를 두고 이러쿵 저러쿵 많은 실랑이를 벌였다. 그러나 그들은 정작 이에 선행되어야 할 물음, 즉 사진의 발명으로 인해 예술의 전체 성격이 바뀐 것이 아닐까 하는 물음은 제기하지 않았다(발터 벤야민, 반성완 편역, 1983: 210).

일찍이 사람들은 '원격교육'의 효과성 여부를 두고 많은 실랑이를 벌였다. 그러나 그들은 정작 이에 선행되어야 할 물음, 즉 원격교육으로 인해 '교육'의 전체 성격이 바뀐 것은 아닐까 하는 물음은 제기하지 않았다.

'교육이 무엇인가' 에 대해 물으면 사람들은 대부분 난색을 표한다. 하지만 우리는 일상의 경험 속에서 교육에 대한 나름대로의 정의와 이해를 가지고 있다. '원격교육' 에 대해서도 마찬가지이다. 문헌에서 말하는 정의를 살펴보기에 앞서 우리의 이해를 먼저 점검해 보자.

시뮬레이션

원격교육 강의 첫 시간에 학생들과 함께 하는 아주 단순하고도 효과적인 시뮬레이션이 있다. 우선 '원격교육론' 같은 한 학기 강의를 머릿속에 떠올려보자. 이 수업을 위해 1주일에 2~3시간은 정해진 시간에 정해진 장소에 물리적으로 현존해야 한다. 그리고 교수님과 동료 학생들을 약 16주에 걸쳐 정기적으로 만난다. 이 정기적 만남에서 많은 활동들이 이루어진다. 그런데 매주 만나지 않고 2주에 한 번씩 만나면 어떨까? 수업시간이 줄어들테니 못 다한 활동을 보완하기 위해 2주 동안 수행해야 할 과제나 활동이 부여될 것이다. 이번에는 이 수업을 위해 3주에 한 번씩 만난다는 시나리오를 생각해 보자. 3주는 꽤 긴 시간이다. 당연히 만나지 않는 그 시간에 대해 보다 자세한 안내가 필요하다. 그렇지 않으면 매주 출석한 경우만큼 수업효과를 볼 수 없는 것은 당연하다. 이제 4주, 거의 한 달에 한 번 만난다면 어떨까? 5주, 6주, 7주 혹은 그 이상의 기간 동안 한 번도 만나지 않는다면? 여러분의 생각이 갑자기 복잡해졌다면 이 시뮬레이션은 성공한 셈이다.

생각이 복잡해진 이유는 고려해야 할 사항이 늘어났기 때문이다. 그 복잡한 생각들은 대개 다음과 같이 정리해 볼 수 있다. 첫째, 수업에 출석하는 횟수가 줄어들수록 학습자가 혼자 수행해야 할 과제가 늘어나게 된다. 그리고 학습자와 교수자의 만남의 간격이 길어질수록 학습자는 더욱 자기주도적으로 책임감을 가지고 학습에 참여해야 한다.

둘째, 학습자가 어떤 과제를 어떻게 해낼지에 관해서 교수자는 사전에 기획하고 준비해야 한다. 셋째, 교실에서 직접 만나지 않더라도 학생들과 상호작용할 수 있는 기회가 마련되어 있어야 한다. 이 상호작용에 사용되는 매체는 학생들이 빈번히 그리고 편리하게 사용할 수 있는 매체일수록 좋다.

여기서 원격교육에 대한 기본적인 이해가 도출된다. 일반적으로 교육활동을 구성하는 세 가지 핵심적인 요인으로 '교수자', '학습자', '교과내용'을 꼽을 수 있다면, 원격교육에서는 이 세 가지 요인과 더불어 '교수활동의 사전준비와 기획' 그리고 교수자와 학습자 간의 상호작용을 가능하게 해 주는 '소통매체'가 또 다른 필수적 요소가 된다. 이는 각각 위에서 언급한 두 번째와 세 번째 사항을 가리킨다. 첫 번째 고려사항은 원격교육의 연구주제 가운데 학습자 자율성learner autonomy과 관련된다. 동기화되고 자율적인 학습자와 잘 기획된 원격교육 프로그램은 성공적인 원격교육과 원격학습의 필수조건이다.

흥미로운 점은 일주일에 한두 번 교실에서 만나는 전통적인 수업방식(흔히 면대면 수업이라고 불리는)에서도 교수활동의 사전 기획과 준비, 그리고 소통매체에 대한 고려가 필요하다는 점이다. 이에 비해 원격교육은 이러한 사전 기획과 준비의 정도가 더 전문적이고 체계적이며 치밀해야만 의도한 학습효과를 가져올 수 있는 교육형태라고 할 수 있다. 따라서 교육활동의 사전 기획과 준비라는 관점에서 보면 교실교육과 원격교육은 별개가 아니라 연속적 선상에 있고, 모든 교육은 원격교육이라는 역설이 성립된다. 하지만 유사성과 함께 차이점도 분명히 존재한다. 일반적으로 전통적인 수업에서는 사전 기획과 준비가 교수자 개인의 의지나 노력의 문제라면, 원격교육에서는 이 과정이 전문가 팀에 의해 체계적으로 수행된다.

용어들

국내에서 원격교육이란 용어가 활자화된 형태로 가장 먼저 등장한 문헌은 1984년 한국방송통신대학교에서 펴낸『遠隔教育媒體의 活用: 그 展望과 效率性』이라는 보고서로 알려져 있다.[1] 이 보고서는 당시 국제학술심포지움에 참석한 영미학자들이 발표한 원고들을 번역하여 싣고 있는데, 이 과정에서 원격교육은 'distance education' 의 번역어로 정착하게 된다. 원격교육이라는 용어가 본격적으로 사용되기 이전에는 '통신교육' correspondence education 혹은 '개방교육' open education이라는 용어가 주로 사용되었다. 통신교육과 원격교육의 초기 역사에 대해서는 이 책의「2장 하퍼의 두통」에서 상세히 다룬다.

동양의 한자 문화권에서 원격교육은 약간씩 다르게 표기된다. 중국 본토에서 사용되는 북경어로는 远程教育(원정교육), 중국 남부와 홍콩에서 사용되는 광동어로는 遙距教育(요거교육), 대만에서는 遠距離教育(원거리교육)으로 표기되며, 일본에서는 우리와 같이 遠隔教育(원격교육)이라는 용어를 사용한다. 표기는 다르지만 이 용어들은 모두 '거리' 라는 의미를 포함한다는 점에서 공통적이다.

远程教育

遙距教育

遠距離教育

遠隔教育

정의들

원격교육에 대한 문헌적 · 사전적 정의도 앞의 시뮬레이션에서 도달한 우리의 이해와 크게 다르지 않다. 키건Keegan의 논문으로 미루어볼 때, 영미권에서 distance education이라는 용어가 정착된 시기는 1980년대로 추정된다.[2] 당시 영어 사용권에서는 '전통적인 방식과는 뭔가 다른 이 새로운 교육방식' 을 지칭하는 데 있어 통신학습correspondence education, 가정학습home study, 독립학습independent study, 외부학습external studies, 원격교수distance teaching 그리고 원격교육 등의 용어가 뒤섞여 사용되고 있었다. 이런 용어들을 비교하면서 키건은 이 새로운 교육방식과 그 방식의 기저에 깔린 교육철학, 그리고 그 방식을 구현하기 위한 기술과 노력들을 아우르는 가장 포괄적인 용어로써 원격교육을 채택한다.

키건이 참고한 대표적인 정의들은 표 1-1에 정리되어 있다. 참고로 마이클 무어Michael Moore는 영미권, 오토 피터스Otto Peters와 보리에 홈버그Borje Holmberg는 독일어권, 그리고 프랑스 법은 프랑스어 감각으로 원격교육의 정의에 접근했음을 알아두자. 이 네 가지 정의에 스며들어 있는 원격교육의 핵심 요인을 키건은 다음 여섯 가지로 요약한다.

- 교수자와 학습자의 분리: 면대면 교육과 구분되게 함
- 기관에 의해 조직된 형태의 교육에 참여: 개인적으로 수행하는 학습과 구분되게 함
- 기술매체의 이용: 교사와 학습자 그리고 교육내용을 연결시킴
- 쌍방향 커뮤니케이션의 제공: 학생들이 도움을 받을 수 있도록 혹은 대화를 요청할 수 있도록 하기 위함
- 간헐적 모임의 가능성: 교수적 혹은 사회적 상호작용의 목적으로

표 1-1. 원격교육에 관한 정의들

프랑스 법, 1971	원격교육은 교육이 일어나는 곳에 정해진 교사가 물리적으로 현존하는 것을 당연시 하지 않는 교육, 혹은 선택된 경우나 과제에 대해서만 교사가 현존하는 교육이다.
무어, 1973	원격교수(distance teaching)는 교수행위가 학습행위와 떨어진 곳에서 실행되는 교수방법들의 군(the family of instructional methods)으로써 정의될 수 있다. 여기에는 학습자의 입장에서는 연속적으로 진행되는 교사와 학습자 간의 커뮤니케이션이 포함되며, 이러한 커뮤니케이션은 인쇄매체, 전기, 기계 혹은 다른 장치들에 의해 촉진되어야 한다.
피터스, 1973	원격교수/교육(Fernunterricht)은 노동분업과 조직 원리의 응용 그리고 기술적인 매체의 광범위한 이용들이 정당화되는 지식, 기술, 태도를 전수하는 방법으로써 장소에 구애받지 않고 다수의 학생들에게 동시에 수업이 가능하도록 양질의 교재를 생산하기 위한 목적을 지닌다. 원격교육은 산업화된 형태의 교수와 학습이다.
홈버그, 1977	원격교육이란 용어는 교사가 교실에서 학생들과 함께 있으면서 계속적이고 즉각적인 형태로 학생들을 지도하지는 않지만, 교육기관의 기획과 안내 그리고 개인지도 등을 이용할 수 있는 다양한 층위에서 일어나는 교육형태를 포괄한다.

출처: Keegan(1980: 13)

- 산업화된 형태의 교육: 원격교육과 다른 형태의 교육을 구분하는 가장 근본적인 특성[3)]

키건이 추출한 위의 여섯 가지 요인들은 실제로 원격교육 분야의 연구주제와 핵심적인 쟁점들을 거의 다 포괄하고 있다. 이 책의 나머지 장들은 이런 주제들에 대한 좀 더 깊이 있는 탐색이 될 것이다.

정의

간략히 말해 원격교육과 원격학습은 '교수자와 학습자가 시 · 공간적으로 분리되어 있는 상황에서 매체를 통해 중재되는 교수-학습활동'으로 정의할 수 있다.

원본과 복제

원격교육에 대한 이해는 많은 부분이 교육에 대한 이해와 맥을 같이 한다. 교육에 대한 이미지가 '전통적', '면대면', '교실' 등으로 이루어진다면, 원격교육의 이미지는 '비전통적', '매체로 중재된', '교실 밖'과 같은 표현으로 구성된다. 즉 원격교육에 대한 이해는 항상 전통적 교육에 비추어 이루어져 왔다. 교육과 원격교육은 어떤 관련을 갖는가?

교육과 원격교육의 관계는 흡사 '회화'와 '사진' 혹은 '연극'과 '영화'의 관계와 같다. 원본 그림은 이 세상에 단 하나 존재하지만 사진은 무한정 복제할 수 있다. 회화는 수작업으로 이루어지지만 사진은 사진기라는 기술매체의 도움을 필요로 한다. 연극은 일회성과 현존성이라는 사라짐의 미학을 추구하지만 영화매체의 힘은 시간과 공간의 확장과 지속성에 있다.[4)]

원격교육을 기존 교육에 대한 복제로 인식할 때 손상을 입게 되는 것은 원본이 지니는 '아우라' 그리고 이 아우라가 부여하는 '진품성'이다.[5)] 아우라Aura란, '시간적 · 공간적 현존성과 불가분의 관계를 맺고' 있는 분위기 혹은 느낌을 말한다. 쉽게 말해, 아우라란 누군가와 혹은 무엇인가와 함께 같은 시간, 같은 공간에 있음으로 인해 그 대상에게서만 고유하게 느끼게 되는 분위기나 현장감 같은 것이다. 교육활동에서 교수자는 학습자와 함께 현장에 있으면서 내용을 전달할 뿐만 아니라 그 내용이 형성된 '역사적인 증언적 가치' 까지 전달한다. 교수자 혹은 교육의 아우라는 바로 여기서 나오는 것이다.

물론 원격교육의 역사는 다양한 소통매체를 통해서 효과적인 교육이 가능함을 보여준다. 하지만 대면 만남을 통해 이루어지는 일회적이고 가변적인 '현장' 에서의 교수-학습활동은 매체로 중재된 그것과는 질적으로 다르다. 기술의 진보는 원격교육이 대면교육과 더욱 유사하도록 복제방식을 진화시켜 왔지만 현장에서만 줄 수 있는 아우라에 대한 상실감은 여전히 남는다. 이른바 '아카데믹' 아우라에는 교과내용의 전달 기능 뿐만 아니라 교수자의 정서적 기능에 대한 기대도 포함되어 있기 때문이다.

교수자의 정서적 기능이란 '잘 돌봐주는 인간적인 교사' 의 역할과 관련된다. 원격교육에 대한 즉흥적인 비판은 이 정서적 측면에 관한 것일 때가 많다. 예를 들어, 책, 인터넷, TV 등의 기술매체가 교육의 지식 전달 가치는 대행할 수 있지만, 학습을 격려하고 동기화하는 등의 정서적 가치를 구현하기는 힘들다는 우려이다. 이러한 정서적 가치의 구현은 보통 '인간적' 이라는 수사학으로 통용된다. 그리고 원격교육은 이 기능이 저하되기 때문에 비인간적이기 쉽다는 논리로 이어진다.

원격교육이 근본적으로 정서적 기능면에서 부적합한가? 대면교육이 항상 더 인간적인가? 이 질문에 답하기 위해서는 교육의 정서적 가치를 지칭하는 '인간적' 의 의미를 좀 더 명확히 할 필요가 있다. 하지만 때로는 말의 정의定意보다 그 말의 이미지가 더 큰 힘을 발휘한다. 실제로 '인간적' 에 대한 분명한 정의 없이도 학습자 대중 혹은 학자들조차 쉽게, 교육은 인간적이며, 원격교육은 비인간적이라는 이미지를 갖는다. 사실, 이것이 바로 면대면 현존의 아우라가 주는 효과이다. 즉 지금, 여기 함께 있다는 사실만으로 사람들은 인간적(그것이 뭔지는 명확히 모르겠으나)이라고 느끼는 것이다. 그리고 원격교육은 교육의 전달기능과 정서적 기능 가운데 전자에 더 충실한 것처럼 인식된다.

원격교육은 교육을 감싸고 있는 숭고의 이미지와 아우라를 상실한 대신 '교수행위의 기술복제 가능성' 을 얻었다. 교수행위의 기술복제 가능성은 커뮤니케이션 미디어, 즉 소통매체의 기술발달에 의존한다. 달리 말하면, 전통적인 교수행위는 일정한 공간에서 일회의 공연으로 사라지는 반면, 원격교수행위는 기본적으로 언제, 어디서나 재현될 수 있도록 기록, 녹화, 보존될 수 있다. 자연히 원격교육의 진화는 소통매체의 기술 진화와 함께한다. 그리고 기술매체의 사용방식은 그 사회의 문화와 관습에 지대한 영향을 받는다. 이 부분에 대해서는 이 책의 「9장 테크놀로지」에서 좀 더 상세히 다룬다.

학습자와 관련해서 교수행위의 기술복제 가능성은 두 가지 큰 변화를 가져왔다. 첫째는 학습자의 대상을 확대해 주었다는 점이고, 둘째는 학습자의 지각양식에 변화를 가져왔다는 점이다. 학습자의 대상 확대는, 기존 교육제도에서는 교육기회를 갖지 못했던 대중이 원격교육으로 인하여 학습자 혹은 학생의 지위를 갖게 된 변화를 일컫는다. 즉 원격교육으로 인하여 보다 많은 사람들이 다양한 교육 프로그램에 근접할 수 있는 가능성이 높아졌음을 의미한다.

이는 대중의 교육기회 확대에 대한 보다 진보적인 관점을 시사한다. 예를 들어, 전통적인 교육에서 대학과 같은 고등교육의 문은 재능과 경제적 능력을 가진 개인에게만 열려 있었다. 재능은 주로 이전 학업 경험, 즉 학력과 입학시험 성적으로 증명되고, 경제적 능력은 주로 부모의 사회경제적 지위에 의존한다. 이런 측면에서 보면, 학력과 경제적 능력보다는 '학습하고자 하는 현재의 열망' 을 가장 중요한 척도로 삼아 대중에게 고등교육을 전파하고자 설립된 영국 오픈 유니버시티의 교육이념은 진보적이기보다는 가히 혁명적이다.[6)]

기술매체의 사용이 교수-학습활동에 가져온 더 중요한 변화는 학습자 대중의 통제력 확대와 지각양식의 변화이다. 대면교육에서는 주로 교수자가 통제력을 가지고 수업활동을 주도했다면, 원격교육의 통제력은 많은 부분이 학습자에게 이전된다. 물론 통제력이 가장 많이 행사되는 부분은 학습시간과 장소 선정에 관한 것이다. 또한 학습속도(진도)를 자신에 맞게 조정할 수 있다는 점도 학습자의 통제력을 강화시켜 주는 요인이 된다.

지각양식의 변화는 개인이 정보를 수용하는 양태의 변화와 관련된다. 동영상 강의를 예로 들어보자. 이 경우 학습자는 일회적 수업과는 달리 이해가 힘든 부분을 무한정 반복해서 들을 수 있다. 또한 기술매체로 중재된 환경에 익숙한 최근의 원격학습자들은 교수자 뿐만 아니라 배경 화면까지도 '감상' 하는 태도를 갖고 수업을 '본다'. 그리고 자신의 필요에 부응하는 방식으로 정보를 재편집하면서 학습을 조직화할 수 있다. 공연장에 가지 않고도 CD를 통해 음악을 듣고, 미술관에 가지 않고도 책이나 인터넷을 통해 그림을 감상할 수 있는 것이 예술 감상의 기회확대와 관련된다면, 음악의 경우 듣고 싶은 부분만 반복해서 들을 수 있고, 그림의 경우 자세히 보고 싶은 부분을 열 배, 백 배 확대해서 볼 수 있는 것은 정보에 대한 지각의 문제와 관련된다. 학습자 통제력의 확대와 다양한 학습양식의 가능성은 모두 교수행위의 기술복제 가능성이 가져온 기회이자 도전인 셈이다.

아류와 첨단

원격교육에는 '아류' 와 '첨단' 의 이미지가 공존한다. 아류는 첨단기술의 이미지가 원격교육과 결합되기 이전에 팽배했던 인식이다. 이것은 원격교육을 전통적인 교육, 즉 진품을 갖지 못한 이들을 위한 차선의 교육기회로 인지하던 관점으로 볼 수 있다. 원격교육을 실시하는 대학이 일반대학과 유사한 학제를 고수하고, 유사한 학과를 설치하며, 일반대학과 다르지 않음을 강조해 온 것은 복제가 주는 아류의 이미지를 벗어나고자 하는 노력이었다. 원격교육을 통해 취득한 졸업장에 대한 사회적 인정의 문제도 결국은 원격교육의 이미지와 관련된 문제이다.

하지만 최근에는 아류로써의 원격교육에 대한 이미지가 많이 희석되고 있다. 학습자 대중은 이미 일상 속에서 책, CD-ROM, DVD, 동영상 강의 등 자신의 편의에 따라 반복이 가능한 교육상품을 소비하고 있다. 꼭 정해진 장소에서, 정해진 시간에, 정해진 사람 앞에 현존해야만 교육을 받을 수 있는 것은 아니다. 문제는 자격증, 증명서, 졸업장 등을 얻기 위해서는 기존 교육의 질서를 따라야 한다는 점이다. '학력인정', 이것이 바로 기존 교육계의 마지막 교두보인 셈이다.

'첨단'의 이미지는 기술매체의 진보를 업고 형성된 최근의 이미지다. 우편통신 매체부터 라디오, 전화, 텔레비전을 거쳐 인공위성을 통한 최근의 비디오 화상회의와 인터넷 통신에 이르기까지 원격교육은 항상 그 시대의 가장 진화된 양식의 통신매체를 응용해 왔다. 하지만 현실적으로 원격교육에 첨단의 이미지가 부각된 것은, 20세기 후반에 등장한 컴퓨터와 인터넷 매체의 영향이 원격교육 뿐만 아니라 전통적 교육의 형태에도 큰 변화를 가져왔기 때문이다. 즉 기술매체의 이용은 원격교육의 특징일 뿐만 아니라 전체 교육계가 관심을 가질 수밖에 없는 사안이 된 것이다.

원격교육을 첨단 기술매체 이용의 측면에서 이해하는 방식은 특히 북미에서 지배적이다. 미국에서 원격교육은 기술technology, 특히 첨단 기술을 이용한 교육과 거의 동의어로 쓰인다. 정부와 대학들은 벽돌과 시멘트 안에서 이루어지는 교육보다는 케이블과 네트워크로 이루어지는 교육에 더 많이 투자하려 한다. 그리고 미국이 안고 있는 여타의 사회 문제를 기술이 해결해 줄 수 있다고 전망해온 것처럼 원격교육이 교사부족이나 학력격차 해소 등의 교육문제를 해결해 줄 수 있는 강력한 대안이라고 여긴다. 기술에 대해 지나치게 낙관하고 의존하는 사회적 정황에 대해 혹자는 다음과 같이 풍자한다.

> 기술이 답이다. 그런데 문제는 뭐였더라?(Paul, 1990: 119)[7]

복제가 원본을 모방하려 하듯이 원격교육은 기존 교육의 전통에 기대어 스스로의 존재가치를 인정받고자 해왔다. 하지만 이 복제와 원본의 관계는 점점 변모하고 있다. 1930년대 벤야민Behjamin은 이미 사진매체가 회화에 미친 영향을 보면서 복제가 원본의 제작에 변화를 가져왔음을 간파했다. 또한 보드리아르Baudrillard에 따르면 지금 우리는 원본과 복제의 구분이 무의미한 시뮬라시옹(모사)의 세계에 살고 있다.[8] 실제로 기술매체로 중재된 교육의 등장은 전통적 교육과 원격교육의 구분을 어렵게 한다. 전통적인 학교교육에도 원격교육적인 요소가 많이 도입되고 있다. 복제가 원본에 영향을 미치고 있는 것이다.

원격교육입문

앞에서 우리는 원격교육 분야에 대한 이미지, 관련용어, 정의들을 살펴봄으로써 원격교육에 대한 이해를 도모하였다. 그 내용을 요약하면 다음과 같다.

> **원격교육 구성의 5요인**
>
> 원격교육에는 교육활동의 일반적 구성요건인 '교수자', '학습자', '교과내용' 외에도 '교수활동의 사전 기획과 준비' 그리고 '소통매체'라는 요인이 필수적으로 포함된다.

다음 장부터는 앞의 다섯 가지 구성요인에 대한 이해를 심화하기 위한 내용들이 소개된다. 예를 들어, 교수자에 대한 이해는 2장(하퍼의 두통)과 7장(현존감과 관계성)에서 주로 다룬다. 학습자에 대한 이해는 8장(원격학습자)에서 집중적으로 다루지만 3장('거리' 의 모티브)과 7장(현존감과 관계성)에도 이 주제와 관련 있는 부분이 꽤 있다. 또한 사전 기획과 준비에 관해서는 4장(원격교육 생산양식)에서 많은 통찰을 얻을 수 있다. 소통매체에 관한 내용은 거의 모든 장에서 언급되지만 5장(원격교육의 진화), 6장(인터넷 시대의 원격교육) 그리고 9장(테크놀로지)과 10장(기술선택: 'ACTIONS')에서 중점적으로 논의된다. 마지막으로 11장은 국경을 넘어 이루어지는 원격교육의 글로벌 현상에 대해 소개한다.

이 책은 원격교육의 주요한 쟁점들을 단편적으로 이해하기보다는 '스토리' 를 중심으로 이해하는 데 초점을 두었다. 따라서 주제 중심의 이해를 위해서는 여러분이 책을 다 읽은 후 생각을 다시 구성해야 할지도 모르겠다. 예를 들어, 주제 중심으로 보자면 2장은 원격교육 '행정' 과 '관리' , 3장은 원격교육 '이론' , 4장은 원격교육 코스나 프로그램 '설계' 와 '개발' , 5장은 원격교육 '역사' 와 같이 표현될 수 있다. 하지만 스토리를 읽다 보면 이런 주제들이 반복되고 또 서로 관련되어 있음을 알게 될 것이다. 이 관련성을 파악하는 과정이 곧 원격교육에 대한 입문이 될 것이다.

주

주

1) 신나민, 임정훈, 이혜정(2005). 한국 원격교육 연구의 동향과 전망: 1985~2000년도를 중심으로. 『교육공학연구』. 21(4), 195~227.

2) Keegan, D.(1980). On defining distance education. *Distance Education*. 1(1), 13~36.

3) 원격교육의 생산양식과 관련됨. 이 책의 4장 참고.

4) 진중권(2004). 『미학 오디세이 3』. 휴머니스트.

5) 아우라에 관해서는 다음을 참고. 발터 벤야민(1983). 『발터 벤야민의 문예이론』. 반성완(편역). 민음사.

6) 영국 오픈 유니버시티(Open University of United Kingdom: OUUK). 원격교육만을 위해 설립된 최초의 고등교육기관. 이 책의 4장과 5장에서 더 상세히 다룸.

7) Paul, R. H.(1990). *Open Learning and Open Management: Leadership and Integrity in Distance Education*. London: Kogan Page.

8) 보드리아르에 대해서는 다음을 참고. 배영달(2005). 『보드리아르와 시뮬라시옹』. 살림.

제2장 하퍼의 두통

하퍼의 진정성
정당성
효과성
교수진 쟁점

재정의 부족, 교수진의 열악한 지위, 전통적인 방법과는 다른 형태의 교수방법에 대한 끊임없는 의구심 등은 교육자들이 원격교육의 잠재성을 충분히 개발하는 작업을 심각하게 방해해왔다. 하퍼가 오늘날 우리를 방문한다면 원격교육을 통해 지식이 확산되는 규모를 보고 아주 흡족해 할 것이다. 하지만 원격교육의 학문적 질에 대한 의구심과 업무량에 대해 염려하는 교수진을 보고는 전혀 놀라지 않을 것이다(Pittman, 1996: 29~30).

하퍼의 진정성

록펠러는 자신이 야심차게 설립한 시카고 대학의 초대 총장으로 당시 예일 대학 교수였던 윌리엄 레이니 하퍼William Rainey Harper를 영입하는데 온갖 정성을 기울였다.[1] 하퍼는 이 기대를 저버리지 않고 당시 미국 최고의 교수진을 새 대학에 영입하고, 우수한 학생을 유치하며, 행정기구들을 조직해 나갔다. 이 과정에서 하퍼는 당시로는(지금도 그렇게 느껴지지만) 파격적이었던 몇몇 교육정책을 펼친다. 대학확장[2]부서를 대학의 핵심조직으로 둔 것, 학생들이 수업의 50%까지 통신학습[3]을 통해 학점을 취득하더라도 졸업을 허용하도록 하는 것 등이 그것이다. 이런 교육정책들은 당연히 1890년대 전통적인 의미의 상아탑을 건립하고자 했던 교수진으로부터 의구심과 비판, 그리고 노골적인 비협조 등의 거센 반향을 불러 일으켰다. 왜 하퍼는 이런 두통을 자초했을까?

그것은 통신학습에 대한 하퍼의 전력과 관련된다. 하퍼는 시카고의 모건 파크에 있는 뱁티스트 유니언 신학대학에 정교수로 재직하면서 자신이 직접 통신학습을 통해 히브리어를 배운 적이 있었다. 이후 하퍼는 이 경험을 토대로 10주 히브리어 집중 코스를 직접 개발하기에 이른다. 그리고 1881년에는 히브리어를 공부하고 싶어도 도시 시카고로 올 수 없는 목사들을 위한 코스를 제공하기 시작했다. 직접 교재를 제작했던 하퍼는 히브리어 문자를 금속판에 파기 위해 나무를 태워 전자펜 비슷한 것을 고안하여 사용하기도 하였다. 또한 자신이 개발한 코스를 잠재적 학습자들에게 알리기 위해, 인근 목회자들의 주소를 파악하여 우편으로 홍보물을 발송하기까지 한 사실을 보면 통신학습에 대한 하퍼의 열정이 어느 정도였는지 짐작할 수 있다. 이 코스는 후에 미국종교문학회 산하에 등록되어 모건 파크에서 예일로, 예일에서

그림 2-1. 윌리엄 레이니 하퍼
(William Rainey Harper, 1856-1906)
시카고 대학 초대총장을 지냈으며 통신학습을 통한 성인계속교육에 지대한 공헌을 하였다.

시카고로 그와 함께 오게 된다.[4)]

이러한 하퍼의 실천은 비전통적인 교육방식을 정규 대학이라는 제도권으로 끌고 들어와 교육문제로 쟁점화했다는 데 의의가 있다. 물론 여기에는 시카고 대학 초대 총장이자 존경받는 교육자라는 그의 명망이 크게 작용했음이 틀림없다. 하지만 그의 실천을 평가함에 있어서 더 중요한 것은 학습자의 필요에 부응하려는 그의 진정성이다. 하퍼의 동료 교수와 직원들은 주로 재정적인 이유를 들어 통신학습의 확대에 대해 비협조와 몰이해의 태도를 취했다.

하지만 하퍼는 오히려 더 많은 학습자에게 기회를 주기에는 통신학습의 수업료가 여전히 비싸고, 개설된 과목이 제한적임을 우려했다. 그리고 통신학습이라는 비전통적인 방법을 통해서도 의미 있는 학습이 가능함을 믿었다. 배우고 싶으나 여건이 허락하지 않는 사람들에게 교육자가 다가갈 수 있는 방법이 있는데 그걸 외면해도 되는 걸까? 실제로 하퍼가 동료 교수들을 불편하게 한 것은 어찌 보면 이러한 윤리적이고도 정치적인 질문이었던 것이다.

정당성

하퍼가 겪었던 두통의 근원은 통신학습의 정당성legitimacy에 대한 논란이었다. 교실에서의 면대면이라는 전통적인 방법과는 다른 방법으로 이루어지는 교육에 대한 의구심, 특히 이런 교육을 대학교육으로 인정할 것인가, 말 것인가의 문제에 대하여 하퍼는 동료 교수들과 아주 다른 입장을 취했던 것이다. 사실, 문제의 본질은 단순히 비전통적인 교육방법에 대한 인정에 있는 것이 아니라 대학교육에 대한 당시 미국 사회의 기대와 철학에 있었다. 피트만Pittman이 '교수 엘리트주의' faculty elitism라고 불렀듯이, 하퍼가 대학 내부에서 끊임없이 부딪힌 저항은 대학교육은 소수 엘리트에게만 적합한 것이라고 보는 사회 전체의 분위기와 문화에서 연유한 것이었다. 그것은 근본적으로 대학교육을 받을 대상의 계급적 성격에 대한 의구심이었다. 즉 누구나(혹은 아무나) 고등교육의 수혜자가 될 수 있도록 교육제도를 정비하는 것이 당시 지식인 사회에서는 순순히 받아들여지지 않았던 것이다.

하지만 당시 교수들이 내세웠던 표면적인 이유는 학문적인 것이었다. 이 학문적 이유는 통신학습을 통해서 제대로 배울 수 있는가라는 의구심과 관련된다. 효과성effectiveness과 질quality이 원격교육 분야의 가장 중요한 연구주제가 되어온 것도 이런 의구심과 무관하지 않다. 즉 원격교육은 전통적인 교육과의 차이 때문에 그 효과와 질에 대해 끊임없이 자기검열을 종용 받는다. 효과성에 대한 연구가 원격교육 문헌의 가장 많은 지면을 차지하고, 질 관리quality control가 유수한 원격교육기관들의 핵심적 사안이 되는 것도 모두 이 때문이다. 다음 절에서 살펴보겠지만 원격교육의 정당성, 효과성 그리고 효과성 연구에서 중요한 쟁점이 되는 매체비교연구는 서로 밀접히 관련되어 있다.

효과성

19세기에 제기되었던 원격교육의 효과성과 질에 대한 질문은 21세기까지 이어지고 있다. 일반적으로 효과성 연구는 원격교육에 참여한 학습자 집단과 면대면 교육에 참여한 학습자 집단의 교육 결과물을 비교하는 관점을 취해왔다. 이런 종류의 비교연구에서 교육 결과물은 주로 다음 세 가지 지표로 측정되었다.[5]

- 성적이나 시험점수 같은 학업성취
- 원격교육에 대한 학생들의 태도
- 원격학습에 대한 학생들의 만족도

원격교육 대 대면교육의 비교연구는 자연히 원격교육에 이용된 기술매체와 면대면 매체 간의 비교로 이어진다. 결론부터 말하자면 이런 종류의 비교연구 결과는 대체로 원격교육과 대면교육 간에 유의미한 차이 없음으로 요약된다.[6]

사실 이 결론은 전혀 새로운 것이 아니다. 교육연구자들은 1950년대의 라디오, 1960년대의 텔레비전 그리고 1970년대와 80년대의 컴퓨터 등 새로운 매체가 등장할 때마다 꾸준히 매체비교연구를 수행해왔다. 그리고 어느 정도 경험적 연구가 축적되었을 때마다 종합적인 결론을 이끌어내기 위해 메타분석[7]을 실시했다. 1962년 슈람Shramm은 텔레비전 교육방송의 효과에 관한 400여 개의 논문을 분석했고,[8] 1983년 클라크Clark는 이런 종류의 메타분석들을 또 다시 종합, 비평하면서 특정 매체의 사용만으로 학습효과에 변화를 가져올 수는 없다고 강조하였다.[9] 이후 이 결론은 '유의미한 차이 없음 현상' 이라고 불리게 된다.[10]

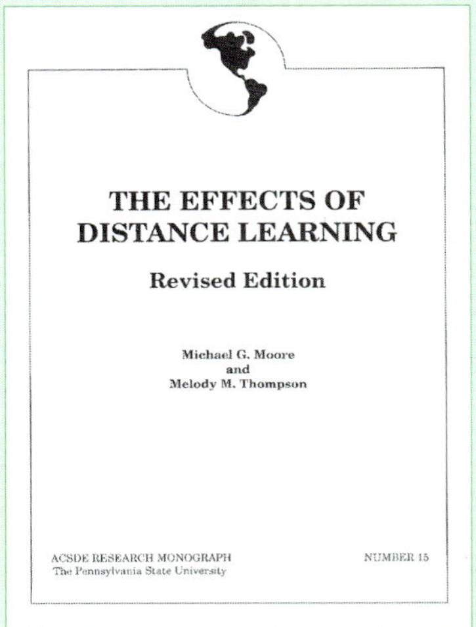

그림2-2. 미국원격교육연구소에서 펴낸 『원격학습의 효과』 보고서
효과성은 원격교육 분야에서 가장 많은 관심을 끈 연구주제 가운데 하나이다.

하퍼에게는 유의미한 차이 없음 현상이 기쁜 소식일지 모른다. 이런 연구결과에 의해 원격교육의 효과와 질에 대한 의구심이 어느 정도 덜어질 수 있기 때문이다. 하지만 이 결론은 복잡하게 전개되는 최근의 교육상황에서 의미 있는 정보가 되기에는 너무 단순하다. 교육현장에서 사용되는 매체도, 매체로 중재된 수업의 양태도, 원격교육에 참여하는 학습자 집단도 다양해졌기 때문이다. 특히 인터넷 매체의 등장은 고등교육 분야에서 원격과 비원격교육 간의 경계를 허물기 시작했다. 교수자들은 학습자 스스로가 교실 바깥에서도 이용할 수 있는 자료가 있다는 것을 전제로 가르치기 시작했고, 캠퍼스에 있는 학습자들도 원격학습에 참여하는 기회가 늘어나기 시작했다.

따라서 교육정책 결정자들이 원격학습의 효과성 연구에 더욱 민감해진 것은 어찌 보면 당연하다. 최근 들어 미국교사연합회와 국가교육연합회가 고등교육정책연구소에 원격학습의 효과성에 대한 연구를 의뢰한 것도 같은 맥락에서이다. 미국 교육행정가들에게 있어 가장 중요한 쟁점 가운데 하나는 기술technology 이용이 고등교육에 가져올 변화를 전망하는 것이다.

> 많은 주의 다양한 기관들이 비디오나 컴퓨터를 이용하여 코스나 전체 프로그램을 전자화된 형태로 전달하는 새로운 양식의 원격교육을 실험하고 있다. 개별 대학들은 이 테크놀로지에 대한 집중 투자 여부를 고려하고 있는데 문제는 이런 의사결정이 별 정보 없이 암암리에 이루어진다는 것이다. 이는 곧 교실기반의 교육 프로그램을 유지해야 하는지 확대해야 하는지, 아니면 전자기반의 프로그램(다양한 경제적 효과를 가져 올 것으로 기대되는)으로 대체해야 하는지에 대한 고민이다(Phipps & Merisotis, 1999: v).[10)]

위의 인용문에서 알 수 있듯이 원격교육의 효과성에 관한 연구는 정책결정의 중요한 자료가 되고, 또 그 정책결정은 사실 경제적 문제와 관련됨을 알 수 있다. 즉 교육정책 연구자나 교육 행정가들의 최대 관심사는 원격교육을 위한 테크놀로지와 시설확보에 투자하는 것이 과연 현명한가라는 문제이다. 특히 미국에서 원격교육은 테크놀로지를 이용한 교육과 유사하게 인식되기 때문에 테크놀로지에 대한 투자는 곧 원격교육에 대한 투자로 간주된다. 예를 들어, 비디오 컨퍼런싱 video-conferencing[11)]과 온라인 수업은 원격교육을 언급할 때 미국인들이 떠올리는 대표적인 이미지다. 이들에게 원격교육은 별도의 교육기관에서 이루어지는 교육이라기보다는 일반대학에서 수업을 전달하는 또 다른 양식mode으로 인식된다. 따라서 원격교육에 대한 시설과 인적자원에 투자를 결정하기 이전에 필요한 정보가 바로 원격교육의 효과성 여부인 것이다.

이런 미국적 맥락에서 이루어진 원격교육의 효과성에 대한 연구는 무엇을 말해 주는가? 고등교육에 있어 원격학습의 효과성에 대한 종합적 검토를 맡았던 미국 고등교육 전문가들도 원격교육 효과에 대한

'유의미한 차이 없음 현상'을 이미 알고 있었다. 이런 영향 때문인지 이들은 이전 연구들처럼 효과성에 대한 개별 연구들을 종합하여 메타분석하는 방법을 택하지 않았다. 오히려 이들은 원격교육의 효과성과 질을 논하기보다는 유의미한 차이 없음 현상이라는 결론을 가져오는데 기여한 개별 연구물들의 타당성과 질을 문제 삼았다. 즉 효과성을 보고하고 있는 개별 연구물의 질이 의심스럽다면, 그 연구물을 수집하여 분석한 메타연구의 결론 역시 의심스럽다는 것이다. 이 보고서에서 지적된 원격교육 효과성에 대한 연구물의 결함을 요약하면 다음과 같다.[12)]

- 대부분의 실험연구에서 외부변인에 대한 통제가 엄격하게 이루어지지 않고 있다. 따라서 특정 테크놀로지 이용만이 학업성취, 혹은 학생태도 변화에 영향을 미쳤다고 보는 인과관계를 설정할 수 없다.
- 대부분의 연구가 실험집단과 통제집단을 무작위로 설정하지 못하고 있다.
- 학업성취나 학생태도를 측정하기 위해 사용된 도구들의 타당도와 신뢰도가 의심스럽다.[13)]
- 많은 연구들이 반응효과reactive effects, 즉 학생이나 교수자가 연구에 참여한다는 사실 때문에 갖게 되는 태도나 감정을 통제하는 데 주의를 기울이지 않고 있다.

위에서 지적된 내용은 비교집단과 통제집단을 설정하고 실험 처치에 의해 결과의 차이를 보고자 하는 연구가 흔히 범하기 쉬운 오류들이다. 이는 '유의미한 차이 없음 현상'의 '유의미한'이 통계적 차이 검증에서 유래한 표현임을 감안할 때 향후 유사한 연구를 하고자 하는 연구자들이 주의 깊게 들어야할 지적이다.

효과성 연구를 통해 매체의 교육효과에 대한 단정적인 결론을 기대하기는 힘들다. 현재까지의 일반적인 결론은 새로운 매체의 효과는 교육과 학습의 정황과 맥락에 따라 다르다는 것이다. 클라크는 '매체는 결코 학습에 영향을 미치지 못한다' 고 하면서 매체 자체의 영향력을 폄하한다.[14] 반면에 교육학 문헌에는 새로운 매체가 좀 더 나은 학습결과를 가져온다는 연구들도 꽤 보고되고 있다. 최근에는 인터넷과 컴퓨터 매체를 이용한 교육이 전통적인 교수방법보다 학습효과나 비용절감 면에서 더 나은 결과를 가져온다고 보고하는 연구도 종종 발견된다.[15]

하지만 연구의 엄격성을 따지는 이들은 이런 효과가 '참신성 효과' novelty effect나 '존 헨리 효과' John Henry effect와 같은 요인에 기인한 것인지도 모른다고 반박한다.[16] 참신성 효과란 새로운 매체를 사용하기 때문에 학습자들이 학습에 대하여 가지게 되는 관심과 동기 또는 높은 정도의 참여를 의미한다. 그리고 존 헨리 효과는 새로운 매체를 이용하는 집단과 비교되는 통제집단에 속한 교수자와 학습자들이 무의식적으로 갖게 되는 경쟁의식이나 위협감 등을 의미한다.

존 헨리 효과의 예로는 이런 경우가 있다. 1960년대 미국에서 한 학군의 학생들에게는 컴퓨터를 이용하여 단순한 수학문제 풀이를 반복하게 하고, 또 다른 학군에서는 이 과정을 교사가 수행하게 하였다. 이 연구는 사실 컴퓨터를 이용한 집단의 우위를 기대했었다. 단순하게 반복되는 연습이 필요한 학습의 경우, 컴퓨터와 같은 기계는 시간에 제약을 받지 않고 활용이 가능하기 때문이다. 그런데 실험결과는 두 집단 모두 똑같은 정도로 수학 성적이 향상되었음을 보여주었다. 실험에 참여한 교사들이 실험설계에 의해 할당된 시간을 초과하여 학생들을 지도했던 것이다.[17]

일반적으로 참신성 효과는 시간이 지나면 시들고 보다 새로운 매체에게 그 자리를 내어주게 마련이다. 존 헨리 효과에서 배울 수 있는 교훈 역시 특정 매체의 이용 자체가 더 나은 학업성취를 보장하지는 않는다는 점이다. 그리고 원격교육의 연구주제 가운데 특히 매체와 관련된 연구는 항상 실천이 앞서고 연구가 뒤따라가게 마련이다. 이런 상황에서 현재의 실천을 긍정하는 증거들은 쉽게 받아들여진다. 학계와 대중의 기대에 부응하고, 연구지원을 용이하게 하기 때문이다. 또한 학술지의 편집장들도 대체로 새로운 매체가 좀 더 강하고, 긍정적인 결과를 가져온다는 결론을 선호하는 경향이 있다.[18] 반면에 부정적인 증거는 폄하되거나 무시된다. 지난 70년간의 매체연구에서 출판되지 않은 연구물과 대학의 석·박사논문들에는 새로운 매체의 효과에 대해 유의미한 결과를 보고하지 못한 경우가 상당하다.[19]

매체비교연구를 종합하면서 클라크는 연구자들에게 전달 테크놀로지delivery technology와 교수 테크놀로지instructional technology를 구분하도록 제안한다.[20] 전달 테크놀로지는 비용과 접근성의 문제와 관련되고, 교수 테크놀로지는 학습자의 인지과정에 영향을 미치는 교수전략이나 방법과 관련된다. 둘 다 중요한 연구주제지만 현실적으로 이 두 테크놀로지는 기능이 다르다. 클라크의 메시지는 바로 여기에 있다. 학습에 영향을 미치려면 각 매체가 가지고 있는 독특한 성격, 즉 매체성media attribute을 염두에 두고 교수방법에 응용하라는 것이다. 달리 말하면, 문제는 어떤 매체보다는 어떻게 그 매체를 이용할 것인가를 고민하라는 말이다. 매체선택과 매체성 활용에는 각기 다른 요인이 고려되어야 하기 때문이다.

> 매체는 수업을 전달하는 도구vehicle에 지나지 않는다. 그것은 학생들의 성취에 영향을 미치지 못한다. 이는 시장바구니가 우리의 영양상태에 영향을 미치지 못하는 것과 마찬가지다. 기본적으로 매체의 선택이 수업을 전달하는 비용과 규모에는 영향을 줄 수 있다. 하지만 (학업)성취에 영향을 줄 수 있는 것은 오직 그 매체의 내용물뿐이다 (Clark, 1983: 445).[21]

교수진 쟁점

다시 하퍼의 고민으로 돌아가 보자. 통신학습에 비협조적이었던 교수진들이 표면적으로 내세운 이유는 교육방법의 정당성이나 질과 같은 소위 학문적인 것들이었다. 이 문제의식은 100여 년 넘게 지속된 효과성 연구와 같은 연구 전통을 낳았고, 이 전통은 매체연구를 매체 선택 문제와 매체성 활용의 문제로 분화해서 보는 관점을 가져왔다. 또한 이 관점은 교수방법과 설계의 중요성을 한층 부각시키기도 하였다. 하지만 아카데믹한 이유가 지녔던 영향력 이상으로 하퍼를 곤란하게 했던 쟁점들에 대해서도 알아둘 필요가 있다. 이 쟁점들 역시 현재까지 원격교육 정책에 지대한 영향을 미치고 있기 때문이다. 그것은 바로 교수 자신들의 직위와 신분보장 그리고 업무부담과 관련된 사안이다. 각각의 쟁점에 대해 살펴보자.

첫째, 통신학습이 진정한 대학교육 방법이 될 수 있느냐는 의구심은 통신학습을 맡은 교수들이 가진 자신의 직위에 대한 자의식과 관련된다. 교수들의 계속되는 반발에 지친 하퍼는 통신학습에만 헌신적인 교수들로 구성된 통신학습 전담 교수진을 계획했다. 하지만 이 꿈은 재정적인 이유로 좌절되었고, 결국 하퍼는 일반 교수들과 대학원생, 시간강사들 그리고 대학확장 부서 전임 교수들의 혼합으로 통신학습 교수진을 구성하였다. 하지만 이 방법 역시 구성원들 가운데 누가 '진정한' 교수인가라는 문제를 야기시켜 결국 구성원들 간에 상당한 긴장을 초래하였다.[22] 즉 통신교육의 '비정통성' 때문에 그 일을 맡은 교수들은 자신이 아카데미아의 중심에 있지 않고 주변부 지위marginal status에 있다는 느낌을 갖게 된 것이다.

둘째, 신분보장은 직업 안정성job security과 관련된다. 논리적으로 보면 통신학습 프로그램을 확장한다는 것은 학생들이 대학 캠퍼스로 직접 오는 경우를 줄이는 것이 된다. 이제 막 새롭게 설립된 대학에 영입된 교수들에게 대학확장운동이 그리 환영받지 못한 것은 어찌 보면 당연한 일이다. 하퍼는 대학확장 프로그램에 대한 자신의 신념을 공공연하게 표명함으로써 이런 저항을 더욱 강화시키는 결과를 초래했다. 다음은 당시 우후죽순처럼 생겨나던 사설 통신교육기관들이 통신교육을 홍보하면서 하퍼의 이름과 함께 인용하거나 오용하기도 했던 진술들이다.

> 우리 대학의 교실에서 이루어지는 것보다 더 많은 학습이 통신으로 이루어지는 시대가 오고 있습니다(Harper, 1903; Pittman, 1996: 25에서 재인용).[23)]

신분안정에 대한 위협은 교수들이 원격교육에 저항한 큰 이유 중 하나였고, 이는 항상 학문적 질의 수호라는 이유로 거론되었다. 실제로 1995년 미국의 메인 주에서는 교수노조가 원격교육기관을 따로 운영하고자 한 총장을 사임하게 한 사건이 있었다.[24)] 당시 노조위원장이 표명한 원격교육에 대한 입장에는 학문적 가치에 대한 염려와 직업 직위에 대한 불안이 함께 나타나 있다.

> 질적으로 괜찮은 교육이고 그것이 우리의 [직업적] 지위를 위협하지 않는다면, 우리는 그것[원격교육]을 지지할 것입니다(Honan, 1995; Pittman, 1996: 29에서 재인용).[25)]

셋째, 업무부담이란 전통적 방식과는 다른 방식으로 가르치는 데 소요되는 과외의 시간과 노력을 말한다. 새로운 매체의 이용은 자연히 새로운 교수방법을 요구한다. 통신학습의 경우, 학생지도는 모두 개별적인 지필지도 방식으로 이루어진다. 따라서 원격교육은 같은 수의 학생을 교실에서 지도할 때보다 시간이 훨씬 많이 소요된다. 증가된 업무에 대한 적절한 보상체계가 없다면 교육, 연구, 사회봉사의 업무에 시달리는 교수들이 원격교육에 대해 호의적이기는 힘든 것이다. 알고 보면 이 관점 역시 원격교육의 정당성에 대한 의구심 그리고 원격교수가 대학 교수의 중심적 역할이 아니라는 주변부 의식과 관련된다. 즉 원격교수distance teaching는 의무이자 권리로 인식되기보다는 선택과 봉사로 인식되었던 것이다.

교수진과 관련된 쟁점들은 원격교육의 효과성이나 질과 같은 학문적인 이유 못지않게 원격교육 실천에 영향력을 갖는다. 그럼에도 이 주제에 관한 체계적인 연구는 별로 이루어지지 않았다. 최근 원격화상회의와 인터넷 도입 이후에야 교수진과 관련된 쟁점들이 다시 부각되기 시작했고, 드물게나마 연구로 이어지고 있다. 이런 변화의 결정적 계기는 원격교육이 전통적인 대학에서 수업을 전달하는 또 다른 방식으로 활용된다는 데 있다. 즉 원격교육이 전통적인 교육기관에서 다뤄야 될 사안이 되면서, 교수진과 기존 교육의 질서에 대한 전제들을 재검토하는 작업이 필요해진 것이다.

원격교육의 교수자와 관련된 연구는 크게 두 종류로 나뉜다. 하나는 원격교수와 관련하여 변화된 교수자의 역할에 관한 것이다. 이는 원격수업의 설계와 제작, 진행 등과 같은 기술적인 영역을 다룬다. 또 다른 종류는 교수진 쟁점을 교육기관의 정책적 · 제도적 문제와 관련해서 보는 입장이다. 후자의 경우 월콧Wolcott의 논문이 가장 '현실적'으로 교수진 문제를 거론하고 있다.[26)]

월콧은 원격교수distance teaching가 일반 대학의 교수진 보상 체계에서 어떻게 다루어지고 있는가를 살펴보았다. 월콧의 논문에서 원격교육은 '전자적 전달' electronic delivery이라는 표현으로 언급되었는데 이는 미국대학의 대표적인 원격교육 실천인 비디오 컨퍼런싱이나 온라인 학습을 포괄하는 의미에서 의도된 듯하다. 월콧은 미국의 연구 중심 대학 4곳에서 원격교수 경험이 있는 교수와 원격교육 프로그램 행정가 등 모두 32명을 인터뷰하였다. 그리고 연구대상 대학의 비전vision 진술문과 기타 원격교육 관련 정책 문서들을 분석한 후 다음과 같은 결론에 도달했다.[27)]

- 원격교육은 주변부 위치에 있다. 각 대학은 미래의 추구하는 목표 달성에 있어 원격교육이 가져올 잠재력에 대해서는 대체로 인정한다. 하지만 원격교육에 높은 우선순위를 부여하지도 않고 헌신적으로 지원하지도 않는다.
- 원격교수는 학자의 활동으로 높이 평가되지도 않고 그다지 보상되지도 않는다. 기관의 헌신이 없는 상황에서의 원격교육은 교수들의 업무 가운데 그리 중요한 가치를 지니지 못한다.
- 원격교수는 승진과 정교수 임용결정과 별 관련이 없다. 현재의 대학 상황에서 원격교육에 참여한다는 것은 승진과정에 별 영향을 주지 못한다. 새로 임용된 교수들에게 이는 치명적이다. 원격교수에 대한 시간 투자 때문에 높이 평가되는 연구에 지장을 받을 수 있기 때문이다.
- 실제로 원격교수에 대한 보상은 (대학 차원의 보상체계에 의해서가 아니라) 단과대학이나 학과의 헌신에 달려 있다. 즉 학과 주임교수나 단과대학의 학장이 원격교수에 대한 보상체계를 마련하는 데 있어 중요한 역할을 한다.

월콧의 결론은 오늘날 전통적인 대학에서 원격교육이 차지하는 위상과 통신교육에 대한 하퍼 시대의 인식 간에 놀라울 정도의 유사성이 있음을 보여준다. 한편 이런 유사성에 대한 발견은 실망스럽기도 하다. 원격교육에 대한 인식의 경우 지난 100년간 진보는커녕 변화의 흔적도 잘 드러나지 않기 때문이다. 하지만 원격교육의 실천에 있어서는 상당한 변화가 있었다. 앞서 기술한 기존의 관점으로부터 자유롭기 위해 원격교육만을 전담하는 고등교육기관이 생겨나게 되었다. 또한 기술매체의 진화와 더불어 원격교육의 의미가 분화되었으며 원격교육의 사회적 · 교육적 기능도 변화해 왔다. 다음 장부터는 원격교육이 거쳐 온 지형들을 구체적으로 검토한다.

주

1) Pittman, V.(1996). Harper's Headaches: Early Policy Issues in Collegiate Correspondence Study. In Duning, B. S. and V.V. Pittman(eds). *Distance Education Symposium 3: Policy and Administration*(pp. 19~31). University Park. PA: American Center for the Study of Distance Education, The Pennsylvania State University.
2) University extension. 캠퍼스에 출석하는 정규 학생이 아닌 일반인에게도 대학의 코스를 수강할 수 있는 기회를 부여하는 프로그램.
3) correspondence study. 원격교육의 전신. 우편통신 매체를 통해 교수-학습이 이루어짐. 통신학습 학생들은 우편을 통해 교재를 받고, 과제물을 교육기관으로 발송. 이 과제물은 지정된 교수자나 튜터에 의해 검토된 후 피드백과 함께 다시 학생들에게 발송됨.
4) Pittman(1996: 20~21).
5) Phipps R. & Merisotis J.(1999). *What's the difference?* A review of contemporary research on the effectiveness of distance learning in higher education. Washington D.C.: The Institute for Higher Education.
6) Saba, F.(2000). Research in distance education: A status report. *International Review of Research in Open and Distance Learning*. 1(1), http://www.irrodl.org/index.php/irrodl/article/viewFile/4/24
7) meta analysis. 유사한 주제를 다루는 연구들을 종합하여 그 주제에 대한 개괄적인 이해를 도출하고자 하는 작업. 쉽게 말해서 연구물들에 대한 연구.
8) Schramm, W.(1962). What we know about learning from instructional television. In *Educational television: The next ten years*. Stanford CA: The Institute for Communication Research, Stanford University.
9) Clark, R.(1983). Reconsidering research on learning from media. *Review of Educational Research*. 53(4), 445~459.
10) The no significant difference phenomenon. 여기서 '유의미한' 이란 통계적인 의미이며 연구방법론으로는 주로 집단 간 차이 검증을 위한 통계기법이 사용됨. 이 결론은 너무 유명해져서 이를 지지하거나 반박하는 논문들이 연구결과를 보고하는 인터넷 사이트까지 생겨남.

http://www. nosignificantdifference.org/

11) '원격화상회의' 라고도 번역됨.

12) Phipps & Merisotis(1999: 3～4)

13) 여기서 '도구' 란 설문지와 같은 측정도구를 말함.

14) Clark, R.(1994). Media will never influence learning. *Educational Technology Research & Development*. 42(2), 21～29.

15) 정인성, 임정훈(2001). 방송원격수업과 웹기반 가상수업의 비용효과성 비교 · 분석연구. 『교육공학연구』. 17(1): 131～164.

16) Phipps & Merisotis(1999: 4)

17) Clark(1994: 24)

18) Clark(1983: 450)

19) Clark(1994: 28)

20) Clark, R.(1989). *Evaluating distance learning technology*. Final draft prepared at the invitation of the United States Congress. Office of Technology Assessment, ERIC document ED325097.

21) Clark(1983: 445)

22) Pittman(1996: 23)

23) Harper, W. R.(1903). The president's quarterly statement. University Record July: 43.

24) Pittman(1996: 29)

25) Honan, W. H.(1995). Professors battling television technology. New York Times.

26) Wolcott, L. L.(1997). Tenure, promotion, and distance education: Examining the culture of faculty rewards. *The American Journal of Distance Education*. 11(2), 3～8.

27) Wolcott(1997: 15)

제3장 '거리'의 모티브

통신교육에서 원격교육으로
원거리 교육
교류적 거리
학습자 자율성

'교실' 이란 학자가 적고 책이 귀하던 시절, 오직 귀족 자제만이 교육의 대상이 었을 때 고안된 전달체제이다. 이제 교육은 보편적 권리가 되었다. 지식은 소수 학자의 전유물이 아니다. 학습은 평생 계속된다. 커뮤니케이션 매체는 날로 발전한다. 당연히 '전달체제' 에도 변화가 생긴다. 이 변화는 교실 밖에서도 교육이 일어나게 만들었다. 즉 '거리' 를 두고 하는 교육이 가능해진 것이다.

통신교육에서 원격교육으로

원격교육distance education이라는 용어는 언제부터 사용되었을까? 영어로 원격교육은 1970년 미국의 위스컨신 대학을 방문한 스위스 원격교육 학자 홈버그Holmberg가 사용했던 독일어 Fernstudium[1]을 마이클 무어가 번역해서 사용한 것이라고 알려져 있다.[2] 왜 이러한 번역어가 필요했을까? 그것은 교수자와 학습자가 시 · 공간적으로 분리된 상황에서 일어나는 비전통적인 교육의 형태가 다양해졌기 때문이다. '원격교육' 이 학자들의 호응을 얻기 이전에는 '텔레마틱 교육' telematic education이나 '외부학습' external studies 등 다양한 개념과 용어들이 실험적으로 사용되기도 하였다.[3] 소통매체 역시 다양해짐에 따라 통신교육이란 용어보다는 좀 더 포괄적인 용어가 필요해진 것이다.

공식적으로 원격교육이라는 용어가 소개된 시기는 1972년, 미국 버지니아 주 워렌턴에서 개최된 국제통신교육협의회International Council for Correspondence Education: ICCE에서 였다.[4] ICCE는 1938년 주로 미국과 캐나다의 대학확장 프로그램에 관여한 교육자들이 구성한 국제학회로 통신교육분야에서는 가장 규모가 큰 것이었다. 이후 ICCE는 1982년 캐나다의 밴쿠버 회의에서 그 명칭을 ICDE, 즉 국제원격교육협의회International Council for Distance Education로 변경했다. 이로써 원격교육은 '소통매체를 이용하는 교육' 을 가장 포괄적으로 지칭하는 국제적인 통용어가 되었다.

학회의 이러한 명칭 변화는 전자매체를 통한 새로운 교육 실천들을 포괄적으로 명명하고 연구할 필요에서 연유했다. 달리 말해, 통신교육이 우편통신이라는 단일매체를 이용하는 교육을 지칭했다면, 원격교육은 우편통신이 이용했던 인쇄매체 뿐만 아니라 전자매체를 이용하는 다양한 형태의 교육을 포괄하는 확장된 개념이다. 여기서 전자매

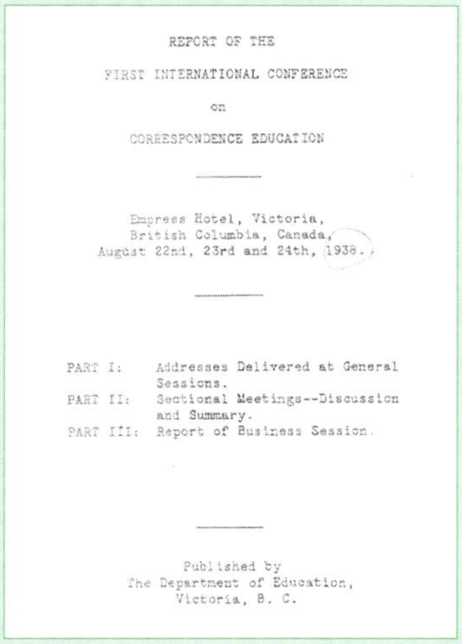

REPORT OF THE
FIRST INTERNATIONAL CONFERENCE
on
CORRESPONDENCE EDUCATION

Empress Hotel, Victoria,
British Columbia, Canada,
August 22nd, 23rd and 24th, 1938.

PART I: Addresses Delivered at General Session.
PART II: Sectional Meetings--Discussion and Summary.
PART III: Report of Business Session.

Published by
The Department of Education,
Victoria, B. C.

그림 3-1. 1938년 캐나다 밴쿠버에서 개최된 제1회 국제통신교육학회 회의록

체란 당시 이용되고 있던 라디오 · 텔레비전 방송, 오디오 · 비디오 녹화 테이프, 컴퓨터 모뎀과 전화, 위성통신을 통한 원격화상회의 등 모든 소통매체를 포괄한다.

원거리 교육

언어는 사용자의 일상적인 감각을 반영한다. 우리말 '원격' 은 언뜻 '원격조종' 을 연상시키고, 기계, 작동 등의 이미지를 불러 일으킨다. 반면 영어로 이 분야를 지칭하는 distance education을 직역하면 그냥 '거리교육' 혹은 '원거리 교육' 이다. '거리' 라는 용어의 이미지나 뉘앙스에 대해 이해할 필요가 여기에 있다. 한국에 소개된 원격교육 관련 논의들이 대부분 영어권 문헌을 바탕으로 하기 때문에 이런 이해는 더욱 필요하다.

영어 문화권에서 거리는 그리 긍정적인 함의를 갖는 용어가 아니다. 원격교육 문헌에서 거리란 우선 학습자와 교육자 혹은 학습자와 교육기관 간의 공간적 거리를 지칭한다. 여기서 의미를 좀 더 확대하면, 거리란 미터나 킬로미터로 측정할 수 있는 지리적 거리의 의미를 넘어서 개인의 교육기회를 가로막는 다양한 형태의 장애물을 내포한다. 이를테면, 성, 연령, 이전 교육경험, 신체적 장애, 시간 부족, 경제적 이유 등도 모두 교육기회로부터의 거리가 될 수 있다.

따라서 거리의 완화 혹은 제거는 원격교육의 존재 이유이자 철학적 바탕이 된다. 전통적인 교육이 교육자가 정한 시간과 공간에 학습자를 불러 모으는 형식을 취했다면, 원격교육은 교육실시자가 사전에 준비된 교육 프로그램을 가지고 시간 · 공간적으로 떨어져 있는 학습자에게 어떻게 다가갈 수 있는가를 기획하는 작업이다. 역사적으로 볼 때 다양한 사회문화적 맥락에서 다양한 형태의 원격교육이 등장했다. 또한 다양한 명목으로 그 실천을 정당화해왔으나 그 정당화 논리의 핵심은 항상 교육기회의 민주화로 귀착되었다.[5]

거리라는 용어는 이러한 원격교육의 역사와 철학을 지속적으로 상기시켜 주는 '모티브'가 된다. 이런 의미에서 원격교육보다 '원거리교육'이 distance education의 더 정확한 번역어이고, 더 의미 있는 용어라고 생각할 수도 있다.

교류적 거리

원격교육 실천이 확산됨에 따라 연구자들은 교육활동에서 실제로 중요한 것은 교수자와 학습자 간의 지리적 거리가 아니라 심리적 거리라는 데 주목하기 시작하였다. 여기서 나아가 무어는 원격교육 분야의 연구주제로써 중요한 것은 단순히 누구로부터 '거리감을 느낀다' 고

그림 3-2. 마이클 무어(Michael G. Moore). 미국 펜실베니아 주립대학 교수, "미국원격교육센터"를 설립하고 학술지 『The American Journal of Distance Education』을 펴내고 있다. 영어로 '원격교육' 용어를 정착시켰으며, 원격교육의 이론과 학문적 토대를 마련하는데 공헌했다.

할 때의 심리 상태가 아니라 개인이 그런 느낌을 갖도록 만든 '교육 프로그램의 특성' 이라는 관점을 제시한다.[6)]

무어는 이 특성을 '교류적 거리' transactional distance로 개념화하고, 교류적 거리는 '구조' 와 '대화' 의 함수관계로 결정된다고 본다. 구조structure란 '교수 프로그램이 개인 학습자의 요구에 부응할 수 있는 정도' 이다. 대체로 하나의 코스(수업)는 목표설정과 실행, 평가의 요소로 이루어져 있다. 구조는 이 요소들을 실천하는 데 있어서 학습자의 요구를 어느 정도 반영할 수 있는가에 의해 결정된다. 예를 들어, 통신학습 같은 경우는 학생들의 요구에 따라 수업내용을 추가하거나 보완하기가 힘들다. 또한 일단 코스가 시작되면 수업의 목표나 방법도 변경하기 어려워진다. 이러한 경우를 구조화가 높은 수업이라고 볼 수 있다. 하지만 교수자의 교육철학에 따라 또는 이용되는 매체에 따라 수업의 구조를 변경하는 것이 더 용이한 경우도 있다. 비디오 컨퍼런싱 수업 같은 경우는 교실 수업과 거의 흡사한 실시간 상호작용이 가능하며, 통신교육에 비하면 구조화의 정도도 훨씬 낮다고 볼 수 있다.

반면 대화dialogue는 '원격교수 프로그램에 있어서 커뮤니케이션 매체가 학습자와 교수자 간의 상호작용을 허용하는 정도' 이다. 예를 들어, 인쇄매체를 이용하는 통신학습은 대화의 정도가 낮은 편이다. 라디오나 텔레비전 매체의 경우, 전달에는 용이하지만 대화의 측면에서는 그 정도가 낮다. 이에 반해 전화나 온라인 커뮤니케이션은 쌍방향 · 실시간 상호작용을 허용한다는 점에서 대화의 정도가 높은 수업을 가능하게 한다.

이론적으로 보면, 구조화된 정도가 높고 대화의 정도가 낮은 수업은 교류적 거리의 정도가 높아질 가능성이 많다. 그 반대도 마찬가지이다. 교류적 거리의 정도가 낮은 수업은 구조화된 정도가 낮고, 대화의 정도가 높은 수업일 것이다. 다시 말하면, 교육목표 설정, 수업 진행, 결과물 평가와 같은 교수-학습활동이 사전에 엄격하게 짜여 있는 수업은 구조화된 정도가 높은 수업이며, 교수-학습활동에서 학습자의 의견을 수용할 여지가 낮은 수업이다. 이럴 경우 학습자가 지각하는 교류적 거리의 정도는 높아지게 되는 것이다.

그림 3-3은 '대화' 와 '구조' 의 정도에 따라 원격교육 프로그램이 어떻게 분류될 수 있는지를 보여준다. '개별화 정도' 라고 표기된 것은 '구조화 정도' 의 다른 표현으로 보아도 무방하다. 구조화가 높은 프로그램은 개인 학습자의 요구에 응하는, 즉 개별화의 정도가 낮은 프로그램이다. 마찬가지로, 구조화가 낮은 프로그램은 개별화 가능성의 정도가 높다는 것을 의미한다.

교류적 거리 정도의 높고 낮음이 어떤 교육 프로그램의 우수성을 판단하는 기준은 아니다. 즉 교류적 거리의 정도가 낮은 특성을 가진 교육 프로그램이 교류적 거리의 정도가 높은 특성을 가진 교육 프로그램보다 더 좋거나 덜 좋다는 판단을 할 수 있는 것은 아니라는 의미이다. 또한 실제 원격교육 코스나 프로그램을 경험하는 이들이 '구조' , '대화' , '교류적 거리' 에 대해 지각하는 정도도 다분히 주관적이다. 이 세 변인의 관계 역시 이론에서 상정한 것처럼 항상 일정하게 변하지도 않는다.

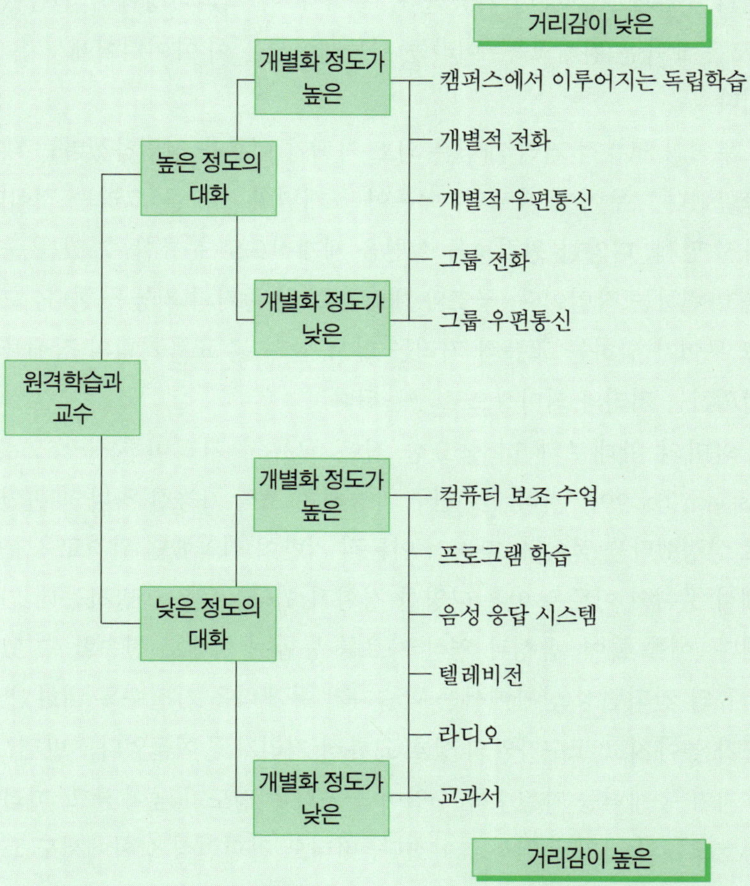

그림 3-3. '거리' 의 차원에 의해 분류된 원격교수와 학습방법들
출처: Moore(1990: 57)

'교류적 거리' 라는 이론적 구인[7]을 가지고 무어가 시도했던 것은 통신학습, 혹은 (그가 선호하는 용어로는) 독립학습independent study을 일반적인 교육활동과의 연장선에서 조망해보는 것이었다. 실제로 교류적 거리에 의한 분류체계는 원격교육 뿐만 아니라 교실교육 프로그램의 분류에도 적용이 가능하다. 우리가 이 책의 1장에서 연습했던 '모든 교육은 원격교육' 이라는 시뮬레이션은 이 아이디어에서 온 것이다.

무어의 교류적 거리 개념은 의도 자체가 이론을 정립하겠다는 데서 출발했다.[8] 무어에 따르면, 이론이란 개념의 지도를 그리는 것이다. 다시 말해, 다양한 원격교육 실천을 체계적으로 분류할 수 있는 준거를 마련하는 작업이다. 구조와 대화는 그런 준거의 기능을 한다. 그리고 무어가 말하는 교류적 거리는 앞서 살펴 본 교육기회의 장애물을 함의하는 거리와 의미상으로 구분된다.

의미의 확대보다 더 중요한 점은 교류적 거리이론transactioanl distance theory이 '거리' 를 연구 가능하며 조작 가능한 하나의 변인으로 상정했다는 점이다. 따라서 이론적 기반이 취약했던 원격교육 분야에서 무어의 이론은 이후 다양한 경험적 연구물들을 촉발하는데 기여했다. 예를 들어, 음성과 영상 자료를 통합된 형태로 전송할 수 있는 컴퓨터 컨퍼런싱 상황에서는 학습자가 통제력을 가질수록 대화의 정도가 높아지고 교수자와의 상호 교류적 거리가 줄어들었다.[9] 반면, 교수자가 통제력을 가질수록 수업이 구조화된 정도가 높아졌고, 따라서 상호교류의 거리도 역시 높아졌다. 비디오 컨퍼런싱 상황에서도 교류적 거리이론은 학습자-교수자 간의 상호작용과 수업의 구조화된 정도를 분석하기 위한 개념적 틀로써 적용할 수 있었다.[10]

교육 프로그램의 특성을 기술하는 용어로써 거리는 교육기회의 장애물로 이해되던 부정적 함의를 벗어나 중성적 의미를 띠게 된다. 또한 원격교육에 관한 논의를 교육 기회확대를 위한 이념의 주장에서 연구의 장으로 이동시키는 데 기여한다. 교류적 거리이론의 또 다른 공헌은 거리의 의미를 학습자 자율성의 개념과 관련시켜 논의하게 한 것이다. 원격교육은 교류적 거리에도 불구하고 스스로 자신의 학습을 관리하고 수행할 능력을 가진 학습자를 은연 중에 가정하고 있기 때문이다.

학습자 자율성

학습자 자율성learner autonomy을 보장하기 위한 여지로써 '거리'를 보는 관점은 문헌에서 그리 두드러지지 않는다. 하지만 원격교육자들이 원격교육을 주창하는 이면에는 학습자의 자율성에 대한 전제가 암묵적으로 깔려 있다. 이 전제는 성숙하고 충분히 동기화된 학습자들은 교수자로부터 상당한 물리적 · 심리적 거리를 두고도 학습활동을 자율적으로 수행할 수 있다는 믿음이다. 학습자에 대한 이런 전제는 원격교육이 성인학습자를 주 대상으로 삼아 온 배경과도 관련된다. 교수자와의 거리가 학습자 자율성을 확보할 수 있는 여지를 함의할 때 거리의 의미는 앞서 말한 두 용례와 확연히 달라진다. 여기서 거리는 오히려 어느 정도는 보존해야 할 가치마저 지니게 된다.

하지만 대다수 원격교육자들은 극복해야 할 거리에 대한 전통적 관념 때문인지 '상호작용'에 지나치게 관심을 두어 왔다. 교수자와 학습자 그리고 학습자 간의 상호작용을 향상시키기 위한 전략은 무엇인가, 원격수업의 상호작용에 영향을 미치는 요인은 무엇인가, 상호작용이 학습효과에 어떤 영향을 미치는가 등은 빈번히 등장하는 연구주제들이다.[11] 이 연구들의 공통적인 전제는 상호작용의 정도를 높이면 교육효과에 긍정적인 영향을 미친다는 것이다. 진정 원격학습자들은 빈번한 상호작용을 원할까?

물론 그 답은 상황에 따라 다르다. 예를 들어, 메이May는 '더 많은 것이 항상 더 좋은 것은 아니다'고 하였다.[12] 이는 캐나다의 오픈 유니버시티라 불리는 아타바스카 대학Athabasca University의 홈 스터디 과정을 수강하고 있는 학생들을 인터뷰한 연구결과이다. 이 연구는 원격학습자와 교수자가 원격교육에 수반되는 물리적 · 심리적 거리에 대해 서로 다른 관점을 가지고 있음을 보여준다. 교수자는 홈 스터디에 참여하는 학생들의 심리상태를 일단 '고립' 으로 가정했다. 그리고 이런 고립감을 해소하고 협동학습의 경험을 제공하기 위해서 몇 주에 한 번씩 면대면 모임을 갖기를 제안했다. 하지만 대부분 학습자들의 반응은 그리 우호적이지 않았다. 원격교육 프로그램에 참여한 가장 큰 동기는 '시간 통제' 에 있었기 때문에 자신들의 계획 이상으로 학습활동에 시간을 내는 것은 부담스러워 했다. 즉 학습자들의 관점은 원격교육 프로그램 참여시 거리가 주는 이점을 희생시키고 싶지 않다는 것이었다.

메이의 연구는 원격학습자가 교수자나 다른 학습자와 시 · 공간적으로 분리된 상황이 이들의 자율성 유지를 위해 어느 정도 필요함을 시사한다. 또한 원격교육 프로그램 기획자나 교수자들이 이해하는 원격학습자의 심리나 요구가 실제와는 꽤 차이가 있음을 말해준다. 일반적으로 학습자들은 '강요된' 상호작용의 참여에 호의적이지 않다. 그리고 코스의 성격상 강요되었거나 혹은 부여된 상호작용의 정도가 높을 때에는 원격교육의 이점인 학습시간과 공간 선택의 자율성을 충분히 누리지 못한다고 느낀다. 문제는 상호작용에의 요구가 개별 학생들마다 모두 다르기 때문에 교수자가 그 정도를 일괄적으로 조절하기가 힘들다는 데 있다. 이런 정황 때문에, "상호작용과 학습자 독립성의 정도를 적절히 섞어라" 는 조언이 등장한다.[13)]

일반적으로 교육실시자들은 교수자-학습자, 그리고 학습자-학습자 간의 상호작용을 강조한다. 원격교육상황에서는 이 경향이 더욱 심화된다. 극복해야 할 대상으로써의 거리에 대한 관념이 무의식적으로 작용하는 것이다. 하지만 원격학습자는 다른 정황에 있는 학습자와는 달리 '자율성' 에 대한 기대가 높다는 점을 고려해야 한다. 이 자율성은 주로 학습시간과 공간에 대한 통제와 학습속도(진도)pacing 조절과 관련된다. 이 때 거리의 의미는 극복이 아니라 존중되어야 할 의미로 전환된다. 원격교육을 이해할 때 거리에 대한 균형 잡힌 관점과 이해가 필요한 이유가 여기에 있다.

원격교육에서 '거리'는

부정적(교육기회를 가로막는 장애),
중성적(교육 프로그램의 특성),
긍정적(학습자 자율성을 위한 여지)
함의를 모두 지닌다.

주

1) '페른스투디움' 으로 읽음. 원격교육, 통신교육을 의미.
2) Moore, M.(1990a). Recent contributions to the theory of distance education. *Open Learning*. November 1990, 10~15.
3) Moore, M.(1976). *Investigation of the interaction between the cognitive style of field independence and attitudes to independent study among adult learners*. Ph.D. Dissertation, University of Wisconsin, Madison.
4) Moore, M.(1990b). Introduction: Background and overview of contemporary American distance education. In M. Moore(ed). *Contemporary Issues in American Distance Education*(pp. xii ~ xxvi). Oxford: Pergamon Press.
5) Tait, A.(1988). Democracy in distance education and the role of tutorial and counselling services. *Journal of Distance Education*. 3(1), 95~99.
6) Moore, G.(1973). Towards a theory of independent learning and teaching. *Journal of Higher Education*. 44(9), 661~679.
7) construct. 어떤 현상을 설명하기 위해 이론적으로 고안된 개념. '구성개념' 이라고도 함.
8) Moore(1990a: 10)
9) Saba, F. & Shearer, R.(1994). Verifying key theoretical concepts in a dynamic model of distance education. *The American Journal of Distance Education*. 8(1), 36~57.
10) Bischoff, W. R., Bisconer, W., Kooker, B. & Woods, L.(1996). Transactional distance and interactive television in the distance education of health professionals. *The American Journal of Distance Education*. 10(3), 4~19.
11) Shin, N.(2003b). The issue of interaction in open and distance learning. *Distance Education in China*. Vol. 17, 27~32.
12) May, S.(1993). Collaborative learning: More is not necessarily better. *The American Journal of Distance Education*. 7(3), 39~50.

13) Daniel, J. S. & Marquis, C.(1983). Interaction and independence: getting the mixture right. In D. Sewart, D. Keegan, & B. Holmberg(Eds.). *Distance Education: International Perspectives*(pp. 339~357). London: Croom Helm.

제4장 원격교육 생산양식

산업화 양식
문자수업
코스 팀 모델
후기 산업화 양식
ISD 모델
저작도구
교수행위의 복제 가능성

구술수업은 산업화 이전의 교육양식이다. 이것이 바로 전통적 수업이 새로운 기술매체의 이용에 그리 썩 들어맞지 않고, 심지어 그 매체들에 대해 저항하는 이유이다.… 이 관점에서 보면 말로 이루어지는 교실수업과 [글로 이루어지는] 원격수업을 비교하는 것은 별 의미가 없다. 그 누구도 구두 한 켤레를 생산하는 데 얼마나 효율적인가를 알려고 구두 수공업자와 신발공장을 비교하지는 않을 것이다(Peters, 1971: 225).

영어로 원격교육distance education이 독일어 Fernstudium의 번역어였다는 사실은 미국보다 유럽의 원격교육 역사가 더 깊다는 점을 말해준다. 그리고 영어로 원격교육이란 용어를 정착시킨 무어가 전통적 교육의 연장선에서 원격교육을 이해하려 했다면, 유럽의 학문적 배경을 가진 오토 피터스Otto Peters는 원격교수의 생산양식에 주목하여 원격교육의 독자성을 강조했다. 피터스의 분석에 따르면 원격교수는 가장 산업화된 양태의 수업이다. 이 관점은 1960년대 베를린 교육학 센터Pedagogic Center in Berlin에서 이루어진 통신교육의 원리에 대한 연구(이하 베를린 연구)로부터 도출된 것이다. 수업이 산업화되었다는 것은 무슨 말인가? 통신교육 실천으로부터 얻은 그의 통찰이 인터넷 시대에도 타당하게 느껴지는 것은 왜일까? 이 장에서는 원격교육의 생산양식과 관련된 쟁점들을 살펴본다.

산업화 양식

피터스에게 원격교육은 많은 교육방법들 가운데 하나의 양상mode을 가리키는 것이 아니라 전통적인 교육과는 구조적으로 구분되는 독자적인 영역이다.[1] 이런 '구조적' 차이를 가져오는 핵심은 원격교육이 생산되는 양식에 있다. 그 생산양식은 앞서 언급한 것처럼 '산업화된 양식' 이다. 산업화란 무엇인가? 그것은 상품이 사전에 기획되고, 분화된 노동에 종사하는 전문가들의 협업으로 생산되고, 대량복제가 가능하고, 대중에 의해 소비되며, 그 질이 중앙 생산본부에 의해 체계적으로 관리되는 체계이다. 이러한 생산양식의 특징이 1970년대 초 원격교육 생산양식을 가장 적절하게 기술하고 분석하게 하는 틀이라는 것이다. 다음은 통신교육을 분석할 때 피터스가 제시했던 준거들이다.[2]

그림 4-1. 오토 피터스(Otto Peters).
독일 원격교육대학인 페른 대학교 초대총장을 지냈다. 원격교육 생산양식의 '근대성' 에 주목하여 독자적인 이론을 펼쳤다.

- 노동의 분화 (교수자의 입장에서)
- 기계화
- 자동화
- 조직적 원리의 응용
- 과학적 관리
- 교수행위의 객관화
- 대량생산
- 중앙집중

피터스는 원격교육이 산업화된 양식을 띤다는 사실을 마침내 교육 분야에도 '근대성' 이 도입된 것으로 받아들인다. 그리고 이것을 상당한 진보로 평가한다.

이 비교의 관점에 의하면, 통신교육은 학교에서 일어나는 거의 모든 교실수업보다 훨씬 더 진보적이다. 우리의 모든 생활양식은 산업화에 의해 근본적으로 영향을 받았다. 하지만 교육 영역은 예외였다. 교실수업은 아직 수공업적이다. 교사는 예술가나 장인(artisan)과 같이 사람,

시간, 장소의 일체성(unity)을 가지고 있다. 교사는 무엇을 어떻게 가르칠 것인지를 결정하고, 자기 일의 결과를 자신이 스스로 평가한다. 설령 기술적 매체를 사용한다고 해도 수업의 구조는 변하지 않는다 (Peters, 1971: 225).[3]

피터스의 산업화된 양식으로서의 원격교육에 대한 논의는 많은 비판과 반향을 불러 일으켰다. 특히 산업화라는 개념을 교육 분야에 도입했다는 것에 대한 일종의 정서적 알레르기 반응이 많았다.[4] 비판의 요지는 두 가지다. 첫째는 비유의 적절성 문제다. 1960년대 독일에서 나온 산업화 모델의 특징은 이미 1980년대에 사라졌고, 더구나 그 비유는 객관적인 자료로 증명할 수 있는 성격이 아니라는 것이다. 둘째는 피터스가 전통적인 교육과 원격교육의 차이를 과장하는 경향이 있다는 것이다. 특히 이 차이는 수업에서의 커뮤니케이션 과정에 관한 피터스의 구분을 가리킨다. 즉 교실수업을 구술전통에 그리고 원격수업을 문자전통에 속한다고 보는 것은 지나치게 단순화한 비유라는 것이다.[5]

산업화 비유의 적절성 문제는 경험적으로 어느 정도 증명되었다. 원격교육은 산업사회의 도래와 거의 동시에 출발했다. 통신교육은 비교적 빠르고 정기적인 우편통신 서비스와 교통체계 없이는 불가능하기 때문이다. 그러므로 최초의 철도와 최초의 통신학교가 거의 비슷한 시기에 설립된 것은 우연이 아니다.[6] 정도의 차이는 있겠지만 아직도 많은 원격교육 프로그램이 전문가 팀, 노동분화, 대량생산, 질관리 등 산업화 양식에 따라 생산된다. 규모의 경제[7]가 원격교육 프로그램 제공자들에게 중요한 쟁점이 되는 것도 대부분의 원격교육 프로그램이 대량생산과 소비를 염두에 두고 제작되기 때문이다.

위에서 말한 두번째 비판은 전통적 교육과 원격교육의 차이가 '근본적' 인가 아닌가라는 다분히 규범적인 질문이다. 달리 말해 이 질문은 산업화 이전의 사회와 이후의 사회가 근본적으로 다른가, 아닌가라는 질문과 마찬가지로 단정적인 답을 찾기 힘든 질문이다. 그런데 피터스의 관점은 생산양식의 측면에서 볼 때 이 두 사회는 구조적으로 다르다는 것이다. 전통적 교육과 원격교육의 구분도 마찬가지다. 원격교육은 산업화된 생산양식이 교육에 적용된 일례로써 생산양식의 측면에서는 전통적인 교육과는 근본적으로 다르다는 것이다.

'산업화된 양식으로서의 교육' 에 대한 반론이나 몰이해는 교육계가 아직도 '산업화' 와 '교육' 의 영역을 결부시켜 이해하는 것에 대해 정서적으로 저항하고 있음을 말해준다. 물론 피터스도 이런 반응을 예견했었다. 그리고 자신의 이론은 교육이 산업화된 양식을 지향해야 된다는 것이 아니라 현재 일어나고 있는 현상을 분석하고 기술description하는 데 초점이 있다고 설명한다.[8] 산업화된 사회에서는 교육적 요구가 다양해지는데 전통적 교육이 그 요구들을 다 만족시켜 주리라고 기대하는 것은 부조리라는 것이다. 새로운 방식technique이 필요하고, 그 방식은 당시의 가장 발달된 생산양식, 즉 산업화된 양식이라는 것이 그의 메시지다.

표 4-1. 산업화 생산양식의 예(교육방송 프로그램 제작 팀워크)

원고작성	내용 전문가, 원고작성자, 연구자, 기록보관전문가
시각자료 준비	강사, 그래픽 디자이너
세트 준비	프로듀서, 조명 감독, 기술자
비디오 제작	프로듀서, 편집자, 프로덕션 보조자
현지 촬영	강사, 프로듀서, 카메라 팀
방송	강사, 감독, 엔지니어, 카메라 팀
현지 지원	행정 보조, 현지 코디네이터

출처: Moore & Kearsley(2005: 107)

산업화를 새로운 시대의 상징으로 보는 시각은 이미 보편화되었다. 하지만 산업화된 양식으로서 교육을 보는 시각은 그리 긍정적이지 않다. 이는 교육을 이해하는 데 있어 모종의 다른 가치가 작동하고 있음을 암시한다.

문자수업

피터스에 의하면 전통적 수업은 구술문화에서 연유한 소통방식이다[9]. 그리고 그 뿌리는 강의나 세미나 혹은 튜토리얼(개인지도) 등으로 진행되었던 중세 교육의 전통으로 거슬러 올라간다.[10] 중세 이전, 고대 그리스의 교육은 수사학rhetoric의 형태로 일대일 대화매체에 의존했었다. 당시 소크라테스는 '책' 이라는 매체가 등장함으로써 인간이 깊게 생각하는 능력을 상실하게 될 것이라고 우려했다. 다른 사람의 생각을 파악하려면 의문을 제기해야 되고, 이를 위해서는 대화가 필수적이다. 하지만 책과는 대화를 할 수가 없다. "만약 당신이 읽은 것에 관하여 어떤 질문을 하더라도, (책은) 계속 똑같은 대답만 되풀이할 것이다".[11] 이것이 인쇄매체를 교육에 사용하는 것에 대한 소크라테스의 우려였다.

교육매체에 관한 한 원격교육은 구술매체에 의존하던 전통적 수업방식을 넘어서야만 했다. 즉 피터스의 표현에 의하면, '도구적 이성과 전략적 행위에 기반하여 기술적으로 전달' 되어야만 원격교육의 취지를 살릴 수 있게 된 것이다. 도구적 이성과 전략적 행위는 원격교육의 사전기획과 관련되고, 기술적 전달 부분은 소통매체와 교육공학적 지식의 이용과 관련된다. 피터스의 논의를 정리하자면, 교실수업은 주로 '구술성' orality에 의존하며 소규모 집단을 기반으로 한다. 반면 원격수업(당시의 통신학습)은 주로 '문자성' literacy에 의존하고 다수의 대

중을 염두에 둔다.[12)]

따라서 피터스는 원격교육의 이해나 분석에 전통적 수업이론의 준거를 적용하는 것은 타당하지 않다고 지적한다. 왜냐하면 전통적 수업양식인 구술수업oral instruction은 글로 모든 것이 전달되는 문자수업written instruction과는 근본적으로 다르기 때문이다.[13)] 이 책의 2장에서 살펴보았던 원격교육 효과성 연구는 주로 이런 수업 간의 효과성 차이에 대한 검증이었다. 피터스도 당시 미국에서 성행하던 원격교육 효과성 검증을 위한 매체비교연구에 대해 잘 알고 있었다. 그리고 뚜렷한 이론적 근거 없이 진행되는 이런 종류의 단순한 비교연구에 대해 다음과 같이 지적한다.

> 교사가 가르치는 수업과 통신학습으로 배우는 학생들의 학업 성취 결과를 비교하여 두 방법이 똑같이 효율적이라고 결론을 내리는 무수한 연구가 있다. 만약 연구자들에게 교실수업과 통신수업의 구조적인 차이에 관한 이론적 근거가 있었다면 이런 연구는 절대 하지 않았을 것이다. 그들은 구술수업의 관점에서 통신교육을 측정하고 판단한다. 이런 종류의 실험에서는 통신교육의 진정한 잠재력이 절대로 드러날 수 없다(Peters, 1971: 224).

흔히들 피터스를 이해할 때 산업화된 생산양식을 교재 생산과 전달방식에 관한 행정이나 관리management의 측면에 국한시키는 경향이 있다. 하지만 베를린 연구의 가장 큰 목적은 원격수업의 구조에 대한 분석준거를 마련하는 것이었고, 피터스 자신도 교수자-학습자 상호작용에 집중하는 것이 교육연구의 핵심이라고 보았다. 실제로 교수행위를 문자매체에 의존한다는 것 자체가 산업사회의 기술과 생산양식 없이는 불가능한 것이다. 따라서 다음과 같은 발언이 가능했던 것이다.

> 이럴 때 우리는 전통적인 대학에서의 구술교육을 산업화 이전방식으

로 구분할 수밖에 없다. 원격교육은 학습과 교수의 가장 산업화된 양식으로써 계몽적인 것으로 보아야 한다(Peters, 1998:118).

피터스는 부분적으로 하버마스[14]의 의사소통 이론을 빌어 구술수업과 문자수업의 소통 구조를 분석한다. 그 분석에 따르면, 구술수업에서는 전통적인 교사-학생의 역할과 그 역할규정에 의한 '관계'가 소통 구조 전반을 지배한다. 반면 문자수업의 소통은 역할보다는 소통의 '내용'과 '매체'의 규칙에 의해 더 많이 지배된다. 사용되는 매체의 차이가 소통 방식을 통째로 변화시키는 것이다. 이 부분은 이 책의 제6장 '인터넷 시대의 원격교육'에서 더 자세히 다룬다.

코스 팀 모델

피터스가 말하는 문자수업이란 인쇄된 자기 학습용 교재self-instructional material를 통해 이루어지는 교수-학습활동을 의미한다. 이 교재는 일반 교과서와는 달리 원격학습자의 독립적 학습을 염두에 둔 스타일로 쓰여지고 편집된다. 비유컨대 이런 교재의 저자는 손으로 말을 해야 하는 것이다. 저자를 도와주는 편집자만 있으면 통신학습 시대의 학습용 교재 개발에는 별 문제가 없었다.[15] 하지만 교육용 매체가 발달함에 따라 교재와 더불어 오디오·비디오 테이프나, 라디오·텔레비전 방송, 심지어 실험실습 키트kit 등이 함께 '세트'로 원격학습자에게 전달되기 시작하였다. 이 세트를 '코스 패키지'라 부르고, 이 코스 패키지를 개발하는 과정을 '코스 개발'이라고 한다.

코스 개발 방법 가운데 가장 널리 알려진 예는 영국의 오픈 유니버시티Open University of United Kingdom: OUUK에서 찾아볼 수 있다. OUUK의 코스 개발 모델은 수업을 산업화된 양식으로 생산하는 것이 어떤 작업인지를 잘 보여준다. 코스 개발은 대개 '코스 팀' 의 협동 작업과 노동 분화를 통해 이루어진다. 코스 팀은 다음과 같이 정의된다.

> 각자가 자신의 역할과 책임을 가지고, 일정한 시간과 비용의 제한 속에서, 특정한 교과를 위한 코스를 개발한다는 공동의 목표를 위해, 대체로 민주적인 토론과 의견조율의 바탕 위에 일하게 되는 사람들의 집합(Tight, 1985: 48)[16)]

코스 팀 모델의 가장 큰 장점은 전문가들의 협업을 통해 질적으로 우수한 코스를 개발할 수 있다는 점이다. 각 분야의 전문가들이 의견교환을 하면서 '시너지' 효과를 내기 때문이다. OUUK의 경우 한 코스를 개발하는 데 교수진, 코스 코디네이터, 관리자, 교육공학자, 편집자, 튜터tutor, BBC 프로듀서, 도서관 직원, 프로덕션 스탭, 연구 보조원, 실험실 장비 기술자 등이 관여한다. 많은 사람이 관련되므로 우수한 리더십과 관리자의 역할이 코스 팀의 성패, 즉 우수한 교재의 생산을 좌우한다. 혹자는 코스 팀의 성공이 함께 일하는 사람들 간의 '인간관계' 에 달려있다고 말할 정도이다.[17)]

코스 팀 모델의 단점은 주로 팀 관리와 시간, 비용의 문제와 관련된다. 예를 들어, 팀 관리와 관련해서 보면 교수진은 행정이나 제작 전문가들과 갈등이 생기면 학문적 자유를 침해당했다고 느끼는 경향이 있다. 팀원들 간의 의견교환과 조율, 제작에 걸리는 시간이 필요 이상으로 많이 걸리기도 한다. 문제가 생겼을 때 전체 코스 개발에 대한 책임소재도 분명하지 않다.[18)] 또한 학생 수가 많지 않은 코스인 경우는 코스 개발에 필요한 비용을 감당하기 어렵다. 이런 단점에도 불구하고 OUUK가 개발한 코스 팀 모델은 원격교육 생산양식의 주된 패러다임이 되었다. 많은 오픈 유니버시티들과 원격교육과 교실교육을 동시에 제공하는 호주의 이중모드dual mode 대학들이 이 모델을 받아들였다.

1단계: 코스 전체 윤곽 잡기

- 프로젝트 관리자
- 내용전문가
- 수업설계자

- 주요 학습자 파악
- 교육장소 파악
- 내용 확정
- 교수방법 확정

↓

2단계: 매체 선택

- 프로젝트 관리자
- 내용전문가
- 수업설계자
- 매체전문가

- 접근성
- 비용
- 교수 기능들
- 상호작용/사용자 편리성
- 조직의 쟁점들/기존 시설들
- 참신성
- 속도

↓

3단계: 개발 및 생산

- 프로젝트 관리자
- 내용전문가
- 수업설계자
- 매체전문가
- 튜터 대표
- 운영관리자

- 저작권 문제해결
- 인쇄
- 오디오 제작
- 비디오 제작
- 컴퓨터 기반 자료 제작
- 개인지도 준비

↓

4단계: 코스 전달

- 프로젝트 관리자
- 내용전문가
- 수업설계자
- 튜터 대표
- 운영관리자
- 시험관리자

- 보관
- 포장
- 우편발송/전송
- 튜터지도
- 도서관 서비스
- 학생 평가
- 코스 평가

그림 4-2. 원격교육 코스 개발 과정 시 참여자와 주요 고려사항

출처: Bates(1995: 49)[19]

후기 산업화 양식

원격교육 생산양식에 대한 지식과 이해는 원격교육 체제 구축의 이론적 배경이 된다. 원격교육 체제 구축은 1980년대 이후 교육정책 전문가나 학교행정가들의 큰 관심사가 되었다. 왜냐하면 기존의 교육기관에 부분적으로 원격교육 시스템을 도입하거나 아예 새로운 원격교육 기관을 설립하고자 할 때 가장 필요한 지식이 원격교육 생산양식에 관한 기본적인 틀이기 때문이다.

피터스에 의해 촉발된 원격교육 생산양식에 관한 논의는 포디즘 Fordism, 네오 포디즘neo-Fordism, 포스트 포디즘post-Fordism 논쟁으로 이어졌다.[20] 이 세 단계를 구분하는 준거는 각 생산양식이 상품혁신 product innovation, 과정 다양화process variability, 생산자 책임성labor responsibility을 허용하는 정도이다.[21] 즉 원격교육의 포디즘 전략(산업화 양식)은 상품혁신과 과정 다양화와 생산자 책임성이 모두 낮은 반면, 포스트 포디즘 전략(후기 산업화 양식)은 세 준거에서 모두 높은 정도를 그 특징으로 한다. 네오 포디즘은 그 중간 단계로써 상품혁신과 과정 다양화의 준거는 정도가 높지만 생산자 책임성은 여전히 낮다.[22]

'산업화 양식' Fordism을 기본으로 하는 원격교육체제는 규모의 경

표 4-2. 원격교육 생산양식의 특징들

구분	포디즘 전략	네오 포디즘 전략	포스트 포디즘 전략
상품혁신	↓	↑	↑
과정다양화	↓	↑	↑
생산자 책임성	↓	↓	↑

* ↓낮다, ↑높다를 의미.

제를 추구해야 하므로 대중 학습자를 염두에 둔다. 그리고 생산과정은 과제별로 세분화되지만, 관리는 중앙에서 이루어지는 관료제의 성격을 띤다. 정부의 지원을 받는 대규모 원격교육 대학이나 기관들이 원격교육의 주 제공자였던 이유가 여기에 있다. 상대적으로 규모가 작은 교육기관이 소수의 학습자를 대상으로 교육 프로그램을 개발하는 것은 경제적인 면에서 효율적이지 않기 때문이다.

이에 반해 '네오 포디즘' neo-Fordism이라고 불리는 '신 산업화 양식' 은 개발의 측면에서는 산업화 양식의 장점을 취하면서도, 전달의 면에서는 교육이 이루어지는 지역단위의 특성을 감안하여 실행하는 원격교육 모델이다.[23] 특히 캠퍼스 학습자와 원격학습자를 모두 대상으로 하는 이중모드 대학에서는 캠퍼스 학생을 가르치는 데에도 자기 학습용 교재를 활용함으로써 생산비용을 낮출 수도 있다. 네오 포디즘 양식에서는 원격교육에 대한 관리가 중앙과 지방에서 모두 이루어진다. 그리고 교수자에게는 개발된 교재를 전달하는 것 이상의 책임은 없는 편이다.

하지만 '후기 산업화 양식' post-Fordism을 따르는 코스 개발은 이전과는 다른 양상을 취한다. 예를 들어, 개별 교수자는 학습자의 변화하는 요구에 맞추어 코스 과정과 전달을 그때그때 변경할 수 있어야 한다. 이 방식은 이전의 원격교육 생산양식에서 최종 생산물로 간주되었던 코스 패키지의 생산보다는 소비자, 즉 학습자의 관리에 그 초점이 있다. 따라서 산업화 양식에 비해 상대적으로 소수의 특정 분야에 관심 있는 학습자를 대상으로 한다. 그리고 교수자가 코스의 개발, 전달, 관리의 모든 과정에 관여하고 책임을 진다.[24]

이러한 원격교육 생산양식의 변화는 언뜻 보기에는 시간에 따른 진보의 양상으로 보인다. 하지만 실제로는 동시대에도 사회문화적 맥락에 따라 다양한 양상이 함께 나타나기도 한다. 산업화 양식은 현재도 국제적으로 통용되는 패러다임인 반면, 후기 산업화 양식은 주로 북미 원격교육의 실천에서 많이 관찰된다. 특히, 미국 원격교육은 자신들도 인정하다시피 다른 국제사회의 실천과는 다소 구분된다.

> 미국 원격교육자들은 포디즘 · 포스트 포디즘 논쟁에 거의 관여하지 않았다. 지방 통제, 작은 클래스, 교사와 학생 간의 래포,[25] 고도로 개별화된 수업 등은 미국이 아주 존중하는 교육체제의 특징이다(Simonson et al., 2003: 52).

비유적으로 말하면, 미국은 원격교육계의 섬이다. 미국이 유럽, 아시아, 아프리카, 남미와 호주 등 다른 국제사회와 구분되는 자신들만의 독특한 원격교육 개념과 실천을 가지게 된 것은 바로 이 생산양식의 차이에서 기인한다. 생산양식의 차이는 다른 모든 것의 차이와 연결되기 때문이다.

> 원격교육 이론의 뿌리에는 원격교육은 전통적인 면대면 수업과 근본적으로 다르다는 믿음이 있다. …하지만 특히 미국에서는 기술적 진보와 원격교육에 대한 새로운 철학이 원격교육의 새로운 패러다임을 낳았다. 그 목적은 원격학습자들에게 전통적인 면대면 수업과 되도록이면 유사한 경험을 제공하는 것이다(Schlosser & Anderson, 1993: 14; McHenry & Bozik, 1995: 363에서 재인용).[26]

미국 원격교육의 특징은 교실수업의 모방에 있다. 이것이 바로 산업화 모델을 원격교육의 전형으로 여겼던 국제 원격교육계가 미국의 원격교육 실천에 이질감을 느끼는 이유이다. 코스 개발자와 전달자가 구분되는 산업화 모델과는 달리 후기 산업화 모델에서는 교수자가 개발과 전달에 모두 관여한다. 개발의 단위나 규모도 대중 학습자가 아니라 특정 교수자의 수업을 선택한 학생들을 위해서이다. 이는 바로 '생산자 책임성' 이 높은 후기 산업화 모델의 특징과 관련된다. 수업

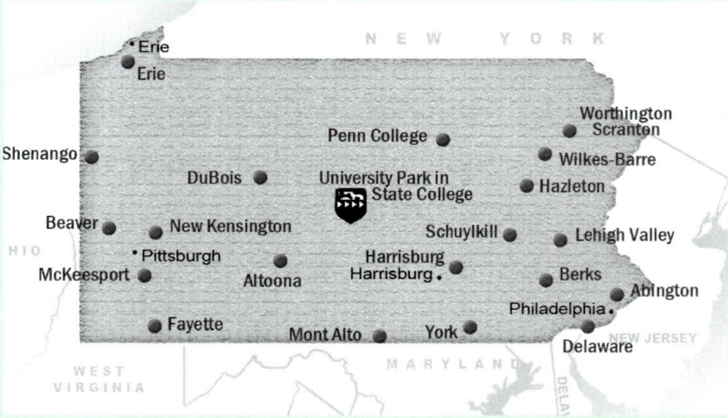

그림 4-3. 미국 펜실베니아 주립대학교의 멀티 캠퍼스 지도
19개의 지역 캠퍼스가 있어 원격화상회의로 몇 개의 지역 사이트를 연결하여 진행하는 원격 수업이 점차 늘어나는 추세에 있다.

이 모두 사전에 제작되는 것이 아니라 소비자, 즉 학습자의 요구를 반영하면서 유연하게 변형될 수 있다. 소비자가 직·간접적으로 제작에 참여하게 되는 것이다. 따라서 실제로 중요한 것은 수업의 결과물이 아니라 그 과정이다. 과정이 중요하기 때문에 자연히 교수자와 학습자 간의 상호작용이 성공적인 원격교수의 핵심적 원리가 되는 것이다.

후기 산업화 모델을 따르는 미국 원격교육의 이미지는 하이 테크놀로지high-technology와 직결된다. 그러니 미국 사회에서는 산업화 모델을 따르는 통신교육은 원격교육의 일종이라기보다는 별개의 영역으로 인식되는 경향이 있다. 실제로 미국에서 원격교육이라 함은 대개 비디오 컨퍼런싱이나 비동시적 온라인 수업을 가리킨다. 비디오 컨퍼런싱을 통한 수업은 캠퍼스 수업의 공간적 연장으로 볼 수 있다. 이 수업은 비디오 영상을 통한 동시적 상호작용을 기본으로 하기 때문에 교수자와 학습자들이 시·공간적인 면에서 자유롭지 못하다. 하지만 이러한 수업은 캠퍼스가 여러 곳에 분산되어 있는 대학에서 교과목 개설을 유연하게 조정할 수 있다는 점에서 유용하다.

이에 반해 온라인 수업은 주로 온라인 게시판을 이용한 비동시적 의사소통에 의존하기 때문에 시 · 공간의 제약으로부터 상대적으로 자유롭다. 대학원 수업이나 직장을 가진 성인을 대상으로 하는 전문가 계속교육[27] 영역에서 온라인 수업이 많이 활용되는 이유도 여기 있다. 요약하자면, 원격교육의 후기 산업화 모델은 여전히 교실수업을 모형으로 한다. 전통적인 수업과 차이가 있다면, 교실이 몇 개의 공간으로 분리되거나 현실공간이 아니라 가상공간에서 수업이 이루어진다는 점이다.

ISD 모델

북미의 원격교육 기획과 제작은 기본적으로 수업의 체제적 설계 Instructional Systems Design: ISD 접근을 따른다. 이 접근은 시스템 이론, 행동주의 심리학, 커뮤니케이션, 정보처리이론 등을 이론적 기반으로 하며, 수업을 다양한 요소의 상호작용으로 구성된 하나의 유기적 체제로 상정한다.[28] 그리고 수업 개발을 위해 필요한 작업들을 단계별로 제시한다. ISD 접근 가운데 가장 많이 알려진 애디(ADDIE) 모형의 경우, 그 단계에는 분석Analysis, 설계Design, 개발Development, 실행Implementation, 평가Evaluation 등이 포함된다. 각 단계에서 어떤 과제들이 수행되어야 하는지, 표 4-3을 통해 살펴보자. 각 단계는 선형적으로 분절되어 보이나 실제 작업에서는 몇 단계가 동시에 이루어지기도 하고, 한 단계의 작업결과가 이전과 이후 단계에 영향을 주기도 한다.

ISD 모델은 수업에 대한 체계적인 기획을 가능하게 하므로 원격교수 개발에 적극적으로 활용된다. 하지만 이 모델의 적용에는 비용과

표 4-3. 원격교육 생산에 활용되는 체제적 수업설계의 예

단계	내용
분석	• 교과, 학습자의 특성, 학습환경을 분석한다. • 기타 필요한 자원들에 대한 분석도 포함한다.
설계	• 학습자가 달성해야 할 목표를 설정한다. • 목표달성에 필요한 교수-학습전략을 설정한다. • 학습내용을 세분화한다. • 내용을 제시할 순서와 방법을 스토리로 구성한다. • 매체를 선정한다.
개발	• 설계의 아이디어를 교재로 제작하는 단계이다. • 웹페이지, 영상물, 스터디가이드, 책, 오디오, 비디오 자료들이 만들어진다. • 매체 전문가와 기술자의 도움이 필요하다.
실행	• 개발된 교재를 학습자에게 전달하는 단계이다. • 실제 학습자에게 실행하기 전에 예비 실행을 해보는 것이 좋다.
평가	• 학습자의 수행을 평가한다. • 수업이나 교육 프로그램을 평가한다.

시간이 상당히 소요된다. 적지 않은 수의 전문가들이 팀을 이루어 상당한 기간 동안 협업을 해야 하기 때문이다. 따라서 ISD 모델에 의한 수업 개발은 교수자 한 사람에 의해 수행되기보다는 보통 기관 차원에서 진행된다. 또한 이 모델이 적용되는 맥락에 따라 기획 단계가 분석에 앞서 추가되기도 한다. 예를 들어, 대학이나 기업과 공동으로 원격교육 컨텐츠를 설계하는 산업체에서는 기획 단계에서 주요 의사결정자의 요구 및 기획 의도를 먼저 분석하기도 한다.

저작도구

원격교수 개발에 있어 ISD 모델이 조직적인 접근을 요한다면, 최근 개발되고 있는 저작도구는 교수자 일인 제작 시스템을 허용한다. 저작

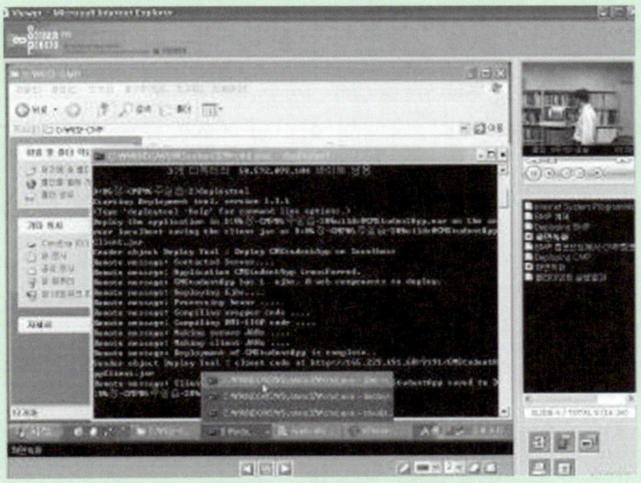

그림 4-4. 저작도구 사용의 실례
저작도구는 교수자의 강의, 판서내용, 프리젠테이션을 디지털 정보로 녹화, 편집, 재생하는 것을 용이하게 해 준다.
출처: 서상원(2005, 미간행물)

도구authoring tool 또는 authoware란 하이퍼텍스트나 멀티미디어 응용 프로그램을 직접 제작하도록 도와주는 프로그램을 말한다.[29] 저작도구에는 간단한 카메라와 마이크 그리고 컴퓨터용 소프트웨어 프로그램이 포함된다. 따라서 저작도구를 이용하면, 교수자는 자신의 강의를 인터넷에서 그대로 재생할 수 있도록 영상과 음성을 녹화, 녹음, 편집할 수 있다. 저작도구는 후기 산업화 양식을 추구하는 원격교육 모드에서 특히 유용하다. IT[30] 비전문가 교수자들도 약간의 훈련을 거치면 원격수업용 컨텐츠를 직접 제작하는 것이 가능하기 때문이다.

저작도구는 그 성격상 소통매체의 발달과 사용자의 요구에 민감하다. 따라서 저작도구의 기술적 진화는 일면 원격교육의 변천을 엿볼 수 있게 한다. 국내에는 특히 이러닝e-learning 컨텐츠 제작을 위한 저작도구들이 다수 개발되어 있다. 최근의 저작도구는 미국의 ADL[31]이 개발한 스콤SCORM[32] 규준을 따름으로써 개발사별로 호환이 안 되는 문제점을 극복하고 학습 컨텐츠의 사용성, 접근성, 지속성, 및 상호운영성을 높일 수 있게 한다.[33]

기술적인 면에서 볼 때, 국내의 이러닝 저작도구는 다음과 같은 기술을 통합한 형태의 컨텐츠 개발 도구로 발전할 전망이다.[34]

- 최적화된 게임과 시뮬레이션형 컨텐츠
- 아바타형 학습 시스템형 컨텐츠
- 무선 인터넷, PDA에서 활용 가능한 컨텐츠
- 가상현실 학습 시스템을 이용한 컨텐츠
- 디지털 방송으로 학습이 가능한 컨텐츠

표 4-4. 이러닝 저작도구의 기술동향

구분	기간	내용
VOD · 오디오	1997～2001	• 개발사의 자체 VOD 또는 오디오 코덱 사용, 다운로드 중심
	2001～2004	• MS 코덱(WMV, ASF) 사용, 스트리밍서비스 중심
교재	1997～2004	• 교재를 이미지로 변환하여 사용
	2002～현재	• 교재를 HTML이나 플래시로 변환, 멀티미디어 요소를 교재에 삽입하여 사용
제작 · 편집기능	1997～2004	• 제작자 1인 컨텐츠 제작 위주 • 단순한 편집 또는 재녹화 편집
	2002～2004	• 스튜디오 및 원격강의실, 매체제작실에서의 강의 촬영 후 제작 • 영상편집기능 강화
컨텐츠의 표준화	1997～2002	• 개발사별로 자체적 기준 설정
	2002～현재	• ADL에서 발표한 SCORM 기준을 따름

출처: 서상원(2005, 미간행물)

교수행위의 복제 가능성

> 교수행위는 무한정ad libitum 복제될 수 있다(Peters, 1971: 226).

유럽전통과 미국전통 혹은 산업화 생산양식과 후기 산업화 생산양식의 차이에도 불구하고 원격교육이 갖는 공통점은 기본적으로 교수행위가 '복제' 될 수 있다는 점이다. 이 '교수행위의 복제 가능성' 은 기술매체의 사용에 기인한다. 인쇄매체가 시 · 공간적 경계를 넘어 지식을 전파하는데 기여했다면, 통신학습은 지식과 더불어 교수행위까지 시공의 경계를 넘어 확장시킨다. 교실수업이 일회적이라면, 원격수업은 영구적이다. 녹화된 테이프나 온라인 강의는 (서버에서 지워지지 않는 한) 언제든지 보고 또 볼 수 있다. 기계매체를 이용하는 순간 '기록' 과 '복제' 의 특질이 주어지는 것이다.

피터스는 바로 이 교수행위의 복제 가능성 때문에 원격교육이 대중을 위한 교육기회 확대에 기여할 수 있다고 확신했다.

> 원격교육은 역사상 그 어느 때보다도 확실히 교육기회 균등의 가능성을 열어주게 될 것이다. …기술매체를 사용함으로써 질적으로 우수한 교육을 민주화할 수 있게 되었다. 어느 곳에서나 누구에게나 우수한 교육은 접근 가능할 것이다. 당신이 사는 곳 어디에나 좋은 상품들이 가까이 있는 것처럼…(Peters, 1971: 227).

> '우수한 교육에 대한 제한 없는 접근성', 이것이 바로 원격교육의 기본적인 관점이다. 원격교육은 고도로 산업화된 사회가 교육체제의 새로운 요구에 아주 유연하고 효율적인 방식으로 대응하는 것을 가능하게 해 줄 것이다. 또한 그것은 그[교육] 체제와 교수방법까지 변화시킬 것이다(Peters, 1971: 227).

앞의 인용문은 피터스가 1969년 파리에서 개최되었던 ICCE에서 발표한 내용이다. 당시는 아직 영국 OU의 시스템이 성공적으로 확산되지도 않았고, 라디오, 텔레비전, 인터넷이 지금과 같이 교육에 활발히 활용되지도 않았던 시대이다. 이런 시대에, 특정한 사람에게 특정한 곳에서만 이루어지는 교육이 아니라 대중을 대상으로 어느 곳에서나 이루어질 수 있는 교육을 어떻게 전망할 수 있었을까? 기술매체의 활용이 산업사회의 교육요구에 대응할 뿐만 아니라 산업사회의 교육체제와 교수방법까지 변화시킬 것을 어떻게 예견했을까?

이에 대한 답은 오락entertainment산업에 대한 그의 비유에서 찾을 수 있을 것 같다. 추측컨대 피터스는 당시 유럽에서 성행하던 영화산업에서 기술복제의 사회적 영향력을 본 것 같다. 연극이나 다른 극예술 공연과는 달리 영화는 대중이 향유할 수 있는 형태로 복제가 가능하기 때문이다. 물론 이를 가능하게 한 것은 기술매체의 활용이다.

산업사회 교육의 특질을 논함에 있어 피터스는 초기 인도-유럽의 기원까지 거슬러 올라가 교육구조의 역사적 진화를 추적한다. 그리고 원격교육을 이 진화의 마지막 단계에 와 있는 새롭고 낯선 교육적 양태로 본다. 피터스가 파악한 전통적 교육과 원격교육의 특징을 키건은 6개의 요소로 정리한다(표 4-5참고).[35]

피터스의 구분은 독일 철학에 바탕을 둔 사회학적 분석으로 해석되기도 한다. 즉 전통적 · 구술적 · 소규모 집단 중심 교육은 '게마인샤프트' Gemeinschaft의 전통이고, 원격교육은 '게젤샤프트' Gesellschaft의 전통에 가깝다는 것이다. 게마인샤프트 구조는 친근하고 공동체 중심이다. 반면 게젤샤프트는 덜 친근하고, 더 넓은 사회 중심 구조이다. 사회가 1차 집단 중심에서 2차 집단 중심으로 변화했듯이 교육구조에도 그런 변화가 수반되었고, 그 형태가 원격교육으로 나타난 것이라고 볼 수 있다.[36]

표 4-5. 교육구조의 역사적 진화

전통적 교육	원격교육
엘리트주의	평등주의
제례적sacral 측면	세속적profane 측면
위계적	민주적
가족-소규모 구조	학습자 대중 지향적
사적 커뮤니케이션	테크놀로지 기반 커뮤니케이션
시간-공간-사람 간의 결속	시간, 공간, 사람의 차원으로부터 자유로움

출처: Keegan(1996: 83)

> 역사적으로 볼 때, 대중교육의 필요성과 가능성은 아주 최근의 현상이다. …… 수 천년 동안 아마도 대화dialogue가 최초의 그리고 유일한 수업형태였을 것이다. 그리고 한참 후에 집단group수업이 등장했다.…… 오늘날 우리의 과제는 더 어려운 것이다. 우리는 훨씬 더 규모가 큰 그룹에 봉사할 수 있는 수업방법에 적응해야 하고, 대중교육을 가능케 하는 새로운 기술매체 이용에 적응해야 한다. 하지만 이와 동시에 교육적 현명함에 대해서는 철저해야 할 것이다(Peters, 1971: 226).

물론, 피터스도 원격교육에 대해 뭔가 부자연스러운 점이 있다는 것을 알고 있었다. 커뮤니케이션 과정이 분절되게 마련이고, 따라서 인위적 대체물이 제공되어야 한다. 학습자가 소외될 가능성도 부인할 수 없다. 전체 소통 구조가 변하고, 이 변화는 교수행위와 학습행위에 변화를 가져온다. 그렇기 때문에 원격교육을 제대로 수행하기 위해서는 교육적 현명함에 철저하면서 동시에 대중교육을 가능케 하는 새로운 기술매체 이용에 적응해야 하는 것이다. 교육적 현명함은 간단히 정의될 수 있는 성질의 문제가 아니다. 이 문제는 문제가 제기되는 사회 구성원의 교육에 대한 인식에 의해 많은 영향을 받을 것이다.

주

주

1) Peters, O.(1971). Theoretical aspects of correspondence instruction. In O. Mackenzie and E. L. Christensen(Eds.). *The Changing World of Correspondence Study*(pp. 223~228). University Park & London: The Pennsylvania State University Press.
2) Peters(1971: 225~226)
3) Peters(1971: 225)
4) Keegan, D.(1996). *Foundations of Distance Education: Third Edition*. London & New York: Routledge.
5) Keegan(1996: 85)
6) Keegan(1996: 78)
7) economy of scale. 대량생산에 소요된 단위비용의 효과. 이 책의 「10장 기술선택: 'ACTIONS'」에서 좀 더 상세히 다룸.
8) Peters, O.(1998). *Learning and Teaching in Distance Education: Analyses and Interpretations from an International Perspective*. London: Kogan Page.
9) Peters(1998: 113)
10) Keegan(1996: 78)
11) 도널드 노먼(1998). 『생각있는 디자인』(p. 75). 인지공학심리연구회(역). 학지사.
12) 구술성과 문자성에 대해서는 월터 J. 옹(1995). 『구술문화와 문자문화』. 이기우, 임명진 옮김(1995). 문예출판사. 참고
13) Peters(1971: 224)
14) Jürgen Habermas(1929~) 독일의 철학자이자 사회학자.
15) 이런 형태의 원격교육 프로그램 개발을 저자-편집자 모델(author-editor model)이라고 함.
16) Tight, M.(1985). Do we really need course teams? *Teaching at a Distance*. 26, 48~50.
17) Forman, D.C. & Richardson, P.(1977). Course development by team: How many cooks does it take to spoil the broth? *Educational Technology*. December. 30~35.

18) Wright, C.(1988). The Independent/Distance Study Course Development Team. *Educational Technology*. December. 12~17.

19) Bates, A. W.(1995). *Technology, Open Learning and Distance Education*. London & New York: Routledge.

20) 포디즘이란 미국의 자동차 회사 설립자 Ford의 이름에서 따온 말. 산업화된 생산양식의 대명사처럼 쓰임. Campion, M.(1996). Contemporary debates about bureaucracy: Implications for dual mode universities. Different Approaches: Theory and Practice in Higher Education. *Proceedings HERDSA Conference 1996*. Perth, Western Australia, 8-12 July.

21) Badham, R. & Mathews, J.(1989). The new production systems debate. *Labour and Industry*. 2(2), 194~246.

22) Peters, O.(1997). A paper written for the virtual seminar professional development in distance education, Jan-March. http://www.fernuni-hagen.de/ZIFF/PETERS2.HTM

23) Simonson, M., Smaldino S. Albright, M. & Zvacek, S.(2003). *Teaching and Learning at a Distance: Foundations of Distance Education*. Upper Saddle River, NJ: Merrill Prentice Hall.

24) Siomnson et al.(2003: 51~52)

25) rapport. 프랑스어로 다리를 놓다는 의미. 대인 간에 의미 있는 관계가 성립된 상태를 말함.

26) Schlosser, C. & Anderson, M.(1993). *Distance Education: Review of the Literature*. Iowa State University.
McHenry, L. & Bozik, M.(1995). Commucnication at a distance: A study of interaction in a distance education classroom, *Communication Education*. 44(October). 362~371.

27) continuing professional education. 변호사, 의사, 약사, 교사 등 전문직에 종사하는 이들이 지속적으로 최신지식과 기술을 배우고자 참여하는 성인교육의 일종.

28) Dick, W. & Carey, L.(1990). *The Systematic Design of Instruction(3rd Ed.)*. Glenview, II.: Scott, Foresman, and Company.

29) http://www.webopedia.com/TERM/A/authoring_tool.html

30) Information Technology. 정보기술.

주

31) Advanced Distributed Learning Initiative. 차세대 분산학습 시스템 위원회.

32) Sharable Content Object Reference Model의 약어.

33) 산업자원부, 한국사이버교육학회(2003). 『2003 e러닝 백서』(p. 104). 한국사이버교육학회.

34) 서상원(2005). 『e-Learning 컨텐츠 저작도구 동향 및 사례』. 동국대학교 교육학과 발표자료. 미간행물.

35) Keegan(1996: 83)

36) Keegan(1996: 83)

제5장 원격교육의 진화

사적 발전
한국 원격교육사
연구동향
한국 원격교육연구

진화 evolution: 낮고, 단순하고, 조악한 단계로부터 더 높고, 더 복잡하고, 더 나은 단계로 계속 변화하는 과정(Merriam-Webster Online)

사적史的 발전

원격교육의 지형은 새로운 매체의 등장에 따라 급격히 바뀌어 왔다. 이러한 변화를 몇 개의 시대로 구분해 보는 관점으로는 3세대론과 5세대론이 가장 많이 알려져 있다. 1989년 제시된 니퍼Nipper의 3세대론은 원격교육에 소통매체가 이용된 형태에 따라 단일매체 시대, 복합매체 시대, 그리고 텔레교육 시대로 원격교육의 역사를 구분한다.[1] 제1세대에 해당되는 단일매체 시대는 인쇄, 라디오, 텔레비전 등 각 매체가 개별적으로 이용되었던 시기이다. 제2세대는 영국의 오픈 유니버시티 Open University: OU의 등장과 함께 여러 매체가 함께 이용되고, 코스 개발에 시스템적 접근이 도입된 때를 말한다. 제3세대는 쌍방향 의사소통 매체를 이용하는 시기로 현재까지를 포함한다고 볼 수 있다.

무어와 키어슬리가 제시한 5세대론도 매체이용을 근거로 했다는 점에서는 3세대론과 유사하다.[2] 하지만 무어와 키어슬리는 OU의 출범 그리고 텔레컨퍼런싱과 인터넷의 등장에 독립적인 의미를 부여했다. 왜 그랬을까?

표 5-1. 원격교육 세대구분

3세대론	5세대론
제1세대: 통신교육/단일 매체	제1세대: 통신교육
	제2세대: 라디오 · 텔레비전 방송
제2세대: OU교육/복합 매체	제3세대: OU 등장
제3세대: 텔레-교육/컨퍼런싱과 네트워킹	제4세대: 텔레컨퍼런싱
	제5세대: 인터넷/웹

참고: Nipper(1989), Moore & Kearsley(2005)

1969년 설립된 영국 OU가 원격교육 역사에서 갖는 의의는 지대하다. OU는 원격교육만으로 학위과정을 제공하는 최초의 자율적인 단일모드single mode 대학이었기 때문이다. 아울러 OU는 피터스가 말한 산업화 모델을 교육기관 차원에서 최초로 구현한 것이었다.[3] OU는 일방향 매체(인쇄, 라디오 · 텔레비전 방송, 카세트 테이프)와 쌍방향 매체(튜터링, 면대면 수업)를 결합시킴으로써 원격교육에 복합매체적 접근을 최초로 도입하였다. 또한 학력學歷, 즉 이전 교육경험보다는 개인의 필요에 의해 고등교육 수혜의 기회를 분배하는 혁신적인 입학정책을 마련하기도 했다.

OU는 영국의 역사사회적 요청에 의해 설립되었지만 그 아이디어는 국제적으로 널리 수출되었다. OU의 시도와 실험들이 고등교육기회를 효율적으로 확대하고자 한 많은 나라의 모델 케이스가 된 것이다. 실

그림 5-1. 영국 OU가 출판하는 계간지 「Sesame」 2006년 여름판

원격학습을 지원하고 원격학습자 커뮤니티의 형성을 돕는 정보들이 수록되어 있다.

출처: http://www.open.ac.uk/events/7/2006623_44187_01.pdf

제로 유럽, 아시아, 아프리카, 중남미 등 거의 모든 대륙의 개별 국가에서 OU를 설립하기 시작하였다. 아시아 지역만 보더라도 2006년 현재 아시아 오픈 유니버시티 연합Asian Association of Open Universities에는 한국방송통신대학교Korea National Open University를 비롯하여 66개의 대학과 기관들이 등록되어 있다.[4)]

OU는 글자 그대로 '열린대학'의 이념을 표방한다. 여기서 열려있다는 말은 '사람', '장소', '방법', 그리고 '아이디어'에 열려있다는 의미이다.[5)] 즉 학습하고자 하는 모든 사람에게, 그들이 있는 어느 곳에서나 학습이 가능하도록, 다양한 교수-학습방법을 이용하며, 다양한 생각에 '열려' 있는 대학이라는 뜻이다. 이러한 이념을 지향하는 영국의 OU는 교육 프로그램의 '수월성'과 '대중화'라는 두 마리 토끼를 모두 잡는데 성공했다는 평가를 받는다.

다음으로는 니퍼의 제3세대 그리고 무어와 키어슬리의 제5세대에 해당되는 텔레컨퍼런싱 형태의 원격교육을 살펴보자. 텔레컨퍼런싱tele-conferencing은 회의형 커뮤니케이션 양태를 띤다. 원격교수에 사용되는 매체가 인쇄매체에서 라디오 · 텔레비전 방송매체로 바뀔 때, 매체 자체는 언뜻 진화한 듯이 보인다. 하지만 커뮤니케이션은 여전히 교수자로부터 학습자에게로 일방향의 성격을 지닌다. 이에 반해 텔레컨퍼런싱은 쌍방향 상호작용이 가능하므로 교실수업과 가장 유사한 형태의 원격교육 환경을 제공할 수 있다. 따라서 텔레컨퍼런싱 수업에서는 대개 학습자의 규모가 교실수업과 같이 일정한 수로 한정되고, 학습자와 교수자, 그리고 학습자 간의 상호작용이 강조된다.

텔레컨퍼런싱은 사용되는 매체에 따라 오디오 · 비디오 · 컴퓨터 컨퍼런싱으로 구분된다. 오디오 컨퍼런싱audio-conferencing은 음성과 전화매체를 이용한 회의 양식으로, 1970년대 등장하여 1980년대 초까지 활발히 이용되었다. 오디오 컨퍼런싱에의 참여는 개별적, 혹은 그룹의 형태로 모두 가능하다. 개별적인 경우는 가정이나 사무실에서 일반 전화를 이용하여 이루어질 수 있다. 이 경우 여러 곳에서 걸려온 전화를 동시에 연결하도록 도와주는 교환이나 브릿지bridge시스템이 활용된다. 그룹으로 참여할 경우는 스피커와 마이크가 있는 시설을 이용해야 한다. 오디오 컨퍼런싱은 다른 컨퍼런싱 시스템에 비해 비용-효과면에서 우월하므로 성인을 위한 전문가 계속교육 영역에서 많이 활용되어 왔다. 오디오 컨퍼런싱 시스템을 최초로 교육에 활용한 경우는 1965년 위스컨신 대학이 내과의사를 위한 계속교육 제공에 이용한 것으로 알려져 있다.[6] 이 네트워크 시스템은 18개 지역에서 시작되었으나 이후 대학 캠퍼스가 있는 200개 지역으로 확대되어 35,000명의 이용자를 대상으로 100개 이상의 교육 프로그램을 제공하게 되었다.

비디오 컨퍼런싱video-conferencing, 혹은 '원격영상회의'는 음성 뿐만 아니라 영상을 실시간으로 제공할 수 있다는 점에서 원격교수가 형태 면에서 질적으로 비약하는 계기를 제공했다. 비디오 컨퍼런싱을 이

그림 5-2. 비디오 컨퍼런싱
출처: http://depts.washington.edu/wwamic/bradley_center_images120705.html
A photo provided courtesy of Bradley University.

용할 경우 원격학습자들은 화면을 통해 교수자를 '면대면'으로 만나는 것이 가능해진다. 보통 비디오 컨퍼런싱 수업은 교수자가 있는 중심 사이트와 교수자가 물리적으로 존재하지 않고 화면으로만 현존하는 몇 개의 지역 사이트들이 연결되어 진행된다. 지역 사이트의 숫자는 보통 2~3개를 넘어서기 힘들다. 왜냐하면 시스템의 전송 속도나 기술적 제약, 그리고 한 교수자가 여러 지역에 흩어져 있는 학생들을 모두 한 교실에 있는 것처럼 가정하고 수업을 진행하는데 따르는 어려움 때문이다. 또한 학생들도 정해진 시간에 비디오 컨퍼런싱이 가능한 시설에 모여야 하므로 시공간의 제약으로부터 자유롭지 않다.

비디오 컨퍼런싱은 오디오, 비디오, 컴퓨터 컨퍼런싱 가운데 경제적으로 가장 비싼 매체이다. 초기에는 한 스튜디오에서 다른 스튜디오로 T1이라고 불리는 네트워크로 데이터를 전송하는 기술을 이용하였다.[7] 이 때 비디오 신호는 코덱codec이라 불리는 장치에 의해 압축되는데 이 장치는 1990년대에 들어서는 개인용 컴퓨터 속에 내장될 정도로 작아지고 전송속도도 빨라졌다. 최근에는 광섬유의 개발로 좀 더 낮은 비용으로도 효율적인 전달이 가능해졌다. 미국에서는 특히 거대 전화회사들이 대학 캠퍼스의 네트워크 망 구축에 투자하기 시작하면서 비디오 컨퍼런싱 시설 또한 보편화되게 되었다. 산업계의 이런 영향으로 멀티 캠퍼스를 가진 많은 대학들이 비디오 컨퍼런싱 수업 방식을 도입하게 되었고, 이런 경향은 컴퓨터 컨퍼런싱과 함께 비디오 컨퍼런싱이 미국 원격교육의 보편적인 실천으로 자리 잡게 된 계기를 마련해 주었다.

컴퓨터 컨퍼런싱computer-conferencing은 컴퓨터와 인터넷망을 이용한 통신에 의존하며 동시적 혹은 비동시적으로 진행될 수 있다. 컴퓨터 컨퍼런싱은 보통 문자중심, 비동시적, 다대다many-to-many 커뮤니케이션의 형태로 운영된다. 원격교육에서는 보통 이를 비동시적 온라인 학습Asynchronous Online Learning: AOL 또는 온라인 학습이라고 한다.

AOL 수업에서는 수업 구성원들 간의 의사소통 뿐만 아니라 교과내용의 제시나 수업에 필요한 자료들의 제공도 인터넷 망을 통해 이루어진다. 따라서 AOL을 가능하게 하는 교육적 기획을 '웹 기반 교육' Web-based education이라고 일컫기도 한다. 미국에서는 1990년대에 몇몇 대학들이 웹 기반 프로그램을 운영하기 시작하여 1990년대 말에는 공립대학교의 84.1%, 사립대학교의 54.3%가 웹 기반 코스를 제공하게 되었다.[8] 컴퓨터와 인터넷을 이용한 원격교육에 대해서는 「6장 인터넷 시대의 원격교육」에서 상세히 다룬다.

일반적으로 컨퍼런싱 수업은 원격교육 생산양식에 있어서 후기 산업화 모델에 가깝다. 산업화 모델에 비해 상대적으로 소수의 학습자들을 위해 그들의 요구를 충실히 반영한 다품종, 주문생산의 형태를 띠는 것이다. 따라서 산업화 모델의 원격교육에 익숙한 이들에게는 컨퍼런싱 수업이 그다지 원격교육 같지 않게 느껴질 수도 있다. 사실 이 두 모델의 차이는 학습자의 성, 연령 등의 인구통계적 특성 뿐만 아니라 원격수업에의 참여 동기, 수업의 전달방식, 교수자의 역할 등 다양한 측면에 걸쳐있다.

그 차이에 대해 좀 더 자세히 살펴보자. 산업화 모델이 단일 모드의 원격교육 기관 설립이나 법과 제도의 정비, 코스 개발체제 같은 거시적 관점을 취했다면, 후기 산업화 모델은 주로 단위 수업을 위한 교수설계 instructional design라는 미시적 접근에 치중한다. 후기 산업화 모델에서 원격교육이 단순히 수업의 전달방법이나 '테크닉' 으로 인식되는 것은 이 때문이다. 이러한 인식은 산업화 모델이 가졌던 원격교육에 대한 명분이나 철학(원격교육이 아니고는 제도교육에 참여할 수 없었던 학습자 집단에 대한 교육기회 확대)과 필연적으로 연결되지는 않는다. 대신 후기 산업화 모델은 전통적인 대학들이 원격교육 실천에 관심을 갖게 하는데 공헌하였다. 나아가 후기 산업화 모델에서는 교실수업과 원격수업이 융합되면서 면대면 교육과 원격교육의 경계가 불분명해진다.

한국 원격교육사

제도교육에 한정시켜 볼 때 한국 원격교육의 발전은 크게 '방송통신교육기', '원격교육 정착기', '컴퓨터 · 인터넷 주도의 원격교육기'의 세 단계로 구분된다.[9] 제1세대인 방송통신교육기는 1972년 한국방송통신대학의 개교와 함께 시작되었다. 이 시기는 원격교육이라는 용어가 보편적으로 사용되기 이전의 세대로 당시의 실천은 '통신교육', '개방교육' 혹은 '방송통신교육'으로 지칭되었다. 제1세대의 교수방법에는 인쇄, 라디오, 텔레비전 등의 매체가 주로 이용되었다.

제2세대는 1984년부터 1994년까지로 '원격교육' 용어의 사용과 함께 이 분야에 대한 연구가 본격적으로 시작된 시기이다. 1990년 6월에는 한국 원격교육 제도의 발전을 위하여 '한국원격교육학회'가 발족되기도 하였다.[10] 그리고 이듬해인 1991년에는 학회지로 『遠隔教育研究』(원격교육연구) 창간호가 출간되었다. '통신' 교육, '방송' 교육 등 매체에 의존하여 이 분야의 실천을 명명하던 관행에서 벗어나 '원격' 교육으로 이 분야를 인식하게 된 것은 한국 원격교육사에서 중요한 의의를 가진다.

제3세대는 1995년부터 현재까지로 컴퓨터와 인터넷이 원격교육의 실천을 주도하는 양상을 보인다. 원격교육에 대한 연구가 학자 집단의 관심을 끌기 시작하였고, 원격교육 관련 학술지 논문과 학위 논문의 편수도 급증한다. 1995년이 제3세대 원격교육기를 열게 된 것은 이 해에 교육부가 발표한 '교육정보화 종합 추진계획'에 기인한다. 이후 1997년에는 일반대학의 가상대학 시범실시 등 고등교육체제 내에서의 변화가 두드러진다. 그리고 2001년에는 원격교육만으로 학사학위를 수여할 수 있는 원격(사이버)대학이 설립된다. 한국의 제3세대 원격교육의 발전과 팽창에는 IT, 즉 정보기술을 교육계에서 적극 활용하도

표 5-2. 한국 원격교육의 사적 발전 단계

구분	비고
제1세대 1972~1983 방송통신교육기	• 1972 한국방송통신대학 개교 • '통신교육', '개방교육', '방송통신교육' 용어 사용 • 인쇄매체, 라디오, 텔레비전 매체 이용
제2세대 1984~1994 원격교육 정착기	• '원격교육' 용어 본격 사용 • 1990 한국원격교육학회 발족 • 1991『遠隔教育硏究』(Korean Journal of Distance Education) 발간
제3세대 1995~현재 컴퓨터 · 인터넷 주도 원격교육기	• 1995 교육부 '교육정보화 종합 추진계획' 발표 • 1997 국가멀티미디어 교육지원센터 설립 • 1997 일부대학에 가상대학 프로그램 시범실시 • 2001 평생교육법 22조에 근거하여 원격(사이버)대학 개교

출처: 신나민, 임정훈, 이혜정(2005: 220 재구성)

록 고무하는 정부의 정책과 법적 제도 마련이 큰 기여를 하였다.

국제적인 변화의 흐름과 비교해 볼 때 한국 원격교육의 발전과정은 몇 가지 특징을 보인다. 첫째, 한국방송통신대학교(이하 방송대학)의 설립으로 인하여 통신교육과 방송통신교육이 같은 시기에 이루어졌다는 점이다. 미국이나 유럽의 경우는 방송을 원격교육에 이용하기 이전에 우선 통신교육을 일반대학에서 대학확장 프로그램이나 재학생의 편의를 위해 운영하기 시작했었다.[11] 미국의 경우 통신교육은 1880년대에도 일리노이 웨슬리언 대학Illinois Wesleyan College, 뉴욕 주에 있는 통신대학Correspondence University, 쇼타우콰 통신대학Chautauqua Correspondence College 등에서 실험적으로 진행되고 있었지만, 1890년 시카고 대학에 설립된 통신교육 프로그램을 본격적인 통신교육의 시작으로 본다.[12] 유럽의 경우도 통신교육의 역사는 상당히 오래 되었다. 1980년대 출판된 피터스의 글에서 이미 유럽의 통신교육의 역사를 130년이 넘는 것으로 추정하고 있다.[13] 반면 한국에서는 일반대학의 통신교육에 대한 관심은 별로 알려져 있지 않다. 따라서 제도권 내에서의 원격교육 실천은 방송대학의 설립부터 시작되었다고 보는 시각이 보편적이다. 한국은 서양에서 100여 년이 넘게 진행된 (무어와 키어슬리의 분류에 해당하는) 원격교육 1, 2, 3세대의 경험을 1972년부터 약 10년 동안 압축해서 경험한 셈이다.

둘째, 한국의 원격교육은 텔레컨퍼런싱을 이용한 실천을 거치지 않고 바로 제5세대 원격교육으로 진입했다. 라디오나 텔레비전을 통한 교육방송은 꽤 활발했던 반면, 전화나 영상 회의를 통한 컨퍼런싱 방식은 한국에서 보편화되지 못했다. 즉 학습자 대중을 대상으로 '전달' 하는 매체는 활성화된 반면, '토론' 하는 방식을 요구하는 매체는 그리 환영받지 못한 것이다. 그리고는 1995년도 이후 초고속 인터넷을 기반으로 한 원격교육이 급격히 보편화되었다. 이로써 한국은 무어와 키어슬리가 구분한 원격교육 발전단계의 제4세대 그리고 니퍼가 분류한 제3세대 형태의 원격교육에 대한 경험 없이 지금의 인터넷 주도의 원격교육으로 바로 진입한다. 이러한 한국의 원격교육 발전 양상은 인터넷을 이용한 교육이 원격교육의 한 영역으로 인식되기보다는 원격교육 분야 전체로 간주되는 인식을 낳았다.[14)]

셋째, 또 다른 한국 원격교육의 특징은 고등교육기회 확대와 평생학습사회의 실현을 목적으로 국가가 정책적으로 원격대학제도를 도입한 점이다. 이러한 실천은 사이버 대학과 원격대학이 동의어로 인식되고, 나아가 사이버 교육이 원격교육과 동일시되는 흥미로운 현상을 가져왔다. 원격대학 도입의 취지는 다음과 같다.[15)]

- 고등교육에의 접근성 제고 및 교육 서비스 범위의 확대
- 교육 수요자의 요구에 부합하는 다양한 교육 서비스의 제공
- 첨단기술 기반의 다양한 교육기법을 통한 고품질의 교육 서비스 제공

2005학년도 원격대 원서접수 기간

대학	모집기간
서울디지털대	12.1~1.26
한국디지털대	12.1~12.12(특별전형) 12.13~1.19(일반전형)
열린사이버대	12.6~1.24
세종사이버대	12.1~1.20(1~7차)
한성디지털대	12.1~1.15
한국싸이버대	12.1~12.17(특별전형) 12.27~1.28(일반전형)
부산디지털대	12.1~12.31
서울사이버대	11.29~1.19(특별전형) 12.20~1.19(일반전형)
원광디지털대	12.6~12.15(특별전형)12.27~1.14(일반전형)
국제디지털대	12.2~12.10(1차) 12.20~1.29(2차)
대구사이버대	12.1~12.30
경희사이버대	1.12~1.30
사이버외국어대	12.6~12.22(1차) 1.10~1.26(2차)
영진사이버대(2년제)	12.1~12.27(1차) 12.28~1.20(2차)
세계사이버대(2년제)	12.1~12.14(1차) 12.22~1.19(2차)
한양사이버대	미정
세민디지털대	미정

그림 5-3. 원격대학들의 학생모집 공고
출처: 한겨레신문, 2004.11.26

- 기존대학 교육의 한계를 보완하여 고등교육의 사회적 비용절감
- 고급 전문인력 양성 및 재교육을 통한 국가경쟁력 강화에 적극적으로 기여
- 누구나, 언제, 어디서나 양질의 고등교육을 받을 수 있는 열린교육사회 · 평생학습사회 실현

2001년도부터 위와 같은 취지로 설치 · 인가된 원격대학은 2004년 현재 17개교에 달하고 있다. 입학 정원은 전문학사과정과 학사과정을 모두 포함할 때 2004년 현재 2만 2,600명으로 증가하였다.[16] 원격대학의 교육 프로그램들은 최근의 사회적 관심을 반영하거나 실용적인 학문분야가 주를 이룬다. 그리고 학생들의 경우, 연령, 학력, 직업별로 다양한 분포를 보인다. 연령을 예로 들면, 2004년도 총 등록인원 1만 459명 중 10대가 1.4%, 20대가 32.9%, 30대가 36.2%, 40대가 19.7%, 50대가 4.2%, 60대 이상이 5.5%였다.[17]

연구동향

원격교육 실천의 팽창과 다양화는 이에 대한 학계의 관심과 연구를 촉발했다. 일반적으로 좋은 연구는 이론에 기반하며 보다 나은 실천을 가져오는데 통찰을 준다. 따라서 원격교육연구에 대한 검토는 어떤 주제가 원격교육계의 주요 관심사가 되어왔는지를 간명하게 알려준다. 또한 연구가 이루어진 사회, 문화 구성원들의 원격교육에 대한 이해도 엿볼 수 있게 한다. 다음에서는 영어권에서 이루어진 원격교육 연구에 대한 검토와 미국 원격교육연구에 관한 분석 그리고 아시아권의 사례로써 인도 원격교육의 주제들을 차례로 살펴본다.

영어권 원격교육 문헌에 대한 가장 포괄적인 연구로는 버지Berge와 므로조브스키Mrozowski의 연구를 꼽을 수 있다.[18] 이들은 1990년부터 1999년까지 영어권의 대표적인 원격교육 학술지 4권과 학위논문 1,419개를 대상으로 하여 그 가운데 연구방법론을 보고한 890개의 논문을 분석하였다. 분석에 포함된 학술지와 발행국가가 그림 5-4에 나타나 있다.

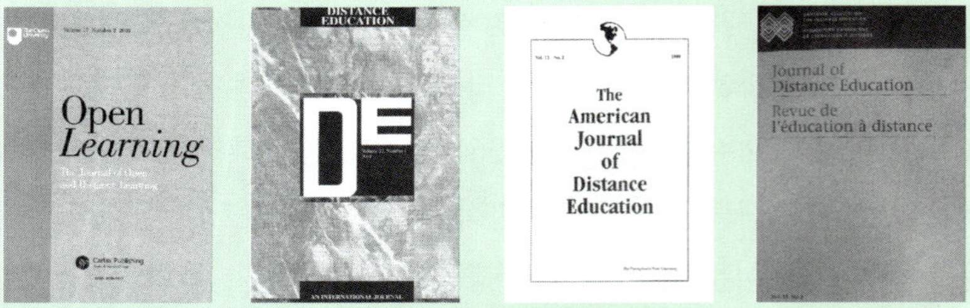

『Open Learning』, 영국 / 『Distance Education』, 호주 / 『The American Journal of Distance Education』, 미국 / 『The Journal of Distance Education』, 캐나다

그림 5-4. 영어권의 대표적인 원격교육 학술지

분석에 포함된 학위논문은 해당 기간 동안 '국제논문초록' Dissertation Abstracts International 데이터베이스에 등록된 논문들 가운데 '원격교육' distance education 혹은 '원격학습' distance learning을 주제어로 등록한 논문들이었다.

표 5-3과 표 5-4는 각각 1990년대 영어 사용권에서 진행된 원격교육에 대한 연구주제 및 연구방법을 제시하고 있다. 우선 연구주제로는 '교수설계' 에 가장 관심이 많았고, 그 다음으로 '학습자 특성' , '상호작용성' , '테크놀로지 선택과 적용' 의 주제들이 이어진다. 연구방법의 면에서 보면 분석된 논문의 74.38%가 '기술적' 연구인 것으로 나타났다. 기술적 연구descriptive studies란 하나의 기관이나 프로그램 혹은 코스 단위에서 일어나는 원격교육 행정, 학생, 교수방법과 결과물 등에 대한 상세한 소개를 말한다. 기술적 연구가 다수를 차지하는 것은 사회과학적 현상으로 원격교육을 조망하는 문제의식보다는 최신 매체를 이용한 교육

표 5-3. 버지와 므로조브스키의 영어권 원격교육 연구주제 분석

순위	연구주제	순위	연구주제
1*	교수설계	6	원격교육 참여자들(교수자, 학습자, 사이트 촉진자 등)의 역할 재정의
2	학습자 특성	7	운영
3	상호작용성	8	학습자 지원
4	테크놀로지 선택과 적용	9	평등성과 접근성
5	정책과 관리	10	비용/효과 분석

*: 숫자는 연구물의 상대적인 빈도 순위를 나타냄
출처: 신나민, 임정훈, 이혜정(2005: 199 재구성)

표 5-4. 버지와 므로조브스키의 영어권 원격교육 연구방법 분석

연구방법	비율	연구방법	비율
기술적연구	74.38%	상관관계연구	6.63%
사례연구	12.58%	실험연구	5.9%

출처: 신나민, 임정훈, 이혜정(2005: 199 재구성)

방법이나 프로그램 운영의 특수성을 일단 알리고자 하는 열망이 앞서는 데서 나타나는 현상인 것 같다. 이런 결과는 '이론에 기반하지 않은 기술적 연구가 대부분' 이라는 원격교육 학계의 반성을 불러일으키기도 하였다.[19)]

앞의 연구결과를 바탕으로 버지와 므로조브스키는 영어권 원격교육연구의 동향을 다음과 같이 진단한다. 첫째, 전체적인 교육 프로그램보다는 개별 코스에서 학생들이 성취한 결과물을 강조하는 경향이 있다. 둘째, 원격학습자의 높은 중도 탈락률에 대해 제대로 설명하지 못하고 있다. 셋째, 연구의 초점이 다양한 테크놀로지의 상호작용이 아니라 개별적 테크놀로지의 영향에 있다. 넷째, 학생지원체제의 일부인 전자도서관digital library의 효과성에 대해 적절히 진술하지 못하고 있다.[20)]

버지와 므로조브스키의 연구가 영어 사용권의 원격교육 연구를 종합한 분석이었다면, 코블Koble과 벙커Bunker의 연구는 미국 원격교육의 연구와 실천을 비판적으로 반성하고자 기획된 것이었다. 이들은 창간해인 1987년부터 1995년까지 『미국원격교육학회지』The American Journal of Distance Education: AJDE 9개권 27개호에 실렸던 129개의 논문을 대상으로 포럼분석Forum Analysis방법에 기초하여 '누가 썼는가', '무엇에 대해 썼는가', '어떻게 썼는가' 라는 질문을 가지고 대상논문들을 분석하였다.

이 가운데 '무엇에 대해 썼는가', 즉 논문의 주제에 대한 분석 결과가 표 5-5에 정리되어 있다. 논문의 주제는 모두 7개의 범주로 구분되었으며 원격교육의 이론, 정책, 개발에 관한 연구가 전체 분석 논문의 25.6%를 차지하여 가장 많은 관심을 받은 것으로 드러났다.

AJDE는 미국 원격교육연구와 실천에 관한 정보를 확산하고 이에 관한 비판과 논쟁을 위한 포럼을 지향한다. 따라서 코블과 벙커의 연구는 미국 원격교육 동향을 파악하는데 도움을 준다. 이들은 AJDE 논

표 5-5. 코블과 벙커의 AJDE 연구주제 분석

이론, 정책, 개발	25.6%	수업참여와 수업과정	10.9%
매체와 전달체제 (효과성 · 평가 · 방법)	20.9%	코스설계와 교육과정개발	10.1%
기관, 스탭, 관리	15.5%	학생관리 및 지원	2.3%
학생심리, 동기, 특성	14.7%		

출처: 신나민, 임정훈, 이혜정(2005: 200)

문들을 분석한 결과를 다음과 같이 요약한다. 첫째, 원격교육의 효과성에 관한 논문은 지속적으로 등장한다. 둘째, 연구자의 관심이 통신학습에서 텔레커뮤니케이션 테크놀로지와 원격교육에서의 상호작용으로 이동한다. 테크놀로지에 대한 논문은 1990년까지는 증가하는 추세에 있었으나 그 후 일정 수준을 유지하고 있다. 이것은 테크놀로지에 대한 관심과 다른 연구주제 간의 균형을 맞추겠다는 편집위원들의 정책 방침에 영향을 받은 듯하다. 셋째, 원격교육은 성인을 위한 대학의 계속교육[21] 프로그램을 제공한다는 초기의 명분을 계속 이어가고 있다(통신학습도 이런 목적으로 출발했었다). 넷째, 교수진faculty이나 교수자의 변화하는 역할에 관한 논문이 증가하는 추세에 있다. 다섯째, 실망스럽게도 학생관리 및 지원에 대한 논문은 부족하다.

아시아 지역을 배경으로 하는 원격교육 연구 검토로는 인도의 원격교육 연구동향을 파악한 장Zhang과 벤카이아Wenkaiah의 논문을 들 수 있다.[22] 인도는 1962년 델리 대학교University of Delhi의 통신 · 계속교육 학부에서 최초로 원격교육 방식의 고등교육을 제공하기 시작하여 2000년 현재 10개의 오픈 유니버시티와 62개의 전통적 대학들이 통신교육 코스를 제공하는 규모로 성장했다. 장과 벤카이아는 인도의 고등교육 기관에 종사하는 원격교육 전문가들의 연구 관심사를 파악하기 위하여 1996, 1997, 1998년에 오픈 유니버시티 아시아 지역 연합[23] 연례 학술대회와 1998년 개최된 상하이 국제 열린 원격교육 심포지움에 참석한 인도 학자들을 전문가 집단으로 선정하여 우편조사를 실시했다. 연구의 대상이 된 41명 가운데 29명의 전문가가 이 조사에 응했으며, 이들이 밝힌 1995년 이후 수행된 주요 원격교육관련 프로젝트와 제안된 연구계획서의 주제는 다음과 같다.

표 5-6. 장과 벤카이아의 인도 원격교육연구 주제 분석(복수응답)

코스 디자인과 개발	55.2%	테크놀로지와 미디어	31.0%
학습자 지원 서비스	48.3%	원격교육자 전문성 개발	31.0%
평가와 질관리	41.4%	원격교수와 학습	20.2%
성인교육	37.9%	관리와 기획	17.2%
학습자 특성	31.0%	이론과 철학	17.2%

분석결과를 살펴보면 인도 원격교육 연구자들은 '코스 디자인과 개발' 그리고 '학습자 지원 서비스'에 많은 관심을 가지고 있음을 알 수 있다. 이 가운데서도 특히 학습자 지원 서비스에 대한 관심은 주목할 만하다. 앞서 살펴본 코블과 벙커의 미국 원격교육연구 주제 분석에서는 가장 낮은 관심을 주제였기 때문이다(표 5-5 참고). 인도 원격교육 실천은 기본적으로 영국 OU의 산업화 모델을 따르고 대규모 학습자 집단을 대상으로 한다. 그럼에도 불구하고 인도 원격교육은 라디오 방송과 전화, 지역학습관에서 제공되는 튜터-카운슬러 서비스를 통하여 개별 학습자 지원에 상당한 관심을 기울인다.[24)]

한국 원격교육연구

한국의 경우는 어떠한가? 한국 원격교육연구에 대한 검토로는 최근 이루어진 신나민, 임정훈, 이혜정의 연구를 들 수 있다.[25] 이 연구는 1985년부터 2005년까지 출판된 원격교육 관련 학술지 논문과 기타 자료 94편, 대학의 석 · 박사 학위논문 478편을 연구주제, 연구방법, 연구자 배경을 중심으로 분석했다. '원격' 이란 용어가 논문의 제목이나 주제어에 포함된 문헌을 대상으로 했을 때 최초의 원격교육 연구 논문은 1988년 한국방송통신대학교에서 발간된 『원격교육논단』에 실린 「원격교육과 매체활용」과 「원격교육의 피드백 제고: 방송강의 청취율 및 매체수용실태 분석」이라는 두 편의 논문인 것으로 나타났다.

연구주제별 분석은 다음과 같다. 학술지 논문의 경우 '테크놀로지' 에 대한 연구가 전체의 23.59%를 차지하여 가장 높은 빈도를 차지했다. 다음으로 교수-학습전략, 운영, 제도 및 정책, 개념, 이론, 철학 그리고 교수자 및 학습자 순으로 빈도가 기록되었다.

이 장의 전반부에서 살펴본 영어권의 논문 분석과 비교해 볼 때 테크놀로지에 대한 관심이 두드러지게 드러난 것은 한국 원격교육연구의 특징이라고 볼 수 있다. 여기서 테크놀로지에 관한 연구란 대개 매체개발과 효과성 비교연구에 관한 것이다. 좀 더 구체적으로 살펴보면, 1980년도 후반에는 원격교육 교재나 라디오 · TV 방송매체에 관한 연구, 1990년대 초반에는 컴퓨터 보조학습의 효과에 관한 연구, 1990년대 중 · 후반에는 컴퓨터 통신, 원격영상강의 시스템, 온라인 멀티미디어, 대화형 위성시스템 관련 연구가 주를 이루었다. 그리고 2000년 이후에는 인터넷의 상용화와 함께 웹 기반 원격교육 시스템, 가상교육 플랫폼, 온라인 문제은행 시스템, 실험실습 대체 시뮬레이션 등과 같은 연구가 수행되었다.

표 5-7. 한국 원격교육연구 주제 분석

테크놀로지	25(23.59%)	개념, 이론, 철학	13(12.26%)
교수-학습전략	21(19.81%)	교수자 및 학습자	7(6.60%)
운영	18(16.98%)	기타	8(7.55%)
제도 및 정책	14(13.21%)	계	106(100%)

출처: 신나민, 임정훈, 이혜정(2005: 205 재구성)

연구방법의 경우는 '문헌고찰 및 제언' 으로 분류된 논문이 약 40%로 가장 많았고, '조사연구', '개발연구', '사례연구', '실험연구' 가 그 뒤를 이었다. 여기서 '문헌고찰 및 제언' 이란 뚜렷한 연구방법에 대한 보고 없이 기존 문헌이나 자료를 바탕으로 원격교육의 다양한 주제에 관해 저자의 논지나 전망을 피력한 논문을 의미한다. 이런 결과는 기술적 연구가 74.38%를 차지하는 것으로 나타난 버지와 므조로브스키의 영미 학술지 분석결과와 일면 유사하다. 실험연구가 상대적으로 드물다는 점도 국내와 영미 원격교육 학술지 분석에서 드러난 공통점이다.

표 5-8. 한국 원격교육연구 방법 분석

실험연구	8(7.48%)	문헌고찰 및 제언	42(39.25%)
조사연구	23(21.50%)	기타	4(3.74%)
개발연구	16(14.95%)	계	107(100%)
사례연구	14(13.08%)		

출처: 신나민, 임정훈, 이혜정(2005: 205 재구성)

반면 대학의 석·박사 학위논문 분석결과는 학술지 논문과는 또 다른 측면에서 한국 원격교육연구를 이해하게 한다. 2005년 7월 현재 국회도서관에서 검색된 논문 가운데 최종적으로 분석 대상이 된 478건의 논문들은 교육학 관련 학문만이 아니라 컴퓨터 통신, 정보공학, 미디어, 경영학, 광고홍보학 등 컴퓨터와 인터넷의 이용에 관심 있는 거의 모든 전공영역에서 원격교육과 관련된 연구가 수행되고 있음을 보여준다. 연구주제는 '테크놀로지' 영역이 압도적으로 많았고(53.53%), '교수-학습전략'(15.55%)과 '제도 및 정책'(15.35%) 연구가 비슷한 편수를 기록했다. 연구방법으로는 '개발연구'(57.17%)가 다수를 차지했고, '조사연구', '문헌고찰 및 제언', '실험연구', '사례연구'가 그 뒤를 이었다.

홍미롭게도 학위논문 분석결과는 연구자 집단의 학문적 배경과 연구주제 그리고 연구방법 간에 일정한 패턴이 있음을 보여준다. 첫째, 원격교육에 대한 교육학 일반의 관심은 주로 원격교육의 운영, 제도, 정책에 관한 것이었다. 그리고 이 주제에 관심 있는 연구자들은 주로 조사방법에 의존하는 경향이 높았다. 둘째, 원격교육에 대한 교육공학계의 관심은 테크놀로지와 교수-학습전략에 관한 연구에 치중해 있으며, 이 경우 조사연구와 개발연구를 병행하는 경향이 높았다. 셋째, 교육학 이외의 학문 분야에서 원격교육을 연구하는 집단은 주로 컴퓨터와 인터넷 매체에 관심 있는 연구자들로써 이들은 이 매체의 '교육적 활용'에 대해 나름대로의 관점을 개진하고 있었다. 이 경우 교육의 내용은 연구자의 배경 학문에 따라 다양한 양상으로 나타났다.

학술지 논문 분석의 결과는 한국에서의 원격교육에 대한 관심은 교육학 관련 분야 뿐만 아니라 사회과학과 기술공학 간의 경계를 넘나들며 확산되고 있음을 말해준다. 실제로 대학에서 개설된 143개의 전공영역에서 원격교육 관련 논문이 배출되고 있으며, 교육학, 교육공학, 교과교육의 세 영역에서 배출된 논문(120편)보다 컴퓨터 교육과 소프트웨어 공학, 컴퓨터 통신 등 컴퓨터 관련 학과에서 배출된 논문(288편)이 두 배 이상이었다. 또한 현재 한국에서의 원격교육은 컴퓨터와 인터넷을 이용한 교육과 거의 유사하게 인식됨을 보여준다.

이러한 논의를 종합해 볼 때 한국 원격교육에 대한 연구는 크게 교육방법적 측면과 교육행정적 측면에 집중되어 있다고 볼 수 있다. 교육방법적 측면이란 테크놀로지 개발과 응용 그리고 원격수업에서의 교수-학습전략에 대한 관심을 포함한다. 교육행정적 측면은 한 기관이나 지역, 나아가 국가 단위에서 원격교육을 실시하고자 할 때 필요한 운영이나 제도, 정책에 대한 관심을 포함한다. 즉 현 단계 한국의 원격교육에 대한 관심은 수업단위의 미시적, 기관단위의 거시적 관점에서 '어떻게' 라는 방법론에 집중되어 있는 것이다. 아쉬운 점은 교수자의 변화하는 역할이나 학습자 지원 등 사람의 관점에서 원격교육을 조망하는 연구가 드물다는 것이다. 특히 학위논문에서는 원격교육의 이론, 철학, 이념 등을 다룬 연구를 거의 찾아보기 힘들었다.

지난 20년간의 원격교육 연구에 대한 분석은 연구 분야로써의 원격교육이 어느 정도 독립적인 분야인지에 관해 강한 의문을 제기한다. 원격교육은 교육행정학이나 교육심리학과 같이 교육학 내의 또 다른 연구영역인가? 아니면 교육공학의 하위 연구주제인가? 아니면 유아교육과 같이 교육학과 관련은 있지만 다소 독립적인 학문분야인가?

일반적으로 원격교육의 학문적 정체성에 대해서는 두 가지 입장이 있다. 하나는 원격교육을 독립된 학문discipline분야로 보는 관점이다. 홈버그Holmberg는 원격교육을 경제학과 같은 사회과학의 탐구영역과 마찬가지로 하나의 독립적인 학문분야로 볼 수 있다는 논지를 편다.[26] 그의 근거는 이렇다. 원격교육 분야에 대한 실천가와 전문가를 양성하기 위한 코스가 대학원 과정에 개설되기 시작했다. 그리고 기업을 비롯한 각종 사회 기관들에서 원격교육연구와 개발을 위한 부서들이 설립되고 있다. 이러한 현상은 이 분야에서만 소통되는 공통적인 내용과 언어, 그리고 관점이 있다는 것을 웅변하는 것이다.

반면에 럼블Rumble은 이와는 대조적인 관점을 편다. 럼블에 따르면 원격교육은 교육학 일반으로부터 자율성과 독립성이 결여되기 때문에 독자적인 학문적 문화를 표명하지 못한다.[27] 데블린Devlin 역시 원격교육은 성인교육의 한 파생적 분야이지 그 자체로써 독립적인 학문 분야가 되기는 어렵다는 의견을 개진한다. 그리고 원격교육의 존재적 성격 역시 '응용'에 있지 학문적 기원에 있는 것은 아니라고 본다.

원격교육연구에 대한 국내외의 분석을 종합해 볼 때 평생교육이 그 이념에 있어서 일종의 '쟁송지대적'[28] 성격을 띤다는 진단과 마찬가지로, 원격교육 역시 진화 과정에 있는 교육학의 한 파생 분야로 보는 것이 적절할 듯하다. 사실 컴퓨터와 인터넷 매체에 대한 학계의 광범위한 관심은 이런 논쟁 자체를 무색하게 한다. 연구자들의 관심은 학문적 정체성보다는 실천에의 효용성에 쏠려 있기 때문이다. 1980년대 말에 있었던 홈버그와 럼블 사이의 논쟁이 계속 이어지지 못한 이유도 여기에 있다.

주

주

1) Nipper, S.(1989). Third generation distance learning and computer conferencing. In R. Mason & A. Kaye(Eds.). *Mindweave: Communication, Computers and Distance Education*. Oxford: Pergamon.
2) Moore, M. & Kearsely, G.(2005). *Distance Education: A Systems View*. Belmont CA: Thomson Wadsworth.
3) Bates, A. W.(1991). Third generation distance education: The challenge of new technology. *Research in Distance Education*. 3(2), 10~15.
4) http://aaou.yntvu.cn/en/en2.htm
5) Open to people, places, methods, and ideas. http://www3.open.ac. uk/about/
6) Moore & Kearsely(2005: 38)
7) Moore & Kearsely(2005: 42)
8) Moore & Kearsely(2005: 43)
9) 신나민, 임정훈, 이혜정(2005). 한국 원격교육 연구의 동향과 전망: 1985~2005년도를 중심으로. 『교육공학연구』. 21(4), 195~227.
10) 홍순정(2003). 발간사. 『원격교육연구』. 3(1).
11) Pittman, V.(1996). Harper' s Headaches: Early Policy Issues in Collegiate Correspondence Study. In Duning, B. S. and V.V. Pittman(eds). *Distance Education Symposium 3: Policy and Administration*. University Park, PA: American Center for the Study of Distance Education, The Pennsylvania State University.
12) Moore, M.(1990). Introduction: Background and overview of contemporary American distance eduction, In M. G. Moore(ed). *Contemporary Issues in American Distance Education*. Oxford: Pergamon Press. xii.
13) Keegan, D.(1996). *Foundations of Distance Education: Third Edition*. London and New York: Routledge. 78.
14) 신나민(2005). 원격교육의 이념과 지향: 열린원격학습. 김신일, 박부권(편저). 『학습사회의 교육학』(pp. 223~237). 학지사.

15) 김희수(2003). 『원격교육론』(p. 138). 한올출판사.

16) 교육인적자원부, 한국교육학술정보원(2004). 『2004 교육정보화백서』. 한국교육학술정보원.

17) 교육인적자원부, 한국교육학술정보원(2004)

18) Berge, Z. L. & Mrozowski, S.(2001). Review of research in distance education, 1990～1999. *The American Journal of Distance Education*. 15(3), 5～19.

19) Perraton, H.(2000). Rethinking the research agenda. *International Review of Research in Open and Distance Learning*. 1(1), http://www.irrodl.org/～1.1 html

20) 미국의 경우 대학원 과정이 원격교육 방식으로 운영되기 시작하면서 전자도서관 서비스에 대한 문제가 학생지원체제의 핵심적인 쟁점으로 부각됨.

21) continuing education. 전문가를 대상으로 하는 성인교육의 일종.

22) Zhang, W. Y. & Wenkaiah, V.(2000). A preliminary study of current state of distance education in India. *The Malaysian Journal of Distance Education*. 2(1), 1～14.

23) Asian Association of Open Universities: AAOU.

24) 신기현, 김혜수, 신나민(2005). 『주요 원격대학 교육체제 비교연구』. 연구보고 04-3. 한국방송통신대학교 원격교육연구소.

25) 신나민, 임정훈, 이혜정(2005).

26) Holmberg, B.(1986). A discipline of distance education. *Journal of Distance Education*. 1(1), 25～40.

27) Rumble, G.(1988). Animadversions upon the concept of distance education. *Journal of Distance Education*. 3(1), 39～56.

28) contested area. 서로 자신의 영역이라고 주장하는 것을 비유한 표현.

김종서, 황종건, 김신일, 한숭희(2000). 『평생교육개론』. 교육과학사.

제6장 인터넷 시대의 원격교육

문자수업 : AOL 모형
구술수업 : VOD 모형
기업의 이러닝

인터넷의 등장은 원격교육에 대해 무관심했던 전통적 교육기관들이 면대면 수업과 원격수업을 모두 제공하는 이중 모드 기관으로 전환하게끔 자극하였다(Moore & Kearsely, 1996).

인터넷을 이용하는 모든 교육이 원격교육은 아니다. 하지만 인터넷은 21세기 초 원격교육 분야에서 가장 활발히 이용되는 매체임에는 틀림없다. 이 장에서는 인터넷 매체를 원격교육에 활용하는 두 가지 대표적인 모형을 살펴본 후 e-러닝에 대한 이해를 심화한다.

문자수업 : AOL 모형

이 책의 4장에서 살펴보았듯이 문자수업이란 가르칠 내용과 함께 교수행위가 구술이 아닌 문자로 전달되는 수업이다. 문자수업의 특징은 원격교육의 초기에 많이 이용되었던 통신학습에서 가장 두드러지게 드러난다. 문자수업에서는 듣고 말하는 것이 아니라 보고 읽는 형태로 수업이 진행되는 것이다. 활자와 인쇄매체가 지식의 전파에 기여했듯이 문자수업은 교수행위의 시·공간적 확장을 가져왔다. 문제는 문자수업의 경우 교통망과 우편통신체제에 의존하기 때문에 교수자와 학습자의 상호작용에 있어서 상당한 시간 지연을 초래한다는 점이다. 인터넷은 이 부분을 해결해 주었다. 그리고 문자매체를 통해 소통하는 수업을 다시 부활시켰다. 하지만 인터넷 시대의 문자수업은 통신학습 시대의 문자수업과는 다르게 조직화된다.

비동시적 온라인 학습

비동시적 온라인 학습Asynchronous Online Learning: AOL은 인터넷 시대 문자수업의 한 전형이라고 볼 수 있다.[1] AOL은 비동시적 상호작용을 허용하므로 학습자를 시·공간적 제약으로부터 자유롭게 하는 문자수업의 장점을 그대로 지닌다. 하지만 텍스트 중심의 다대다many to many 커뮤니케이션을 지원하는 학습관리 시스템Learning Management System: LMS을 요한다는 점에서 통신학습에 비해 기술적으로 훨씬 정

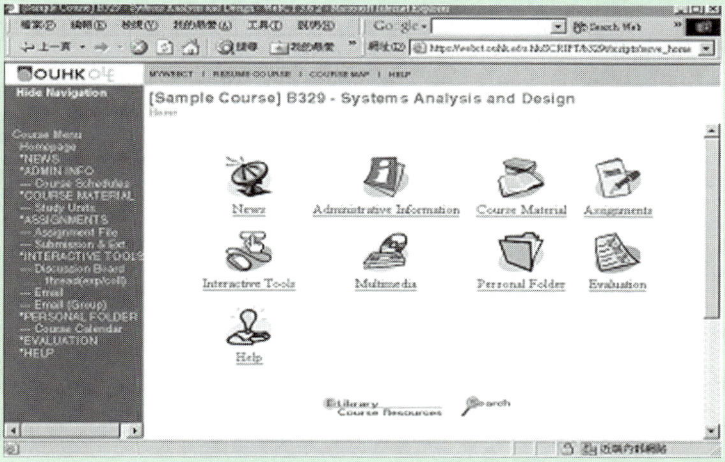

그림 6-1. 홍콩 오픈 유니버시티의 온라인 학습환경

영어권에서 가장 많이 쓰이는 LMS 가운데 하나인 Web-CT를 이용하여 온라인 학습환경을 구축했다.

출처: Shin & Chan(2004: 278)[2]

교한 시스템을 필요로 한다. LMS는 인터넷 매체의 강점인 높은 정보 접근성과 개인 간의 의사소통을 촉진하는 기능을 학습환경에 맞게 적절히 구조화하여 사용자에게 친숙한 인터페이스를 만들어준다.

인터넷의 '정보 · 소통력' 은 AOL 학습의 특징을 그대로 규정한다. 정보력은 교과가 구성되는 방식과 관련되고, 소통력은 대인 간의 상호작용 양상과 빈도에 영향을 준다. 우선 인터넷의 정보력이 교과구성에 어떤 영향을 미치는지 살펴보자. 교과란 가르치고 배우는 재료 혹은 내용의 구조물로써 가장 단순한 형태는 교과서일 것이다. 하지만 AOL 환경에서 교과는 주로 자료의 형태로 제시된다. 그리고 이 자료들은 보통 인터넷으로 접근이 가능한 전자정보(주로 링크link로 제시)의 형태를 띠며, 효율적인 LMS는 수업자료들을 제공하는 메뉴를 제공하기도 한다.

교과와 관련된 자료들과 함께 수업을 구성하는 또 다른 중요한 정보는 수업 구성원들이 기여하는 토론 내용이다. 개인 학습자가 자료의 내용을 인지적으로 처리하는 과정을 학습자-내용 상호작용이라고 한다면, 토론은 학습자-학습자 그리고 학습자-교수자 상호작용이라고 할 수 있다.[3] 일반적으로 AOL에서의 상호작용은 후자, 즉 대인 간의 상호작용을 가리킨다.

대인 간의 상호작용은 AOL 혹은 넓은 의미의 컴퓨터 컨퍼런싱 연구에서 가장 주목받는 주제이다. 그리고 상호작용의 정도가 높은 수업은 성공적인 수업으로 간주될 정도로 상호작용성은 AOL 수업의 성패를 판단하는 결정적인 기준이 되고 있다. 상호작용성이 이렇게 강조되는 이유는 무엇인가? 이 질문은 결국 AOL에서 대인 간의 상호작용의 의의를 묻는 셈이다. 이에 답하기 위해서는 우선 AOL 수업 구조가 가정하는 학습과 지식에 대한 전제를 검토해야 한다.

통신학습 시대의 문자수업은 학습자-내용 상호작용을 강조했었다. 지식은 제공된 정보, 즉 교재에 들어 있다고 간주했었고 이를 내면화하는 것이 학습이었다. 그러나 인터넷 시대의 문자수업에서는 내용을 정형화해서 전달하기가 어렵게 되었다. 정보가 너무 많기 때문이다. 따라서 정해진 교과보다는 교수자나 내용전문가에 의해 선택된 정보가 제공되고, 이를 또 다시 취사선택하는 것은 학습자의 역할과 역량에 의존하게 되었다. 취사선택된 정보를 인지적으로 내면화하여 자신의 언어로 그 정보에 대해 진술해 보는 경험이야말로 AOL에서의 상호작용인 셈이다. 이러한 상호작용이 원활하게 이루어지기 위해서는 교수자와 학습자들이 함께 탐구한다는 공동체 의식을 가져야 한다.[4]

가지치기식 토론

탐구의 공동체community of inquiry를 지향하는 AOL 수업모형은 대개 가지치기식 토론threaded discussion을 통해 이루어진다. 물론, 여기서 토론은 '말'이 아닌 '글'로 이루어진다. 외양적으로 보았을 때 이 토론의 '가지'들이 풍성한 수업이 학습자의 참여가 높은 수업이다. 그리고 바로 이 학습자 참여도가 수업의 질을 결정하는 핵심적인 요인이 된다.

간단히 말하자면 AOL에서 토론이란, '나는 이런 정보를 통해 이런 점을 배웠는데, 당신의 생각은 어떠냐'에 대한 끊임없는 상호점검이다. 이 과정을 통해 학습자는 자신의 인지적 구조를 수정하여 더 정교하고 깊이 있는 인식체계를 구축해 간다. 이것이 학습이고, 이 과정을 통해 학습자의 지식창출 경험과 기술이 발전한다. 지식은 책으로부터 흡수하는 것이 아니라 탐구의 공동체에서 구성하는 것이 된다. 이것이 바로 구성주의constructivism 철학이 컨퍼런싱 수업방식을 지지하는 가장 중요한 철학적 기반이 되는 이유이다. 탐구의 공동체는 학습자들이 정보

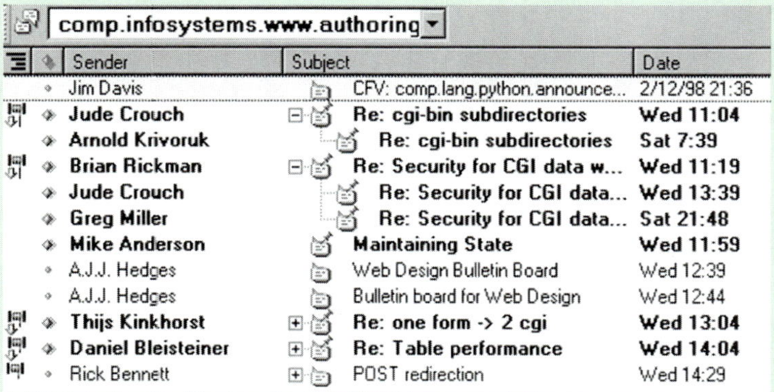

그림 6-2. 비동시적 온라인 학습에서의 가지치기식 토론의 예

출처: http:// support.discusware.com/center/resources/cssays/thread.htm

에 대한 자신의 해석을 비춰볼 수 있는 인식론적 반향판epistemological sounding-board의 기능을 하기 때문이다.[5)]

인터넷 시대의 문자수업은 교수자와 학습자에게 인터넷 매체에 적합한 '쓰기' 양식을 요구한다. 기본적으로 교수자는 학습자의 지식 구성 활동이 활발히 일어나도록 돕는 촉진자facilitator 혹은 중재자moderator의 입장에서 써야 한다. 이러한 '촉진' 이나 '중재' 는 아주 섬세한 글쓰기 스타일과 언어를 요한다. 교수자의 글쓰기 스타일과 용어 선택은 수업의 분위기 뿐만 아니라 학습자들의 동기, 나아가 수업에의 참여 정도에 영향을 주기 때문이다. 상호작용성이 높은 AOL 수업을 위해서 촉진자나 중재자는 다음과 같은 역할을 해야 한다.

- 토론의 주제와 시기, 학습자의 참여방식 등을 공지한다.
- 토론의 분위기를 민주적이고 개방적으로 유지한다.
- 침묵하는 학생들에게는 개별 메일을 보내 참여를 유도한다.
- 토론을 지나치게 독점하려는 학생들은 자제시킨다.
- 토론의 생성과 유지에 공헌이 큰 내용에 대해서 칭찬해 준다.
- 응답 받지 못하는 메시지가 없도록 관리한다.
- 논의가 주제에서 지나치게 벗어나려 할 때 관여한다.
- 논의되는 주제 간의 관련성을 (간헐적으로) 정리해 준다.
- 토론이 수업의 목표와 어떻게 관련되는지 상기시킨다.

글쓰기의 문제

AOL의 상호작용에서 교수자의 노력보다 더 중요한 것은 학습자의 자발적인 참여이다. 학습자의 침묵, 즉 '썰렁한 게시판' 은 AOL 수업이 제대로 운영되지 않고 있다는 우려를 낳는다. 하지만 학습자의 활발한 참여를 유도하는 것은 결코 쉬운 일이 아니다. 토론에 참여한다는 것은 기본적으로 자신의 의견이나 관점을 타인에게 드러내는 작업이다. 따라서 교과내용에 대해 자신의 의견과 관점을 가지고 적절한 언어로 진술할 수 있을 때, 높은 정도의 상호작용이 일어날 수 있다.

하지만 대부분의 학습자들은 이 '내용' 과 '형식' 의 두 가지 면에서 모두 어려움을 겪는다. 학습의 과정에 있는 이들에게 써야 할 내용은 대부분 자신에게조차 확실하지 않다. 그럼에도 불구하고 타인에게 자신의 의견이나 지적 고뇌 혹은 무지를 드러내야 하는 쓰기 작업은 상당한 심리적 부담이 된다. 흔히 소통불안communication anxiety이라고 알려진 이런 현상은 수업의 초기, 구성원들이 서로에 대해 알기 전에 특히 심하다. 쓰기의 형식면에서도 컴퓨터 공포증computerphobia 혹은 글쓰기 능력에 대한 염려writing apprehension 등이 학습자의 토론 참여를 저해하는 요인이 되기도 한다.[6] 이런 요인들을 극복하지 못하면 타인의 글을 읽기는 하지만 자신의 글은 게시판에 올리지 못하는 잠복자lurker가 되기 쉽다.

생산양식의 측면에서 보면 텍스트 중심의 비동시적 온라인 학습은 원격교육의 후기 산업화 양식의 특성을 모두 보여준다. 소수의 특정 학습자를 대상으로 다량보다는 다품종 생산을 지향하고, 학습자가 상품 제작에 직접 참여하며, 교수자는 학습자의 요구에 부응하여 적절하게 수업의 방향을 조정할 수 있다. 그런데 이 과정은 모두 대인 간의 상호작용을 통해 일어나게끔 되어 있다. 즉 AOL에서의 수업은 완성된 형태로 제시되는 것이 아니라 학습자와 교수자가 함께 만들어 가는 것이다. 이런 점에서 AOL에서의 상호작용은 탐구의 공동체를 창출하고 유지해나가는 핵심적인 활동인 것이다.

따라서 AOL 수업은 '교육' 과 '지식 창출' 이라는 고등교육 기관의 목표를 교육방법에서 구현해 낼 수 있는 기술적 시스템이라는 평가를 받는다. AOL이 대학원 교육이나 전문가 계속교육의 방법으로 많이 활용되는 이유도 여기에 있다.

하지만 AOL 수업의 단점도 간과해서는 안된다. AOL 모형의 경우,

그 수업의 질이 구성원들의 지적 능력과 상호작용에의 참여 의지에 지나치게 좌우되는 경향이 있다. 따라서 학습자의 참여가 저조할 경우에는 강좌의 목표를 달성하지 못할 수도 있다. 또한 교수자는 다양한 학습자의 요구에 적극적으로 반응하면서 수업을 진행해야 하기 때문에 시간과 노력의 면에서 많은 부담을 안게 된다.

구술수업 : VOD 모형

인터넷 활용 원격교육의 또 다른 형태는 구술수업의 전통을 보여주는 소위 강의형 수업이다. 이 경우 교수자의 강의는 주문형 비디오 Video on Demand : VOD로 제시되며, 기타 내용 정보는 HTMLHypertext Markup Language 언어를 기반으로 하는 텍스트 정보로 구성된다. 따라서 VOD 모형에서 학습자에게 기대되는 가장 중요한 활동은 교수자의 강의 시청과 화면에 제공되는 텍스트 정보를 숙지하는 것이다. VOD 모형에서도 대인 간의 비실시간 상호작용을 위해 게시판이 제공되기도 한다. 하지만 아주 드문 경우를 제외하고는 이 게시판을 통한 상호작용을 수업의 핵심적인 활동으로 보기는 힘들다. 기본적으로 VOD 수업은 교실수업처럼 한 교수자와 다수 학습자 간의 일대다one to many 커뮤니케이션에 기반하기 때문이다.

동영상 강의

여러 가지 면에서 VOD 모형은 전통적 교실수업의 재현에 가깝다. 예를 들어, 교과내용의 경우 AOL 모형에서는 정보나 자료의 형태로 학습자에게 직접 주어지는 반면, VOD 모형에서는 교수자의 강의를 통해 간접적으로 주어진다. 이 경우 교수자의 강의가 최고의 혹은 최선의 지식으로 간주되기 쉽고, 교수자에 의해 주어진 정보를 비판적으로 수용

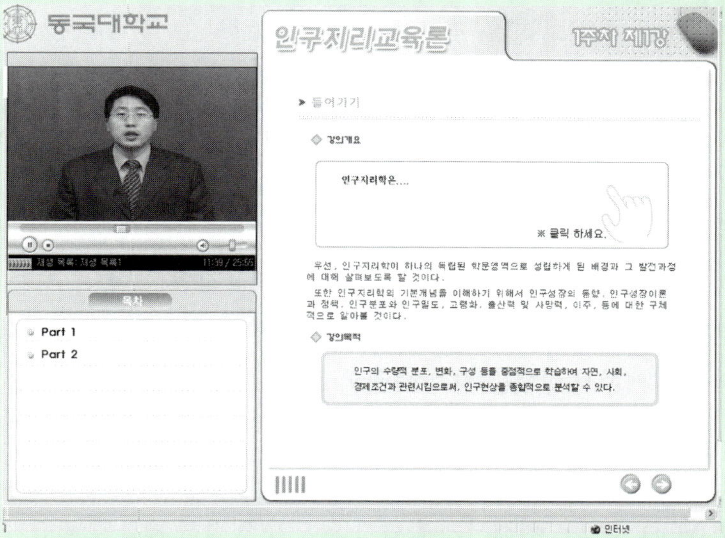

그림 6-3. 동영상과 텍스트 기반의 가상강의 인터페이스
출처: 신나민(2005a: 32)

해야 할 뚜렷한 동기도 주어지지 않는다. 따라서 학습자들은 정보를 다루는 태도에 있어서 교수자의 권위에 의존하기 쉽다. 기타의 모든 참고자료나 정보는 우선순위에 있어 항상 강의 다음에 놓이게 된다. AOL 모형에서와 같이 정보를 비판적으로 취사선택하고 이를 내면화하여 자신의 언어로 토론에 참여해야 하는 부담도 상대적으로 적다.

AOL 모형의 수업과 마찬가지로 VOD 모형으로 구축된 수업도 나름대로의 장단점을 갖는다. 교수자의 강의를 시간과 장소에 구애받지 않고 반복해서 볼 수 있다는 것은 VOD 수업의 가장 큰 장점이라고 할 수 있다. 마치 좋아하는 영화를 반복해서 볼 수 있는 것과 마찬가지이다. 이에 비해 교실수업은 연극 공연처럼 일회적이고 (똑같은 형태로는) 재현되지 않는다. VOD 수업의 또 다른 장점은 사전 제작을 통해 수업의 질을 어느 정도 확보할 수 있다는 점이다. 국내의 연구물에 따르면, VOD 수업의 질을 결정하는 가장 중요한 요인은 교수자이다.[7)] 즉 교수자의 동영상 강의가 우수하면 수업의 질은 어느 정도 보장할 수 있다는 것이다. 동영상 강의에 대한 만족도는 학생들의 수업 만족도와도 밀접한 관련을 갖는다.

동영상 강의의 단점도 VOD 모형의 기술적 특성과 관련된다. 앞서 살펴본 바와 같이 VOD 수업은 학습자의 적극적인 참여가 고려되지 않은 채 진행될 수도 있다. 더구나 VOD 모형은 TV 방송과 같은 일대다 커뮤니케이션 형태를 띠기 때문에 교수자가 개별 학생에 대한 지도를 소홀히 하기 쉽다. 또한 교수자와 동료학습자의 물리적 혹은 심리적 부재不在 역시 VOD 수업의 단점으로 작용할 수 있다. 따라서 원활한 VOD 수업을 위해서는 학습자 규모가 적절히 제한될 필요가 있다. 만약 대규모 수업이 진행되는 경우에는 튜터 시스템을 활용하여 개별 학습자에게 적절한 피드백이 제공되도록 해야 할 것이다.

하이퍼텍스트 읽기

동영상 강의와 함께 VOD 모형 수업을 구성하는 또 다른 요인은 텍스트 정보이다. AOL 수업에서 학습자의 주요 활동이 토론을 위한 '쓰기' 였다면, VOD 모형에서는 그 자리를 텍스트 '읽기' 가 차지하게 된다. 흥미로운 점은 AOL과 VOD 모형은 모두 인터넷 시대 이전의 쓰기, 읽기와는 다른 형태의 지각방식을 학습자에게 요구한다는 점이다. 예를 들어, AOL 수업의 가지치기식 토론에서는 한 사람이 말한 후에 다른 사람이 말해야 하는 구술수업에서와는 달리, 여러 사람이 여러 주제에 대해 각자 편한 시간과 공간에서 의견을 개진하는 것을 허용한다. 그리고 VOD 모형에서 학습자는 텍스트를 책 읽듯이 순차적 · 인과적 순서로 읽을 필요 없이 비순차적 · 구성적 방식으로 읽을 수 있다.

바로, 이 점에서 VOD 모형에서의 텍스트 매체는 동영상 매체보다 더 '상호작용적' 이라고 볼 수도 있다.[8] 언뜻 동영상 매체가 더 상호작용적으로 보이지만 이는 매체와의 상호작용interaction with a medium이 아니라 동영상 속의 교수자와의 심리적 상호작용interaction with a character within the medium이다. 하지만 텍스트 매체는 내용에 대한 인지적 상호작용 뿐만 아니라 텍스트를 읽는 행위 자체를 물리적으로 변형시킴으로써 학습자로 하여금 주도성을 갖도록 유도한다. 내용이 일괄적으로 한 번에 드러나지 않고 순차적으로, 혹은 이용자의 '클릭'이 있을 경우에만 제시되는 전략이 그 예가 된다. 특히 부가적인 설명이나 관련되는 내용이 하이퍼링크되어 있을 경우 텍스트 읽기는 훨씬 더 복잡한 양상을 보인다.

다른 웹 환경과 마찬가지로 VOD 학습환경에서는 저자가 아니라 사용자 즉 학습자가 텍스트의 최종 구성형태를 결정할 수 있다. 텍스트와 이미지 정보들이 하이퍼텍스트hypertext 형태로 제시되기 때문이다. 피에르 레비Pierre Lévy는 하이퍼텍스트 독자들이 갖는 이런 자율성을 강조하여 하이퍼텍스트에서 "모든 글읽기는 글쓰기 행위"라고 말한다.[9] 마이클 하임Michael Heim 역시 하이퍼텍스트를 "사용자가 자유로이 돌아다닐 수 있는 비순차적인 쓰기 방식"으로 규정한다.[10] 하이퍼텍스트 읽기란 행위자가 나름의 필요와 구조에 의해 텍스트를 재구성하는 적극적 행위인 것이다.

예를 들어, 한 화면에 6개 단위로 구분되는 텍스트 메시지가 있고 이것들이 제시되는 순서가 학습자의 선택에 의해 결정된다면 엄밀히 말해 이 화면을 읽는 방식은 720개(6×5×4×3×2×1)가 된다. 여기다 학습자가 특정 정보에 접속할 확률과 그렇지 않을 확률을 계산한다면 더 많은 경우의 수가 생기게 된다. 다시 말해, 아주 단순해 보이는 텍스트 화면이라도 그것이 최종적으로 이용되는 형태는 내용의 분절 단위와 제시형태 그리고 학습자 변인에 따라 상당히 다양하게 재구성되는 것이다. 이런 점에서 VOD 모형에서의 텍스트 읽기 방식에 대한 연구는 사이버 공간에서의 학습과정과 학습자의 인지활동에 대한 이해를 심화시켜 줄 수 있다.

인쇄매체와는 다른 웹 환경에서의 글쓰기와 읽기 방식은 원격교육 수업설계 전략에도 영향을 준다. 사용자 편리성이나 시각적 매력성 등 텍스트에 대한 인터페이스 디자인에 대한 관심이 증대된 것도 그 한 예이다. 최근의 한 연구에 의하면, 가독성이나 색채 등 시각적 효과를 고려한 디자인보다는 정보가 제시되는 형태에 대한 디자인이 학습자의 학습량을 결정하는 데 더 큰 영향을 미치는 것으로 나타났다.[11] 즉 학습자가 '관조'가 아닌 '참여'의 형태로 읽게 만드는 수업설계전략이 실제 학습자의 인지적 촉진에도 영향을 미치는 것이다. 무엇을 읽을 것인지를 선택하는 행위부터가 상당한 인지적 정보처리과정을 요하기 때문이다. 이런 점에서 레비는 하이퍼텍스트 읽기는 결국 쓰기 행위라고 말한다. 그리고 월터 옹Walter Ong이 말했듯이 "쓰기는 의식을 재구조화" 할 것이다.[12]

인식론적 신념

북미의 경우에 비해 한국의 인터넷 활용 원격교육에서는 문자정보에 의존하는 AOL 수업보다는 구술강의에 의존하는 VOD 수업이 더 보편적이다. 이러한 현상은 테크놀로지 이용에 영향을 주는 사회문화적 요인에 대해 고찰해 보게 한다. 우선 교수설계의 관점에서 볼 때 VOD 모형은 '정보 · 소통력' 이라는 인터넷의 매체성에 충실하라는 이론보다는 교실수업과 유사한 학습경험을 원하는 한국 원격학습자의 요구에 충실한 결과로 보인다. 실제로 국내 사이버 강의의 구조는 내용전문가인 교수자보다는 소위 컨텐츠 개발업체가 제공하는 플랫폼에 따라 결정되는 경우가 많다. 컨텐츠 개발자에게 있어 수업설계는 대개 인터페이스 설계를 의미했고, 인터페이스 설계 시에는 사용자의 편리성과 만족감이 우선적인 고려사항이 되었다. 그 결과가 현재 우리에게 친숙한 동영상과 텍스트 중심의 가상강의 인터페이스라고 볼 수 있다. 다시 말하면, VOD 설계가 가정하는 원격학습자의 요구는 일단 교수자를 가상의 공간에서나마 '보아야' 하고, 강의를 '들어야' 하는 것이다.

VOD 모형이 한국의 인터넷 활용 원격교육의 전형이라는 점은 한국인이 일반 교육에 대해 갖는 '인식론적 신념' epistemological belief이 원격교육 실천에도 강한 영향을 미치고 있음을 시사한다. 인식론적 신념이란 지식이란 무엇이며, 그것이 어떻게 생성되고 전달되는가에 대해 개인이 갖는 믿음이다.[13] 예를 들어, 지식이 권위 있는 존재로부터 부여되는 그 무엇이라고 믿는다면 학습자의 역할은 이를 받아들이는데 충실하도록 그려질 것이다. 반면, 지식이 개인마다 다른 맥락과 경험에서 구성되는 것이라고 믿는다면, 교육의 목표는 학습자로 하여금 지식 구성 경험을 다양하게 해보도록 함으로써 스스로 지식을 생산하는 활동에 익숙해지도록 돕는 것이 될 것이다.

개인이 가진 혹은 사회구성원이 공유하는 인식론적 신념은 교육과 학습활동에 지대한 영향을 미친다. 어떤 학습자들은 교수자의 강의를 듣지 않고서는 수업을 받았다거나 교육활동에 참여했다는 느낌을 갖기 힘들다. 이런 학습자의 경우에는 토론이 주 활동이 되는 AOL 수업에 대해서는 '도대체 뭘 배웠는지 모르겠다' 라는 반응을 보일 수 있다. '배움' 혹은 '학습' 에 대한 정의와 기대가 다른 것이다. '정보·소통력' 을 극대화할 수 있는 인터넷 매체를 사용하면서도 구술수업의 전통을 모방하여 사이버 강좌를 운영하는 것도 교육에 대한 한국인의 인식론적 신념과 무관하지 않을 것이다.

이와 같은 동영상 중심의 원격교육 실천은 원격교육 분야에 대한 또 다른 인식론적 신념을 가져오기 쉽다. 흔히들 사이버 교육이 시·공간의 측면에서 교수자와 학습자를 자유롭게 한다고 하지만, 운영의 측면에서 볼 때는 교실수업보다 더 많은 제약을 초래할 수도 있다. 교실수업의 경우는 학생들의 요구에 따라 수업계획을 유연하게 조정할 수도 있지만 사전에 제작되는 VOD 수업은 이런 융통성을 허용하지 않는다. 원격교육은 면대면 교육보다 더 장기적이고 치밀한 사전 계획을 요하기 때문이다. 이런 불편을 경험해 본 교수자들은 자연히 인터넷을 활용한 원격교육에 대해 그리 우호적이지 않게 된다. 그리고 이런 부정적인 경험은 원격교육이 전통적인 교육의 의미와 기대에 부응하지 않는다는 인식론적 신념으로 이어지기 쉽다.

기업의 이러닝

인터넷 활용 원격교육의 대표적인 사례로써 주로 고등교육 기관에서 이용되는 비동시적 온라인 학습(AOL) 모형과 동영상 중심의 강의(VOD) 모형을 살펴보았다. 물론 이 밖에도 다양한 형태의 인터넷 활용 원격교육이 존재한다. 대체로 영어권 원격교육 실천에서는 '온라인 학습' 이라는 용어가 인터넷 활용 학습을 지칭하는 가장 보편적으로 용어로 사용된다. 반면에 한국에서는 'e-러닝' (이하 '이러닝')이라는 용어가 현 단계 원격교육을 지칭하는 대명사처럼 쓰이고 있다. 2004년에 한국에서 제정된 e-러닝(전자학습)산업발전법 제2조 제1항에 따르면, 이러닝은 '전자적 수단, 정보통신 및 전파, 방송기술을 활용하여 이루어지는 학습' 으로 정의된다.[14] 그리고 이러닝 컨텐츠란 이러닝과 관계된 정보 또는 자료로써 전자적 방식으로 처리된 부호, 문자, 도형, 색채, 음성, 음향, 이미지 영상을 말한다.

사실 이러닝은 학술적이기보다는 'e-비지니스' , 'e-경제' , 'e-무역' 등의 용어와 더불어 생성된 비즈니스 성격이 강한 용어다. 이 용어는 엘리엇트 마시Elliott Masie에 의해 알려지기 시작했는데, 마시는 특히 기업에서 학습과 테크놀로지의 결합을 통해 보다 효과적인 교육 · 훈련을 가져올 수 있다고 주장한다.[15] 실제로 이러닝은 제도권 학교보다는 기업교육에서 더 활발히 그리고 더 창의적으로 활용되는 추세에 있다.

이러닝의 실천에 있어서 기업이 학교보다 더 적극적인 데는 몇 가지 이유가 있다. 첫째, 기업은 새로운 기술매체를 교육에 응용하는 데 있어 제도적 · 기술적 · 경제적인 면에서 학교체제보다 훨씬 유연하기 때문이다. 둘째, 이러닝은 기존에 실시되던 집합교육의 형태보다 근로자 개인의 학습시간 선택의 폭을 넓혀 준다. 따라서 근로자가 일터를 떠나지 않고도 원하는 교육 프로그램에 참여할 수 있다. 셋째, 아래에서 좀 더 상세히 살펴보겠지만, 인터넷을 이용한 통신훈련 과정은 '근로자직업훈련촉진법' 에 의거하여 노동부로부터 교육비용에 대한 지원을 받을 수 있다.

인터넷 통신훈련

원격교육의 역사가 통신교육에서 출발했듯이 기업교육에서도 우편통신에 의존하던 '통신훈련' 시대가 있었다. 이 통신훈련은 인터넷 매체의 등장으로 인하여 '인터넷 통신훈련' 으로 변모하게 된다. 한국에서는 1999년 노동부가 제정한 근로자 직업훈련촉진법에 인터넷 통신훈련을 새로운 형태의 직업훈련으로 규정하기에 이른다.[16]

> 노동부는 웹 기반 교육에 대한 법적 용어로 인터넷 통신훈련이라는 용어를 사용하기 시작하였다. 기존 제도상에는 통신훈련이라는 법적 용어가 존속하고 있었으며, 여기에 속하는 대표적인 훈련 형태로 우편통신훈련이 있었다. 시범 사업 당시 웹 기반 교육을 새로운 통신훈련의 형태로 보는 관점이 강했으며, 따라서, 기존의 통신훈련의 범주에 웹 기반 교육을 포함시켜 인터넷 통신훈련이라는 용어를 태동시킨 것으로 해석된다(이수경, 2004: 294).

노동부는 고용보험법에 근거하여 재직근로자에게 인터넷 통신훈련 과정을 이수하게 한 사업주에게 교육비용을 지원하고 있다. 노동부의 직업능력개발사업에 의해 교육비용이 지원되는 형태는 크게 집체훈련, 현장훈련, 통신훈련으로 구분되며, 통신훈련은 다시 우편통신훈련과 인터넷 통신훈련으로 구분된다. 이 가운데 인터넷 통신훈련에 참여하는 기업 및 재직근로자수는 해마다 증가하여 2005년 현재 132개 기관이 인터넷 원격훈련을 실시하고 있다.[17)]

인터넷 통신훈련 제도는 재직근로자의 훈련방법으로 빠르게 확산되고 있으나 교육내용과 실행 방법면에서 몇 가지 문제점을 드러낸다. 그 가운데서도 '획일화', '컨텐츠 부실' 그리고 '형평성 문제'가 인터넷 통신훈련의 대표적인 문제점으로 꼽히고 있다.[18)] 첫째, 획일화란 개설된 과정들의 분야, 종류, 대상, 수준이 일정 부분에 치우쳐 있다는 뜻이다. 즉 유사한 교육과정들이 중복 개발 · 운영된다는 것을 의미한다. 둘째, 컨텐츠 부실이란 인터넷 매체의 특성을 창의적으로 활용하지 못하고 일방적 정보전달 형태로 컨텐츠가 개발되는 실정을 의미한다. 셋째, 형평성 문제란 인터넷 통신훈련의 혜택이 주로 대기업 사무직 근로자에 집중되어 있고 생산직 근로자는 소외되는 현실을 말한다. 특히 정보, 통신, 사무관리 분야가 전체 개발된 과정의 88% 이상을 차지하는 것으로 나타나 내용면에 있어서 분야별 편중현상이 심한 것으로 나타났다. 이 밖에도 인터넷 통신훈련에 대한 지원금 규정이 훈련시간 20시간 이상으로 규정되어 있어 교육과정 개발 시 학습내용이나 방법에 따라 다양한 형태의 프로그램이 기획되지 못하고 규정된 시간이 교수설계를 제한한다는 점도 문제점으로 거론된다.

앞서 살펴본 바와 같이 인터넷 통신훈련이 재직근로자들의 원격교육을 지칭하는 법적 용어이지만 실제 기업교육 장면에서는 '이러닝'이라는 용어가 선호된다. 그리고 민영기업 뿐만 아니라 각종 국영 기관의 인력개발원이나 연수원에서도 집합교육과 함께 이러닝 프로그램을 제공하고 있다. 기업은 이러닝에 무엇을 기대하는가? 이러닝 프로그램은 어떻게 개발되고 운영되는가?

실례를 통해 기업의 이러닝 실천에 대해 좀 더 구체적으로 살펴보자. 인터넷 원격훈련의 모범적인 사례로 널리 알려진 기업 가운데 포스코POSCO의 경우 2000년 4월 이러닝을 도입한 이래 2005년 현재 319개의 이러닝 과정을 제공하여 26만 7천명이 수강하였으며, 직원 1인당 연간 241시간의 교육시간을 달성한 기록을 가지고 있다.[19] 2004년과 2005년 연속 최우수 인터넷 원격훈련기관으로 선정되기도 한 포스코의 이러닝에 대한 투자는 직원들의 자기주도적 적시학습Just-in-time learning을 격려하기 위한 것으로 알려져 있다. 여기서 자기주도적 적시학습이란 "필요한 사람(Right Person)이 편리한 시간(Right Time)에, 편리한 장소(Right Place)에서, 필요한 정보(Right Information)를

그림 6-4. 기업의 인터넷 통신훈련

이러닝으로 실시되는 포스코의 기술교육 39개 과정 가운데 하나인 "CO_2 용접" 과정. 20시간 7회 수강으로 짜여진 이 과정은 기업 현장에서의 원가절감과 생산성 향상을 위해 필요한 전문지식들로 구성되어 있다. 이 과정은 최대 500명까지 수강이 가능하다.

출처: http://e-campus.posco.co.kr/webroot/app/edu/03_02_02.html

얻을 수 있는" 형태의 학습을 의미한다.[20)]

2006년 현재 포스코의 이러닝 과정은 리더십, 교양문화, 직무역량, 기술, 외국어 등의 분야에 걸쳐 있으며 각 분야는 세부적인 과정course들을 포함한다. 그리고 하나의 과정은 다시 작은 모듈module들로 구성되며 각 모듈이 학습의 최종 단위가 된다. 이러한 과정들은 포스코 직원 및 출자, 외주 파트너원의 자기계발을 위해 열려있으며, '정규과정'의 경우 정해진 기간에 신청을 받지만 '오픈과정'의 경우 개인의 필요에 따라 언제든지 학습할 수 있게 되어 있다. 또한 학습시작 후 3일간은 학습자가 자신이 원하는 내용인지를 탐색하게 한 후 취소기간으로 허용하며, 소수의 위탁 운영 강좌를 제외하고는 수강료는 없다.

이러닝 과정은 어떻게 개발되는가? 포스코의 이러닝 과정개발은 요구조사 분석, 설계, 개발, 사전 평가의 모형을 따른다.[21)] 요구는 경영상의 요구, 업무 수행상의 요구, 학습자의 요구 등으로 구분되며, 요구조사에는 경영진이나 관련부서의 요청사항이나 개별 학습자들의 요구를 수렴하기 위해 다양한 조사방법이 동원된다. 설계와 개발은 포스코와 이러닝 전문 개발업체와의 협업으로 진행된다. 개별 과정의 성격에 따라 개발업체의 선정기준이 제시되고, 이에 적합한 업체가 선정되면 내용전문가와 함께 원고작성과 교수설계 가이드를 제작하게 된다. 개발업체는 웹 교수설계, 설계개요서, 교수-학습전략, 학습흐름도, 화면설계, 스토리보드 작성 등을 완성한 후 검수 및 보완단계를 거쳐 설계를 마무리한다. 개발단계에서는 설계에서 제시된 대로 컨텐츠를 구현하기 위한 프로그래밍이 이루어진다. 이 후 사전 테스트를 거쳐 수정보완이 이루어지고 그 평가결과에 따라 실제 과정이 운영된다. 포스코의 이러닝 개발 절차는 그림 6-5를 참고하도록 한다.

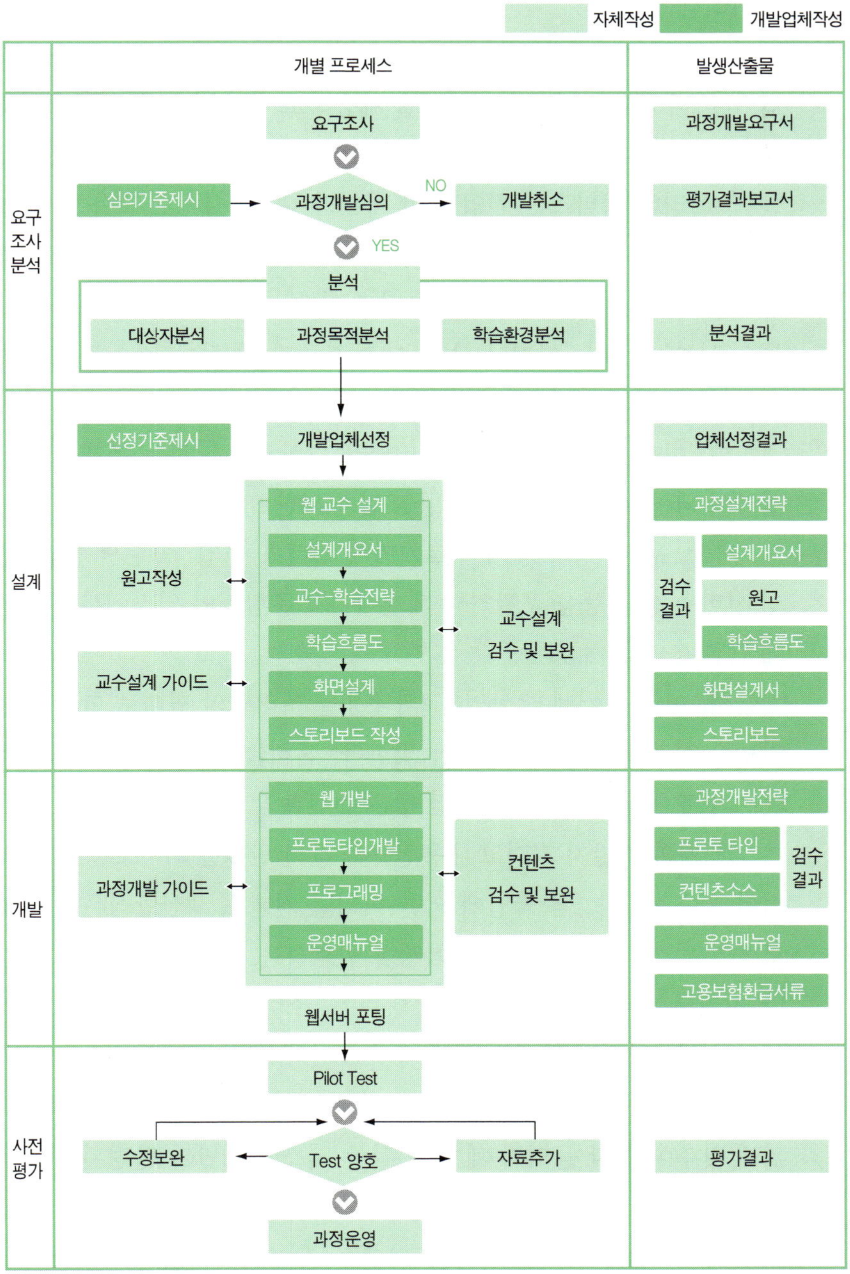

그림 6-5. 포스코의 이러닝 과정 개발절차

출처: http://e-campus.posco.co.kr/webroot/app/edu/03_02_02.html

이러닝 산업

이러닝 프로그램의 개발은 상당한 시간, 자본, 기술력을 요하는 작업이다. 따라서 이러닝 프로그램을 제공하고자 하는 기관은 앞서 살펴본 포스코의 경우와 같이 이러닝 개발 전문업체의 서비스를 이용하곤 한다. 이러한 서비스는 기업 뿐만 아니라 대학, 시 · 도 교육청, 사설 학원, 종교기관, 각종 시민단체 등 다양한 기관들이 이러닝 프로그램을 운영하게 됨에 따라 더욱 확산되고 있다. 이러닝 개발과 운영을 전문으로 하는 소위 '이러닝 산업' 이 등장하게 된 것이다. 이러닝 산업은 다음의 네 가지 영역으로 구분된다.[22]

첫째, 이러닝 컨설팅 산업: 이러닝을 도입하고자 하는 조직이 처음 접하게 되는 서비스이다. 이러닝 도입을 위한 조직적 진단에서부터 설계, 개발, 운영, 평가 등에 이르기까지 컨텐츠 산업, 솔루션 산업, 운영 서비스 산업 등을 포괄하여 체계적이고 종합적인 입장에서 이러닝에 관한 조언을 제공해 준다.

둘째, 이러닝 컨텐츠 산업: 교과내용을 이러닝의 형태로 학습할 수 있도록 설계 · 개발하는 산업을 말한다. 흔히들 이러닝의 질은 그 컨텐츠의 질에 달렸다고 한다. 질 좋은 컨텐츠의 제작을 위해서는 컨텐츠 의뢰자와 개발자 그리고 내용전문가 간의 원활한 의사소통과 팀 의식이 필수적이다. 팀 작업에 의한 이러닝 컨텐츠 생산방식은 산업화 모형의 원격교육 생산양식의 특징을 반영하는 것으로 볼 수 있다. 다만 이러닝 컨텐츠 산업의 경우, 다품종, 소량, 주문생산이라는 후기 산업화 생산양식의 특징도 함께 가지고 있다.

셋째, 이러닝 솔루션 산업: 이러닝 컨텐츠를 학습자에게 전달하기 위해 갖추어야 할 물리적 체제 및 각종 시스템 개발과 관련된 산업을 말한다. 좁은 의미로 이러닝 솔루션이란 학습관리 시스템Learning Management System: LMS, 학습 컨텐츠 관리 시스템Learning Content Management System: LCMS, 혹은 저작도구Authoring Tool 등 학습을 촉진하고 지원하기 위한 제반 시스템 및 도구를 지칭한다. 넓은 의미로는 하드웨어, 소프트웨어, 네트워크 인프라 등 이러닝 관련 시스템 인프라를 지칭한다.

넷째, 이러닝 운영 서비스 산업: 이러닝 솔루션을 기반으로 개발된 컨텐츠를 학습자가 원활히 사용하도록 돕기 위한 제반 서비스를 가리킨다. 학습이 일어나기 전, 중, 후의 학사행정관리, 교과목 운영 및 관리, 학습독려, 촉진활동 등과 관련된 운영 서비스를 포함한다.

보통 이러닝 산업업체들은 위의 네 가지 서비스를 모두 제공하기도 하고 한두 개 영역만을 취급하기도 한다. 따라서 이러닝 프로그램을 제공하고자 하는 기관은 관심 영역에 따라 해당 산업체에 컨설팅을 의뢰하거나 컨텐츠 제작, 솔루션 제공, 운영 서비스를 위탁할 수 있다. 인터넷 시대의 원격교육은 그 기획과 제작이 기술적인 면에서 점점 더 정교해짐에 따라 교육 훈련 기관에서 자체적으로 프로그램을 제작하기보다는 전문업체에 위탁하는 경우가 더 많아질 것으로 보인다.

주

주

1) 신나민(2005a). 한국 인터넷 활용 원격교육의 보수성. 『정보와 사회』. 제7권, 27～42.
2) Shin, N. & Chan, J.(2004). Direct and indirect effects of online learning on distance education, *British Journal of Educational Technology*. 35(3), 275～288.
3) Moore, M.(1989). Editorial: Three types of interaction. *The American Journal of Distance Education*. 3(2), 1～6.
4) Gunawardena, C., Low, C. & Anderson, T.(1997). Analysis of global online debate and the development of an interaction analysis model for examining social construction of knowledge in computer conferencing. *Journal of Educational Computing Research*. 17(4), 397～431.
5) Sammons, M.(1990). An epistemological justification for the role of teaching in distance education. In M. Moore(eds.) *Contemporary Issues in American Distance Education*. Oxford: Pergamon Press.
6) Rosen, L. D. & Maguire, P.(1990). Myths and realities of computerphobia: a meta-analysis. *Anxiety Research*. 3, 175～191.
7) 신나민(2005b). 원격현존감과 인터페이스에 대한 지각이 학습자의 사이버강좌 평가 및 학습활동에 미치는 영향. 『교육공학연구』. 21(3), 215-240.
8) 신나민(2005b: 234)
9) 피에르 레비(2002). 『디지털 시대의 가상현실』(p. 67). 전재연(역). 궁리출판.
10) 마이클 하임(1997). 『가상현실의 철학적 의미』(p. 69). 여명숙(역). 책세상.
11) 신나민(2005b: 234)
12) 월터 J. 옹(2003). 『구술문화와 문자문화』. 이기우, 임명진(역). 문예출판사.
13) Schummer, M.(1994). Synthesizing epistemological belief research: Tentative understandings and provocative confusions. *Educational Psychology Review*. 6, 293～319.
14) 산업자원부, 한국사이버교육학회(2003). 『2003 e러닝 백서』. 한국사이버

교육학회.

15) http://www.masie.com/masie/default.cfm?page=centerinformation #embio

16) 이수경(2004). 웹 기반 기업교육의 정책 · 제도 동향. 나일주, 임철일, 이인숙(편저). 『기업교육론』(pp. 293~309). 학지사.

17) "e-Learning(인터넷 원격)훈련인원 100만명 돌파". 노동부 뉴스. 2006. 2. 8. 게시. http://molab.korea.kr

18) 이수경(2004: 295~297)

19) 김원복(2006). POSCO 이러닝 개발 팀장과의 이메일 통신. 6월 12일.

20) http://e-campus.posco.co.kr/webroot/app/e_learn/04_01.html

21) http://e-campus.posco.co.kr/webroot/app/edu/03_02_02.html

22) 유영만(2002). 『e세상 e러닝: e모양 e꼴의 e러닝』(pp. 278~284). 한언.

제7장 현존감과 관계성

현존감
원격현존감
사회적 현존감
교류적 현존감
학습자-교수자 관계
학습자-학습자 관계
학습자-기관 관계

학습활동은 교육자로부터 거리를 두고 일어나지만 학습자가 지각하는 교육자의 현존감과 대화적 관계의 성격은 학습에 영향을 주기 마련이다. 교육은 단지 정보전달에 관한 것이 아니라 관계에 관한 것이다(Munro, 1998: 39).

교수행위의 기술복제 가능성은 '지금 여기' 가 아니라 '언제 어디서나' 교수자가 현존하도록 도와준다. 교실수업에서 구성원 간에 당연시 되었던 지금 여기 있다는 느낌, 즉 '현존감' 現存感은 원격교육 장면에서는 특별히 연출해야 하는 과제가 된 것이다. 누군가의 현존감을 갖는다는 것은 어떤 의미인가? 현존감은 원격학습에 어떤 영향을 주는가? 성공적인 원격교육을 위해서는 누구의 현존감을 고려해야 하는가? 이 장에서는 '현존감' 논의와 원격학습자가 교수자, 동료학습자, 교육기관과 맺게 되는 관계의 성격에 대해 살펴본다.

현존감

현존감presence이란 개념은 매체, 커뮤니케이션, 심리학, 인지과학, 기술공학, 철학, 예술 등 여러 영역에서 다양한 관점으로 연구되어 왔다. 이 가운데 원격교육에서의 현존감 논의에 가장 큰 영향을 미친 영역은 매체와 커뮤니케이션 연구 분야이다. 매체와 커뮤니케이션 영역 내에서도 현존감은 다양한 의미로 사용되며 그 용례는 대략 다음 여섯 가지로 요약할 수 있다.[1)]

첫째, 풍부한 사회성social richness: 매체로 중재된 커뮤니케이션 상황에서 매체가 이용자로 하여금 다른 이용자의 사회성, 따뜻함, 감수성, 개인성 또는 친밀함 등을 지각할 수 있게 하는 정도를 말한다.

둘째, 사실주의realism: 존재하지 않는 사물, 사람 혹은 이벤트를 마치 '실재' 하는 것처럼 보고, 듣고, 느끼게 하는 매체의 테크닉을 가리킨다.

셋째, 이동transportation: 매체 이용자의 지각 상태가 현실의 경계를 초월할 수 있다는 비유이다. TV 프로그램의 진행자들이 종종 하는 인사말들(예: '어서 오십시오', '저희 프로그램을 다시 찾아 주셔서 고맙습니다')은 시청자의 지각을 그들이 실제 있는 곳에서부터 TV 프로그램 속의 인지적인 공간으로 옮겨 놓는 것이다. '지금 여러분은 ~방송과 함께 하고 계십니다' 라는 표현도 모두 지각의 공간적 이동을 함의한다.

넷째, 몰입immersion: 커뮤니케이션 매체에 부착된 기계 장치의 도움으로 이용자들이 물리적·심리적 그리고 지각적으로 다른 세계에 '있음'을 느끼는 것을 말한다. 헤드 마운티드 디스플레이Head Mounted Display: HMD, 헤드폰, 전자 장갑과 같은 장치들은 이용자를 가상현실과 같은 다른 세계에 존재한다고 믿게 할 수 있다.

다섯째, 매체 속의 사회적 행위자social actor within medium: 의사疑似 상호작용과 유사하다. 사람들은 텔레비전이나 컴퓨터에 등장하는 인물에 대하여 마치 실제 인물과 커뮤니케이션 하듯이 반응하고, 칭찬하고, 화를 내기도 한다.

여섯째, 사회적 행위자로서의 매체medium as social actor: 매체 속의 등장인물이 아니라 매체 자체에 대한 사람들의 사회적 반응을 말한다. 이런 종류의 현존감 효과는 주로 매체의 특성으로부터 기인한다. 예를 들어, 컴퓨터는 인간의 언어와 유사한 언어를 사용하고 실시간 상호작용이 가능하기 때문에 꽤 경험이 많은 컴퓨터 이용자들도 컴퓨터를 사회적 행위자 다루듯 한다.

위에서 살펴본 바와 같이 현존감 용어에 대해서는 서로 다른 개념화 방식들이 존재한다. 하지만 이 용어가 공통적으로 지칭하고 있는 것은 개인이 느끼는 '중재되지 않았다고 여기는 지각적 환상'이다. 즉 (매체에 의해) 중재된 커뮤니케이션mediated communication 상황에 있으면서도 그 커뮤니케이션이(매체에 의해) 중재되었다는 느낌을 망각할 때, 그 매체의 사용자는 현존감을 경험했다고 할 수 있다. 위의 여섯 가지 개념 가운데 원격교육 분야에서 가장 주목을 받은 개념은 대인관계성 inter-personal relation에 초점을 둔 '풍부한 사회성' 으로써의 현존감이었다.

원격현존감

'텔레-비전', '텔레-컨퍼런스' 등에서 유추할 수 있듯이 원거리에서 갖는 현존감을 '텔레-프레즌스' tele-presence(이하 원격현존감)라고 한다. 원래 원격현존감 개념은 해저나 광산 등 사람이 접근하기 힘든 곳에 기계를 설치하고 원격으로 통제하던 산업에서 유래하였다.[2] 즉 작동자는 물리적으로 기계로부터 떨어져 있으나 원격현존 시스템을 통하여 그 기계의 작동을 감지하거나 통제할 수 있게 되는 것이다.

이후 원격현존감이라는 용어는 다양한 사회적 맥락에 적용되면서 의미상의 진화를 계속하게 된다. 예를 들어, 매체와 커뮤니케이션 분야에서 원격현존감은 '지리적으로 흩어져 있는 집단의 구성원들이 테크놀로지를 이용하여 갖게 되는 공유된 현존감' 으로 정의된다.[3] 여기서 알 수 있듯이 원격현존감은 사람과 기계의 상호작용을 넘어서 사람과 사람의 상호작용을 일컫는 데 사용되기 시작한 것이다. 중재된 커뮤니케이션 상황에서 구성원 간에 공유되는 일정한 현존감이 없다면 원활한 의사소통 자체가 힘들어진다. 그리고 의사소통에 문제가 생기면 구성원이 함께 해야 할 과제의 수행에 부정적인 영향을 주게 된다. 이것이 바로 매체로 중재된 커뮤니케이션 상황에서 원격현존감을 배양해야 하는 가장 큰 이유이다.

원격교육은 중재된 커뮤니케이션 상황에서 수행해야 할 과제가 바로 '교육' 인 경우다. 자연히 교수자와 학습자가 같은 시간과 공간에 존재하지 않음으로 해서 생기는 '물리적 현존감의 부재' 를 극복하기 위해서는 세심한 교수설계가 필요하다. 즉 시 · 공간적 거리에도 불구하고 인지적인 수준에서 현존감을 경험할 수 있는 전략들이 필요한 것이다. 예를 들어, 온라인 수업에서 학생들의 자기소개, 사진, 이메일 주소를 알리는 '미니홈피' 를 제공하는 것은 수업 구성원 간의 현존감을 높이기 위한 전략으로 해석될 수 있다.[4] 이런 전략이 적절히 사용된다면 매체로 중재된 수업은 면대면 의사소통에 수반되는 형식성 formality[5]을 피하고 소통 내용에 집중하게 하는 긍정적인 효과를 가져올 수 있다.

사회적 현존감

원격현존감이 사람-기계 상호작용에서 유래했고 기계 조작과 통제에 관련된 용어임을 살펴보았다. 이런 어원과 어감 때문에 원격교육학자들은 원격현존감보다는 '사회적 현존감' social presence이라는 용어를 선호한다. 또한 교육은 좀 더 대인 간의 관계성에 관여해야 한다는 생각도 이 용어의 선택에 영향을 주었다.[6] 사회적 현존감이란 '상호작용에 있어서 타자의 존재감이 드러나고 그 결과 대인관계에서 그 존재감이 지속되는 정도' 를 말한다.[7] 달리 말하면 사회적 현존감이란 매개된 커뮤니케이션 상황에서 타인이 그 상황에 함께 관련되어 있다는 느낌이다. 관련된 사람들이 멀게 느껴지지 않고 따뜻하고, 친밀하고, 가까이 있는 '진짜' 사람으로 인식되는 정도이다. 한마디로 그것은 중재된 소통 상황에서도 함께 있다고 느껴지는 '접속contact의 느낌' 이다.[8]

사회적 현존감 이론의 핵심은 커뮤니케이션에 이용되는 매체에 따라 원거리에 있는 사람들과 갖게 되는 접속의 느낌이 달라진다는 것이다. 경험적으로 보면, 편지보다는 전화를, 전화보다는 화상회의를 이용할 때 상대의 존재감을 더 생생하게 느끼게 된다. 일반적으로 매체의 전송대역폭bandwidth[9]의 정도가 낮을수록 그 매체를 이용한 소통은 덜 친근하고, 덜 감정적이고, 덜 사적이고, 더 심각하고, 더 공식적이고, 더 비개인적이고, 더 업무 중심적으로 지각된다. 반면에 전송대역폭이 높을수록(즉 더 많은 시청각 데이터의 전송이 가능할수록) 사정은 그 반대가 된다. 따라서 매체에는 사회적 현존감을 전달하는 능력에 있어서 일관된 순위가 있다는 추론이 가능하다.

하지만 매체연구자들은 곧 사회적 현존감이 매체 고유의 특성에서만 기인하는 것은 아니라고 생각하게 된다.[10] 같은 매체를 사용하더라도 개인들은 모두 다른 정도의 사회적 현존감을 지각할 수 있기 때문이다. 또한 소통 내용에 따라서도 개인이 지각하는 사회적 현존감의 정도는 달라질 수 있다. 즉 경우에 따라 사람들은 전화보다 편지를 더 친근한 매체로 지각할 수도 있는 것이다. 소통 내용 뿐만 아니라 개인의 성격이나 소통 능력 등도 사회적 현존감 형성에 영향을 미칠 수 있다. 이런 정황은 연구의 관심을 매체 간의 기술적 특성에 대한 비교로부터 매체이용자가 다른 사람의 현존감에 대한 주관적 지각을 형성하는 과정으로 이동시켰다. 요약하자면, 사회적 현존감의 형성에는 매체의 특성, 소통 내용, 이용자의 특성, 그리고 소통 경험 등 다양한 요인이 관련되는 것이다.

경험적 연구물에서 사회적 현존감은 대개 '친밀성' immediacy 의 의미로 해석되었다. 예를 들어, 비디오 컨퍼런싱 수업에서 사회적 현존감은 교사의 언어적 친밀성(사적인 이야기로 예들기, 질문하기, 유머 이용하기 등)과 비언어적 친밀성(몸동작의 정도와 빈도, 미소짓기, 편안한 자세 취하기 등)으로,[11] 컴퓨터 컨퍼런싱 수업에서는 학생들이 컴퓨터 컨퍼런싱에 참여하는 것과 컴퓨터 매체 자체에 편안함을 느끼는 정도로 측정되었다.[12]

최근의 원격교육 연구에서는 타인이나 매체에 대해 느끼는 친밀감과는 다른 의미에서 사회적 현존감을 이해하기도 한다. 예를 들어, 컴퓨터로 매개된 커뮤니케이션Computer Mediated Communication: CMC 원격교육 환경에서 사회적 현존감은 '학습자가 사교적 그리고 정서적으로 탐구의 공동체에 자신을 투사할 수 있는 능력'으로 정의된다.[13] 특히 CMC 환경에서는 구성원 간에 공유된 사회적 현존감이 없다면 학습 공동체 자체가 유지되기 힘들다. 따라서 CMC를 통한 원격학습에서 사회적 현존감을 배양하는 것은 단순히 구성원 간에 친밀감을 느끼게 하는 차원을 넘어 수업의 목표(주로 인지적인) 달성을 위해 반드시 필요한 과제가 된다.

사회적 현존감 이론을 원격교육 장면에 적용시킨 연구들은 대개 지각된 사회적 현존감이 원격학습에 긍정적인 영향을 미친다고 가정한다. 즉 원격학습자가 교수자나 동료학습자에 대해 높은 정도의 사회적 현존감을 느낄수록 학업성취와 학습만족에 더 긍정적인 결과가 있을 것이라고 보는 것이다. 실제 연구결과는 부분적으로 이 가설을 긍정한다. 특히 원격학습의 만족을 예언하는 데 있어 사회적 현존감은 아주 강력한 변인이었다. 하지만 사회적 현존감과 학업성취와의 관련에 대해서는 유의미한 결과를 보고한 연구가 드물다.[14]

교류적 현존감

원격현존감과 사회적 현존감은 모두 중재된 커뮤니케이션 상황에서 대인관련성을 드러내는 이론적 구인이다. 그리고 중재된 커뮤니케이션 상황이라는 원격교육의 특수성 때문에 원격교육 연구자들은 이 구인들에 많은 관심을 가져왔다. 하지만 엄밀히 말해 이 구인들은 원격교육이라는 특수한 상황보다는 매체로 매개된 일상적인 사회적 커뮤니케이션 상황을 이해하기 위한 것이었다. 실제로 이 구인들이 원격교수와 학습이라는 특수한 맥락을 반영하지 못하고 대인 간의 '친밀성' 정도로 의미가 축소되는 것은 이 때문이다. 단순히 시간과 공간을 초월하여 상대와 함께 존재하는 것처럼 느끼는 것은 일반적인 사회심리학의 차원이다. 원격학습자의 입장에서 누군가의 현존감을 느낀다는 것은 '원격학습' 이라는 특수한 정황 속에서 이해할 필요가 있다.

'교류적 현존감' transactional presence 개념은 원격학습자가 교수자, 동료학습자 그리고 교육기관에 대해 갖게 되는 현존감을 설명하기 위해 구안되었다.[15] 이 현존감은 개별 학습자가 교류의 대상에 대해 인지하는 '활용가능성' 과 '연결성' 에 대한 감각을 의미한다. 활용가능성 availability이란 대인관계의 반응성과 관련된 개념으로 '요구가 있을 때 필요한 것이 얻어질 수 있는 정도' 를 말한다. 원격학습자는 매체로 중재된 소통 방식으로 위의 세 유형의 상호작용 파트너와 일정한 거리를 유지하며 교류한다. 이 때 중요한 것은 사람, 사물, 혹은 서비스를 매번 접촉하기보다는 필요에 따라 이들을 활용할 수 있는 지식을 갖는 것으로 볼 수 있다.

연결성connectedness이란 '관여된 주체들 사이에 상보적인 관계가 존재한다는 주관적 느낌' 이다. 활용가능성이 상대방을 나의 학습자원으로 어느 정도 활용할 수 있는가라는 것을 아는 지식의 차원을 가리킨다면, 연결성은 상대방과 심리적으로 관련되어 있다는 것을 어느 정도 느끼는가라는 정서적 차원을 가리킨다. 사실 '연결성' 개념은 최근 심리학과 교육학에 있어서 대인관련성에 관한 기본적인 관점이기도 하다. 사회심리학의 '연결된 자아' related-self와 '상호의존성' interdependence, 학습심리학의 '사회적 학습' social learning, 앎의 방식에 관한 연구에서의 '연결된 주체' connected knower, 수업설계에서의 '구성주의' constructivism, 학습자 중도 탈락 연구에서의 '통합' integration과 같은 주제들은 모두 학습과 인지과정에 관여하는 자아와 타아의 연결성에 관여한다.

간결히 말한다면 교류적 현존감은 그 대상의 활용가능성에 대해 인

그림 7-1. 매체로 중재된 환경에서 이루어지는 학습자-교수자의 만남

지하고, 심리적으로 그 대상과 연결되어 있다는 의식이다. 원격학습자에게 의미있는 교류적 대상은 크게 교수자, 동료학습자, 교육기관으로 나누어 볼 수 있다. 원격교육 문헌에서 교수자는 '인식론적 반향판', '학생-기관 간의 문화적 중재자', '보살펴 주는 사람', '자원 제공자', '교과 전문가', '지식 수호자' 혹은 '학습 컨설턴트'로 그려진다.[16] 그리고 동료학습자는 새로운 지식획득이나 기존의 인지구조를 수정하는 과정에 도움을 줄 수 있다. 또한 상호 간의 공감적 이해에 기반하여 정서적 지원자의 역할을 하기도 한다. 이에 반해 교육기관(이하 기관)은 학습자원과 학생지원 서비스의 보고寶庫라고 할 수 있다. 학습을 지원하기 위한 서비스의 정도에 따라 원격학습자가 그 교육기관에 대해 갖는 애착이나 소속감이 달라지게 된다. 즉 기관의 교류적 현존감에 있어 차이가 나게 되는 것이다. 이와 같이 교수자, 동료학습

자, 기관은 원격학습을 조력하고 촉진한다는 의미에서 원격학습자에게 현존할 때 그 의의가 살아난다.

요약하자면 교류적 현존감은 원격학습자의 교수자, 동료학습자, 기관에 대한 지각을 특성화하는 이론적 구인이며, '원격학습자가 교수자, 동료학습자, 기관의 활용가능성과 연결성을 인지하는 정도' 로 정의된다. 대상에 대한 지각과 관련된다는 측면에서 교류적 현존감은 '상호작용' 개념과 관련이 있다. 하지만 이 두 구인은 대인관련성의 다른 차원을 가리킨다. 교류적 현존감이 원격학습자의 지각작용이나 심리적 상태를 가리킨다면, 상호작용은 두 사람 이상이 서로에게 반응하기 위해 관련된 사태event, 과정process 혹은 상황situation으로 규정된다.[17] 제인 먼로Jane Munro는 상호작용과 현존감의 미묘한 차이에 대해 다음과 같이 언급한다.

> 현존감이 반드시 면대면 접속을 의미할 필요는 없다. 현존감의 정도는 포괄적인 의미에서 교육자-학습자 관계와 더 관련된다. 관계의 반응성, 관련성, 개별성 그리고 지원에 대한 열성 등이 편지를 썼는지, 전화로 이야기했는지, 면대면으로 만났는지, 컴퓨터를 통해 이메일을 주고 받았는지보다 더 중요할 수 있다(Munro, 1998: 214).

원격교육 논의에서 교류적 현존감 구인이 왜 필요할까? 상호작용은 높은 정도의 교류적 현존감을 가져오거나 그것으로부터 기인하는 활동으로 볼 수 있다. 하지만 원격수업에서 상호작용의 정도를 무조건 높일 수는 없다. 왜냐하면 상호작용은 원격학습자의 직접적인 참여를 요하고, 이는 학습시간과 공간의 통제라는 측면에서 학습자 자율성의 문제와 부딪힐 수 있다. 더구나 상호작용에 대한 요구는 원격학습자마다 모두 다르기 마련이다. 반면에 교류적 현존감은 '연결' 되어 있으면서도 '거리' (혹은, 학습자 자율성)를 유지할 여지를 준다. 활용가능성에 대한 지식은 개인이 상호작용의 필요에 대해 느끼는 절실함에 따라 실제로 활용될 수도 있고, 그렇게 되지 않을 수도 있다. 상호작용과는 또 다른 측면에서 연결성을 이해하는 것, 이것이 교류적 현존감 구인의 효용성이다.

원격학습에 대한 교류적 현존감의 효과는 중층적이고 맥락적이다. 오픈 유니버시티 맥락에서 이루어진 경험적 연구에 따르면, 교수자에 대한 교류적 현존감은 학업성취를, 동료학습자에 대한 교류적 현존감은 원격학습에 대한 만족도를, 그리고 기관에 대한 교류적 현존감은 학업성취와 만족도 뿐만 아니라 원격학습의 지속의지를 설명하는 변인으로 작용했다.[18] 면대면 수업에서도 교사에 대해 높은 심리적 현존감을 가진 학생은 그렇지 않은 학생보다 성취도도 높고 학습과제에도 더 깊이 몰입하는 경향이 있었다.[19] 교류적 현존감 구인이 원격교육 실천에서 어떻게 작동하는지는 원격학습자의 '고립', '심리적 거리', '관계의 부재', '소속감', '공동체' 등 대인관계성에 관한 논의와 함께 더 연구되어야 할 주제이다.

학습자 – 교수자 관계

교류적 현존감은 원격학습자에게 유의미한 타자[20]로 지각되는 교수자, 동료학습자, 그리고 기관과의 '관계성'을 전제한 개념이다. 일반적으로 관계성에 대한 원격교육의 논의는 그리 체계적이지 않다. 원격학습은 혼자서 하는 외로운 작업이라는 인상을 강하게 주고, 원격교육 문헌은 '학습자 독립성', '자기주도성', '학습자 자율성'과 같은 어휘로 가득하다. 하지만 학습자 자율성에 대한 강조가 '혼자서' 하는 학습을 지지하는 것은 아니다. 자율성은 사실 '통제'의 문제와 관련된다. 달리 말해 자율성의 문제는 학습자가 자기 학습의 운영과 관리에 있어서 어느 정도 의사결정력을 가질 수 있느냐는 '권한' 의 문제인 것이다. 따라서 학습자 자율성은 교수자, 동료학습자, 그리고 기관과의 '관계' 속에서 실현된다고 볼 수 있다.

이 세 가지 유형의 관계 가운데 우선 학습자와 교수자의 관계에 대해 살펴보자. 다른 모든 교육 실천과 마찬가지로 원격교육 상황에서도 학습자-교수자 관계는 학습의 과정과 결과에 결정적인 영향을 미친다. 문제는 원격수업의 경우 교실수업과는 달리 학습자-교수자 관계가 시나브로 형성되기가 힘들다는 것이다. 소통매체의 발달이 원격학습자로 하여금 교수자와 동시적 · 비동시적으로 상호작용할 수 있는 기회를 전례 없이 확대하고 있지만 교육적 관계 형성은 여전히 힘든 문제로 남아있다. 어떤 원격학습자에게는 이 관계의 문제가 교과내용을 학습하는 것보다 더 어렵고 불만족스러운 문제가 되기도 한다.

원격교육에서 교수자는 원격교육 생산양식에 따라 두 가지 유형으로 나뉜다. OU처럼 단일 모드 원격교육기관[21]에 등록한 학생들에게 교수자는 보통 '튜터' tutor를 의미한다. 튜터란 '원격학습에 대한 구조

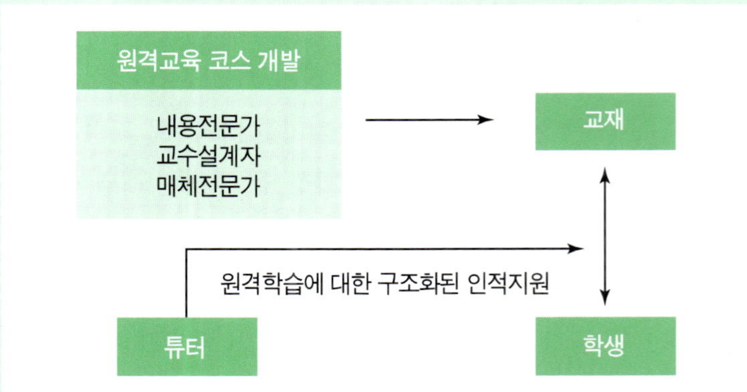

그림 7-2. 원격학습에 대한 지원체제로서의 튜터
출처: 신나민(2005: 172 재구성)

화된 인적지원'으로 정의할 수 있다.[22] 보통 튜터는 원격교육과 성인 학습의 원리에 따라 학습자를 안내하는 역할을 한다. 좀 더 구체적으로 살펴보면, 튜터는 학생들의 과제를 평가하고, 피드백을 제공하며, 필요에 따라 면대면 지도를 개인별 혹은 그룹으로 제공하며, 학습관련 상담을 제공하는 것 등의 역할을 수행한다. 한마디로 튜터는 원격학습자와 교육기관을 연결하는 '중재자'인 셈이다.

잘 정립된 학습자-튜터 관계는 원격학습을 성공적으로 이끄는 결정적 요인이 된다. 튜터와의 상호작용이 많은 원격학습자일수록 그렇지 못한 학습자들보다 과제물과 시험에서 더 나은 성취를 보이고, 코스를 성공적으로 마칠 확률이 더 높으며, 학습에 대한 만족도도 높은 경향이 있다.[23] 따라서 질 좋은 원격교육을 제공하고자 하는 많은 원격교육기관들이 좋은 튜터를 확보하기 위해 상당한 노력을 기울이는 것은 당연하다. 또한 각 기관의 고유한 교육철학과 이념을 실천하기 위해 튜터 훈련 프로그램을 운영하기도 한다.

또 다른 유형의 원격교수자는 전통적인 학교나 이중 모드 원격교육기관[24]에서 찾아 볼 수 있다. 이들은 보통 교사나 교수로 불리는 교과내용 전문가로서 원격학습자와 캠퍼스에 출석하는 학생, 두 그룹 모두를 지도하는 경우가 대부분이다. 예를 들어, 비디오 컨퍼런싱 수업 같은 경우는 한 강좌에 대면교육 학습자 집단과 원격교육 학습자 집단이 공존하기도 한다. 이럴 경우 교수자는 원거리 사이트에 있는 학습자들이 상대적인 박탈감을 느끼지 않도록 세심하게 배려할 필요가 있다. 학습자와의 관계 역시 형평성을 고려해야 하며, 사용되는 매체에 따라 새로운 교수법을 모색해야 한다. 이는 곧 원격교수자에게는 전통적인 초·중·고·대학교의 교수법과는 다른 자질과 역량이 요구됨을 의미한다. 교수자의 변화하는 역할이 원격교육의 새로운 연구 주제로 떠오른 것도 이런 맥락에서이다.[25]

일반적으로 원격교육 문헌에서 학습자-교수자 관계에 관한 논의는 대개 이상적 관계에 대한 전망의 수준에서 다루어졌다. 즉 교수자가 원격학습자와 어떤 성격의 관계를 형성하도록 지향해야 하는지를 제시하는 경우가 대부분이었다. 그 관계는 주로 '개인적', '대화적', '개별화된', '반응적', '친밀한', '상호보완적', '비공식적' '유연한', 그리고 '친근한' 등의 어휘로 기술된다.[26] 표현은 다르지만 이 어휘들은 모두 대인 관계에 있어 심리적 거리를 줄이려는 노력을 함의한다.

학습자-학습자 관계

원격교육 분야에서 학습자-학습자 관계는 학습자-교수자 관계에 비하여 상대적으로 새로운 연구주제라고 할 수 있다. 우편통신학습 시대의 원격교육에서는 학습자 간의 상호작용이나 관계는 원격학습의 필수적인 부분이 아니었다. 교육적 관계란 주로 한 사람의 학습자와 한 사람의 튜터 간의 관계로 인식되었다. 학습자 간의 관계와 상호작용이 중요한 쟁점이 된 것은 텔레컨퍼런싱 방식이 원격교육에 도입된 이후이다. 위성통신과 컴퓨터 통신 등 소통매체의 발달이 상당한 지리적 거리에도 불구하고 원격학습자들이 서로 접속할 수 있는 가능성을 현실로 만든 것이다. 따라서 원격교수자들은 다시금 개별 학습자가 아니라 소규모 집단의 구성원으로서의 학습자를 상정하고 이들 간의 상호작용을 고려해야 할 과제에 직면하게 되었다.

동료관계와 동료 상호작용 연구를 뒷받침하는 이론적인 배경은 구성주의 철학에서 찾을 수 있다. 구성주의 철학은 개인 학습자들이 자기 지식을 구성하는 데 있어 동료학습자와의 상호작용이 의미 있는 영향을 준다고 전제한다. 따라서 기술적으로 이를 가능하게 해 주는 다자 간의 컨퍼런싱 방식, 그 가운데서도 개인적으로 접근이 용이한 CMC가 동료 상호작용을 촉진하는 데 적합한 매체로 간주된다. CMC

에 관심 있는 연구자들이 동료 상호작용의 의의나 효과를 강력히 지지하며 동시에 구성주의 철학을 신봉하는 것은 이 때문이다.[27]

하지만 CMC 상황에서 동료 관계성의 효과나 필요성에 관해서는 또 다른 견해도 있다. 예를 들어, 교수자들은 비동시적 학습자-학습자 상호작용이 온라인 수업에서 가장 중요한 유형의 상호작용이라고 여기는 반면, 학습자들은 오히려 동료학습자보다는 교수자와의 상호작용을 선호하는 경향이 있다.[28] 또한 학습자들은 동료와의 상호작용을 '필수' 라기보다는 '선택' 사항으로 여기고 싶어한다. 이는 곧 온라인 수업에서 게시판을 통해 이루어지는 동료와의 상호작용이 학습자의 자발적인 의지나 지적인 동기에서 연유하는 것만은 아님을 암시한다. 실제 연구도 수업의 성격상 혹은 학점에 대한 염려 때문에 학습자들이 동료 상호작용에 참여하게 되는 경우가 있음을 보여 준다.[29] 이 밖에도 과제가 너무 많을 때, 온라인 외의 다른 매체를 통해 상호작용할 기회가 있을 때, 수업 구성원 간의 공동체 의식이 부족할 때, 온라인 수업에 대한 사전 경험이 없을 때, 동료 상호작용의 정도는 낮아진다.

반면, 통신학습이나 OU 수업과 같이 장기적인 원격교육 코스에 등록한 학습자들은 동료 상호작용에 있어 좀 더 자발적인 것으로 나타났다. 예를 들어, OU 맥락에서 학습자 간의 접속은 스터디 그룹에 가입하거나 기관에 부속된 학습센터에 참여함으로써 이루어진다. 이러한 참여의 정도는 개별 학습자가 느끼는 지적 · 사회적 지원에 대한 요구에 따라 달라진다. 어떤 연구는 학력이 낮은 학습자가 고학력자보다 동료와의 개인적 접속을 더 원하는 경향이 있다고 본다.[30] 하지만 또 다른 연구는 동료와의 연결성에 대한 요구는 지적 능력보다는 개인의 학습 스타일에 달린 문제라고 주장한다.[31]

동료 관계성의 효과에 대해서도 이견이 있다. 일반적으로 스터디 그룹 활동에 참여한 학생들은 그렇지 않은 학생들보다 원격학습을 지속할 가능성이 높은 것으로 나타났다.[32] 혼자 공부하기를 선호하는 원격학습자보다 동료와의 상호작용에 적극적인 학습자가 정서적인 면에서 지원과 격려를 받을 확률이 높은 것이다. 그리고 이 정서적인 측면은 학습동기의 지속에 긍정적인 영향을 주므로 학습의 중도 탈락을 방지하는 데 기여한다.[33] 원격교육 기관이 적지 않은 비용에도 불구하고 출석 수업이나 비공식적인 학생활동 등을 지원하는 이유가 바로 여기에 있다. 하지만 동료 상호작용이 학업에 대한 만족이나 지속의지에 긍정적인 영향을 미치는 것과는 달리 학업성취의 측면에서는 뚜렷한 영향이 발견되지 않았다.

요약하면, 원격교육에서 동료 상호작용은 대체로 인지적 · 정의적인 면에서 긍정적인 영향을 준다. 하지만 교수자나 수업설계자는 동료 상호작용을 강요하지 않도록 세심한 주의를 기울여야 한다. 동료 상호작용에 대한 원격학습자의 요구는 개인의 학습 스타일이나 사회성, 시간적 여유, 소통매체에의 접근성 등 여러 가지 개인적 · 환경적 정황에 따라 큰 편차를 보이기 때문이다.

학습자 – 기관 관계

학습자 – 기관 관계는 전통적인 교육보다 원격교육 상황에서 더욱 요구되는 관계이다. 이는 교육기관이 학생들의 학습에 대하여 갖는 영향력이 전통적인 교육보다 원격교육 방식에서 더 직접적이고 실제적이기 때문이다.

> 전통적인 교육에서는 교사가 가르친다. 원격교육에서는 기관이 가르친다(Keegan, 1980: 19).[34]

> 우리는 보다 명확하게 기관과 학생의 관계를 정의해야 한다. 한쪽은

그림 7-3. 다양한 형태의 학습자-기관 관계

가르치려 하고 다른 한쪽은 배우려고 하는 이 양자 간의 상호교환적 계약의 흐름에 대해서 말이다(Sewart, 1983: 49).[35)]

원격학습에 대한 기관의 영향이 지대한 이유는 원격교육 코스 개발 과정과 관련된다. 개인적인 교수 행위가 복제 가능한 교수자료로 전환되기 위해서는 교육과정 개발과 코스 관리에 기관 차원의 체계적인 지원이 필요하기 때문이다. 반면에 소규모 그룹을 대상으로 하는 원격교육의 경우는 교육과정 개발과 코스 관리에 있어 기관보다는 개인 교수자의 역량에 많이 의존한다. 따라서 학생-기관 관계는 다수 학습자를 대상으로 하는 대규모 원격대학에서 더 관심을 갖는 주제이다.

좀 더 구체적으로 살펴보면, 학습자-기관 관계는 보통 학습자(학생) 지원 체제student support system를 통해 구현된다. 학습자 지원체제에는 교재의 형태로 드러나는 교수자료 이외에 학습을 조력하기 위해 제공되는 모든 종류의 서비스가 포함된다. 튜터링(개인지도), 카운슬링, 도서관 서비스, 학습안내 서비스 등이 그 대표적인 예들이다. 이런 지원 서비스를 통하여 원격학습자들은 교육기관과 실제적인 관계를 맺어 간다. 이중 모드 원격교육 기관에서 캠퍼스 학생과 원격학생을 모두 가르친 경험이 있는 호주의 한 교수자는 자신이 지도하는 원격학생의 60%가 기관을 한 번도 '보지' 못한다고 보고한다.[36] 그럼에도 원격학습자들은 학생지원 서비스를 통해 그 기관의 문화를 습득하고 자신이 한 기관에 속한 '학생이라는 정체성' studentship을 갖게 된다.[37] 결국 학습자 지원 서비스는 원격학습자와 기관 간의 인터페이스 역할을 하는 셈이다.

이런 중요성 때문에 학습자 지원 체제는 코스 개발 체제와 함께 원격교육기관의 운영과 원리를 지배하는 양대 축이 된다. 중요한 것은 학습지원 서비스에는 원격교육 코스 개발에 적용되었던 대량 생산의 산업화 모델이 적용되어서는 안 된다는 점이다. 코스 개발 체제는 다분히 교수instruction에 대한 기관 중심의 접근이라고 볼 수 있다. 예를 들어, 사전 제작된 자기 학습용 교재나 프로그램들은 개인의 학습 요구에 반응하기에는 유연성이 떨어진다. 따라서 개별지도tutorial나 카운슬링과 같은 대인적對人的 서비스가 필요하고, 이런 서비스는 학습자 중심의 접근을 취하는 것이 바람직하다.

테이트Tait는 기관이 개별화된 학습자 서비스를 제공해야 하는 근거를 '원격교육**에서**의 민주주의' 라고 표현한다.[38] 이는 '원격교육을 **통한** 교육기회의 민주화' 와는 질적으로 다른 논의이다. 코스 개발 체제만을 강조한 원격교육 모형은 지식 '전달' 의 효과성과 효율성만을 강조하여 특정 이데올로기나 교육내용을 빠른 시간 내에 확산시키는 도구로 이용될 소지가 있다. 특히 고등교육의 기회가 상대적으로 적은 제3세계의 많은 나라들이 원격교육기관에 기대하는 바는 양적 측면에서 많은 졸업자를 양산하는 것이었다. 하지만 원격교육**에서**의 민주주의는 학습자의 지적 성장에 주목하며 이들이 어떤 학습과정을 통해

'교육 받은 사람' 으로 성장하였는지에 주목한다. 그리고 그 원칙은 교수자에 의해 강요된 참여나 상호작용이 아니라 학습자의 자발적인 참여를 통한 대화와 공동체 정신에 기반한다.[39]

원격학습자의 기관과의 접속경험은 원격교육 경험에 직·간접적으로 영향을 미친다. 심지어 학습에 참여하기 이전에 가진 행정 직원들과의 접촉이 이후 원격교육 프로그램 평가와 만족도에 영향을 미치기도 한다.[40] 또한 원격학습자가 기관에 대해 갖는 교류적 현존감은 학습에 대한 만족, 지속의지, 학업성취의 변인들과 모두 긍정적인 상관관계를 갖는 것으로 드러났다.[41]

다른 모든 관계와 마찬가지로 학생-기관 관계의 형성과 유지에도 다양한 노력이 필요하다. 이런 노력이 부족할 때 원격교육기관은 높은 학생 탈락률이라는 고민을 안게 된다. 따라서 원격교육기관이 학생들을 잃지 않으려면 학생지원 서비스와 함께 '학생 따라잡기' student tracking 전략을 갖추어야 한다.[42] 학생 따라잡기는 개별 학습자에 대한 기본 정보와 함께 각 학생의 학습과정을 기록한 '학생 프로파일' student profile 구축을 통해 이루어질 수 있다. 학생 프로파일은 교육기관과 교수자들이 익명의 학습자가 아니라 실제 학습자와 관계를 갖는 데 도움을 준다. 최근에는 온라인 등록부터 시험, 성적처리, 시간관리, 코스에의 접속 빈도 및 시간 등 학습에 관련된 전 과정을 기록·보존하는 프로그램들이 개발되고 있다. 이런 프로그램의 활용도 교수자와 기관이 원격학습자와의 관계를 유지하고 관리하는 데 도움이 될 수 있다.

주.

주

1) Lombard, M. & Ditton, T.(1997). At the heart of it all: the concept of presence. *JCMC.* 3(2), Retrieved on July 6, 2000. from http://jcmc.indiana.edu/vol3/issue2/lombard.html

2) Martin, J.(1981). *Telematic Society: a challenge for tomorrow.* Englewood Cliffs, Prentice-Hall.

3) Buxton, W. A. S.(1993). Telepresence: integrating shared task and person spaces. In R. M. Baeker(Ed.). *Readings in Computer and Computer-supported Cooperative Work.* San Francisco: Morgan Kaufmann.

4) Mason, R.(1995). *Using Communications Media in Open and Flexible Learning.* London: Kogan Page.

5) 인사나 안부를 묻는 등 만남에 수반되는 의례적인 행위를 가리킴.

6) Tammelin, M.(1998). From telepresence to social presence: the role of presence in a network-based learning environment. In S. Tella(Ed.). *Aspects of Media Education: strategic imperatives in the information age.* Helsinki: University of Helsinki.

7) Short, J., Williams, E. & Christie, B.(1976). *The Social Psychology of Telecommunication.* New York: John Wiley.

8) Williams, E.(1978). Teleconferencing: social and psychological factors. *Journal of Communication.* 28, 125~131.

9) 일반적으로 통신에서 정보를 전송할 수 있는 매체의 기술적 능력을 의미.

10) Rafaeli, S.(1988). Interactivity: from new media to communication. In R. P. Hawkins, J. M. Wiemann & S. Pingree(Eds.). *Advancing Communication Science: merging mass and interpersonal processes.* Newbury Park, CA, Sage.

11) Hackman, M. Z. & Walker, K.(1990). Instructional communication in the televised classroom: the effects of system design and teacher immediacy on student learning and satisfaction. *Communication Education.* 39, 196~206.

12) Gunawardena, C. N. & Zittle, F. J.(1997). Social presence as a

predictor of satisfaction within a Computer-mediated Conferencing Environment. *The American Journal of Distance Education.* 11(3), 8～26.

13) Rourke, L., Anderson, T. & Garrison, D. R.(1999). Assessing social presence in asynchronous text-based computer conferencing. *Journal of Distance Education.* 14(2), 50～71.

14) Shin, N.(2003a). Transactional presence as a critical predictor of success in distance learning. *Distance Education.* 24(1), 69～86.

15) Shin, N.(2002a). Beyond interaction: the relational construct of 'Transactional Presence'. *Open Learning.* 17(2), 121～137.

16) Shin (2002a: 123)

17) Shin, N.(2003b). The issue of interaction in open and distance learning. *Distance Education in China.* Vol. 17, 27～32.

18) Shin(2003a)

19) Spaulding, C. L.(1995). Teachers' psychological presence on students' writing-task engagement. *Journal of Educational Research.* 88(4), 210～219.

20) significant others. 자신의 가치와 행동에 의미있는 영향을 주는 사람들.

21) single-mode distance education institution. 원격교육으로만 교육을 실시하는 기관.

22) 신나민(2005). 해외 원격대학의 투터제도 운영-OUHK의 사례. 『평생학습사회』. 1(1), 171～194.

23) Kailani, T. Z.(1995). The role and tasks of tutors at Al-Quds Open University. *Open Learning.* June, 27～32.

24) dual-mode distance education institution. 원격교육과 캠퍼스 중심의 면대면 교육을 함께 제공하는 교육기관.

25) Gunawardena, C. N.(1992). Changing faculty roles for audiographics and online teaching. *The American Journal of Distance Education.* 6(3), 58～71.

26) Shin(2002a: 128)

27) Gunawardena, C., Low, C. & Anderson, T.(1997). Analysis of global online debate and the development of an interaction analysis model for examining social construction of knowledge in computer

conferencing. *Journal of Educational Computing Research*. 17(4), 397~431.

28) Soo, K. S. & Bonk, C. J.(1998). *Interaction: what does it mean in online distance education?* Paper presented at the 98 World Conference Educational Multimedia and Hypermedia & World Conference on Educational Telecommunication. Freiburg, Germany. 20~25 June.

29) Vrasidas, C. & McIsaac, M. S.(1999). Factors influencing interaction in an online course. *The American Journal of Distance Education*. 13(3), 22~36.

30) Amundsen, C. L., & Bernard, R. M.(1989). Institutional support for peer contact in distance education: an empirical investigation. *Distance Education*. 10(1), 7~26.

31) Kirkup, G. & Priimmer, C. V.(1990). Support and connectedness: the needs of women distance students. *Distance Education*. 8(1), 4~17.

32) Choi, J., Sung, K., Song, H. & Song, J.(1996). *A study on the students' learning achievement process in Korea National Open University*. Seoul: Student Guidance Center, Korea National Open University.

33) Morgan, A. & Thorpe, M.(1993). Residential schools in open and distance education: Quality time for quality learning? In T. Evans & D. Nation(Eds.). *Reforming Open and Distance Education: Critical Reflections from Practice*(pp. 72~87). New York: St. Martin's Press.

34) Keegan, D. J.(1980). On defining distance education. *Distance Education*. 1(1), 13~36.

35) Sewart, D.(1983). Distance teaching: a contradiction in terms? In D. Sewart, D. Keegan & B. Holmberg(Eds.). *Distance Education: international perspectives*. London: Croom Helm.

36) Cook, J.(1989). The liberation of distance: Teaching women's studies from China. In T. Evans & D. Nation(Eds.). *Critical Reflections on Distance Education*(pp. 23~37). London, New York and Philadelphia: The Falmer Press.

37) Student Research Centre, I. E. T., O.U.(1986). The human dimension

in Open University study. *Open Learning.* June, 14~17.
38) Tait, A.(1988). Democracy in distance education and the role of tutorial and counselling services. *Journal of Distance Education.* Spring 1988, 3(1), 95~99.
39) Tait, A.(1996). Conversation and community: Student support in open and distance learning. In R. Mills & A. Tait(Eds.). *Supporting the Learner in Open and Distance Learning*(pp. 59~72). London: Pitman Publishing.
40) Tallman, F. D.(1994). Satisfaction and completion in correspondence study: The influence of instructional and student-support services. *The American Journal of Distance Education.* 8(2), 43~57.
41) Shin, N.(2002b). Institution's presence: Its significance to distance learning. *Global E-Journal of Open, Flexible & Distance Education.* 2(1), 27~36.
42) Munro, J. S.(1998). *Presence at a Distance: The educator-learner relationship in distance education* (Research Monograph 16). American Center for the Study of Distance Education. University Park, PA: The Pennsylvania State University.

제8장 원격학습자

동기
불안과 부담
역할 갈등
고립과 연결
탈락과 성공

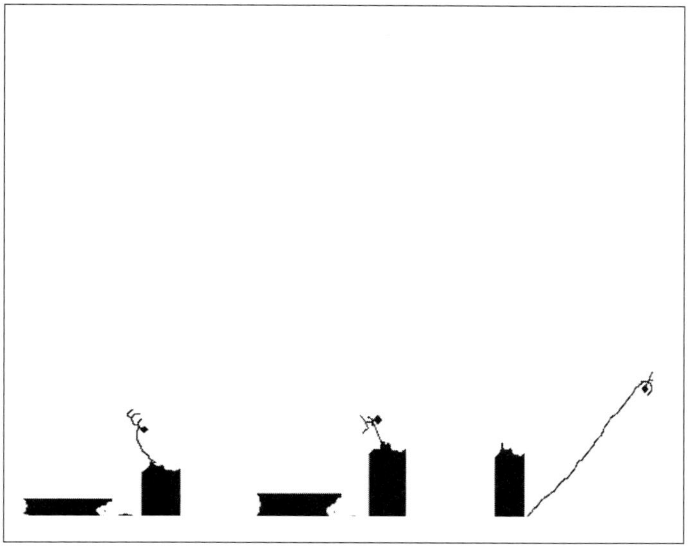

혼자 스스로 공부하기 위해서는 개인적인 시간과 사생활은 거의 희생하다시피 해야 합니다. 그래서 나는 원격교육을 통해 학위를 받은 사람들을 보면 모자를 벗어 경의를 표하곤 하지요(Lambert, M. interviewed by Ludlow, N. 2000: 8).[1)]

원격학습의 주인은 원격학습자이다. 이들은 어떤 특성을 갖는가? 왜 원격학습자가 되었는가? 원격학습자로서 성공하기 위해서는 어떤 노력이 필요한가? 이런 질문들을 중심으로 이 장에서는 원격학습자에 대한 이해를 심화한다. 최근 들어 초 · 중등 학생들도 원격교육에 참여하는 기회가 증가하고 있지만 아직은 성인이 원격학습자의 다수를 차지하므로 이 장의 논의는 주로 성인원격학습자에 한한다.

동기

원격학습자의 동기란 원격교육을 선택하게 된 계기나 이유라고 할 수 있다. 따라서 원격학습자의 동기는 학습자 개인이 원격학습과 교육기관에 대해 갖는 태도와 관계를 총체적으로 드러내 준다. 그러면 왜 사람들은 원격교육에 참여하고자 하는가? 이에 대한 답은 개인 학습자가 처한 사회, 문화, 기관의 환경에 따라 아주 다양하다.

예를 들어 보자. 사우디아라비아의 경우 대학은 기본적으로 남성의 고등교육을 위한 기관이었다.[2] 하지만 텔레비전 방송의 도입으로 인하여 여성도 남성을 대상으로 한 강의를 다른 공간에서 시청함으로써 고등교육의 수혜를 받게 되었다. 이런 경우 원격교육에의 참여 동기는 대안적 기회에 대한 선택으로 볼 수 있다. 비슷한 예를 인도의 경우에도 찾아볼 수 있다. 인디라 간디 오픈 유니버시티는 사회계급과 신분상의 차이로 인해 교육기회에 접근하지 못했던 인구집단을 동기화하기 위해 세심한 정책을 펴고 있다.[3]

일반적으로 성인학습자의 원격교육에 대한 동기는 원격교육의 이점과 관련된다. 여기서 원격교육의 이점은 시 · 공간적 자유로움과 기타 이유를 포함한다. 즉 가족과 직장을 떠나지 않고도 원하는 교육기관의 프로그램을 수강할 수 있다는 점이 성인학습자가 원격교육을 선

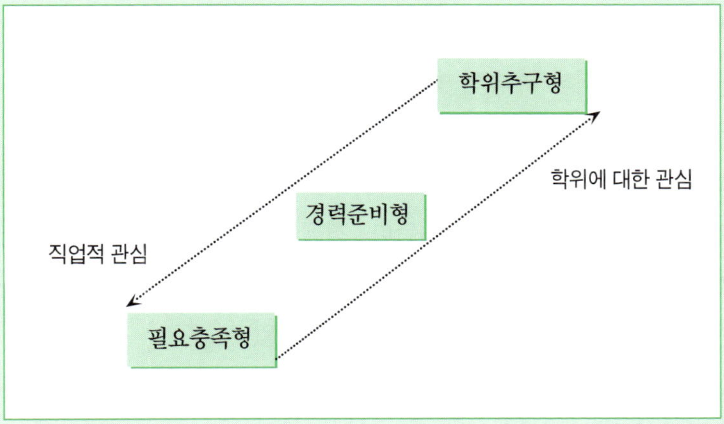

그림 8-1. 성인원격학습자의 세 유형
출처: Eastmond(1995: 21 재구성)

택하는 가장 큰 이유로 꼽힌다.[4] 기타 이유에는 집단에 속하지 않고 스스로 자기 학습을 조직화할 수 있는 원격교육 방식에 대한 선호, 그리고 전통적인 교육기관보다는 원격교육을 제공하는 기관에의 입학이 상대적으로 용이하다는 점도 포함된다.[5] 또한 신체적 장애 때문에 장거리 이동이 불편한 학습자 집단도 원격교육 방식을 선택할 강한 이유가 있는 셈이다.[6]

특히 학위과정에 등록한 원격학습자는 직업적 관심과 졸업장 혹은 학위 취득에 대한 관심에 따라 다음 세 유형으로 구분된다. 첫째, '필요충족형' 이다. 현재 직업과 관련된 지식이나 기술의 습득, 혹은 승진을 위해서 공부하는 학습자들이 이 유형에 속한다. 이 유형의 학습자들은 대개 단기적이고 분명한 학습목표를 갖는다. 그리고 이들의 학습은 곧 업무 능력의 향상으로 연결되므로 고용주가 학비를 보조하기도 한다. 둘째, '경력준비형' 이다. 경력준비형은 당장 학위가 필요하지는 않지만 장기적으로 자신의 경력을 관리하기 위해서는 지속적으로 교육을 받아야 한다고 믿는 학습자들이다. 따라서 현재보다는 미래의 경력이나 직업을 염두에 두고 교과나 전공을 선택한다. 셋째, '학위추구형' 이다. 지식과 기술의 효용성보다는 공식적인 교육 시스템 속에서 공부하는 것 자체에 가치를 두는 학습자들이 이 유형에 속한다. 특히 제도권 교육에서 기회를 갖지 못했던 학습자들이 그 기회를 보상하고자 할 때 이런 동기를 갖게 된다. 최근에는 평생학습이 강조되면서 직업과 관련된 이유보다는 개인적인 관심 영역에 대한 이해를 심화하기 위해 원격학습을 선택하는 경우도 늘고 있다.

성인원격학습자가 갖는 위의 세 유형의 동기는 일반적으로 성인이 학습하고자 하는 이유와 무관하지 않다.

> 대부분의 학습은 개인의 환경과 관련을 갖는다. 우리는 두 가지 연관된 이유 때문에 학습한다.
> (a) 우리 자신과 환경을 더 잘 이해하기 위하여
> (b) 우리 자신과 환경을 바꾸기 위하여(Huberman, 1974; Kennedy & Powell, 1976: 64 재인용)[7]

성인원격학습자들도 자신과 세계를 이해하고 변화시키기 위해 학습한다. 다만 그 필요에 있어서 직업세계의 요구나 미래의 경력개발, 그리고 학위 취득 등 추구하는 가치가 다를 뿐이다.

불안과 부담

대부분의 원격학습자들은 원격교육의 고유한 이점 때문에 원격교육 방식을 선택한다. 하지만 원격학습자가 그 이점만을 누릴 수 있는 것은 아니다. 이들은 원격교육을 선택했기 때문에 수반되는 문제와 어려움도 함께 경험하게 된다. 이 문제와 어려움 가운데 가장 자주 거론되는 것이 '고립'과 '불안'이다. 원격교육 문헌에서 말하는 불안anxiety은 심리학에서 말하는 병리적 상태를 의미하는 것과는 약간 거리가 있다. 오히려 한국어 정서로는 심리적 부담으로 이해하는 것이 더 자연스럽다.

원격학습자의 심리적 부담 혹은 불안은 기술적 측면과 사회관계적 측면에서 살펴볼 수 있다. 기술적 측면에서는 소통매체의 이용과 관련된 사항들이 불안의 요인으로 꼽힌다. 컴퓨터 사용능력에 대한 우려, 컴퓨터와 인터넷 매체에의 접근성 문제, 온라인에서 글쓰기에 대한 염려, 매체로 중재된 소통환경에 대한 부적응 등이 그 예가 될 수 있다. 컴퓨터 사용능력은 주로 연령이 높거나 컴퓨터 사용경험이 적은 학습자들을 괴롭히는 문제이다. 컴퓨터와 인터넷에 대한 접근성 문제는 사회·경제적 환경에 따라 그 심각성의 정도가 달라진다. 한국에서는 이 매체에 대한 접근성이 당연시되는 경향이 있지만 지구상에는 이 매체에 대한 접근성을 가지지 못한 인구가 더 많고, 아이러니하게도 이들이 원격학습자가 될 가능성이 더 높다.

온라인에서의 글쓰기에 대한 염려도 소통부재나 학습자 불안의 큰 원인이 된다. 철자법, 문법에 대한 염려에서부터 자신의 글에 대해 지나치게 비판적으로 검열하는 자세나 냉소적인 태도까지 아주 다양한 원인들이 온라인에서의 글쓰기를 힘들게 한다. 매체로 중재된 소통환경에의 부적응은 개인의 학습 스타일과 성격, 사용되는 매체에 따라 그 정도가 다르게 나타난다.[8)]

기술적 측면과 관련된 불안들은 교육기관과 교수자의 노력으로 어느 정도는 완화될 수 있다. 따라서 원격교수자나 교수설계자는 컴퓨터 포비아computerphobia[9)], 테크노포비아technophobia, 쓰기염려writing apprehension, 소통불안communication anxiety 등을 다룬 연구를 통하여 원격학습자들의 불안에 대해 좀 더 깊이 있게 이해할 필요가 있다. 실천에서는 원격학습 시작 전이나 초기에 학습자 진단검사를 실시하여 개별 학습자의 기술 이용 능력이나 소통불안에 대한 정도를 파악하는 노력도 필요하다. 특히 불안의 정도가 지나치게 높은 학생에 대해서는 카운슬링이나 예비학습 프로그램 등의 학습자 지원 서비스를 제공하는 것이 바람직하다.

원격학습자에게 있어 기술적 측면의 불안보다 더 해결이 힘든 문제는 사회관계적 측면에서 파생되는 부담이다. 특히 '일'과 '가족'은 성인원격학습을 촉진하거나 방해하는 가장 보편적이고 영향력 있는 변인이다. '공부와 일', '공부와 일과 가족' 생활의 병행이 원격학습자에게는 가장 큰 부담인 것이다.[10] 친구나 직장동료와의 관계 등도 부담의 원인이 될 수 있다. 이 밖에도 원격학습자들은 사회적 관계에 대한 책임과 시간 부족 간의 갈등, 가족들의 비협조, 또는 역으로 성공적인 목표달성에 대한 주변의 높은 기대로부터 오는 심리적 압박 등과 같은 어려움을 겪는다.

이스트몬드Eastmond의 연구에 따르면, 미국의 경우 사회적 관계 가운데서도 가족의 영향이 가장 강하며 이 영향력은 성gender에 따라 다르게 작용한다.[11] 일반적으로 교육에 높은 가치를 부여하는 가정에서는 가족 구성원의 원격학습에 대해서도 지지하는 경우가 많다. 가족 중에도 특히 배우자의 지원은 원격학습을 성공으로 이끄는 결정적인 변인이다. 문제는 남편의 원격학습은 부인의 지원을 받는 경향이 있지만 그 반대의 경우는 힘들다는 점이다. 가족들도 남성의 학위 취득은 가정에 득得을 가져오는 일로 기대하지만, 여성의 학위 취득에 대해서는 '글쎄'라는 소극적인 태도를 보인다. 성차에 따른 가족과 사회구성원의 이중적 태도는 부모역할, 경력관리, 고등교육에의 참여 등이 남성의 삶에서는 통합되어 공존하는 반면, 여성의 삶에서는 그렇지 못함을 보여 준다.[12]

역할 갈등

성인원격학습자의 또 다른 특성은 도움이 필요하지만 그 필요를 잘 드러내지 않는다는 점이다. 원격학습자들을 심층 인터뷰한 연구자들의 이야기를 들어 보자.

> 모든 학생들은 특정한 학습문제를 해결하기 위해 기회를 찾는 것처럼 보인다. 하지만 대부분의 경우 학생들은 교수자나 대학에 있는 관련 담당자와 직접 상호작용 하기를 꺼린다(Kelly & Shapcott, 1987: 7).[13)]

왜 그럴까? 이에 대한 하나의 대답은 '성인'과 '학습자' 역할 간의 갈등에서 찾을 수 있다.[14)] 보통 성인의 이미지는 책임감과 관련된다. 그러므로 성인학습자에게는 책임감 있게 자기 주도적으로 학습을 수행하는 역할이 기대된다. 하지만 현실 속의 성인학습자는 또 다른 모습을 보여 준다. '공부와 일과 가족' 생활을 병행하는 성인원격학습자의 대부분은 과제 수행과 시간 관리에 어려움을 느끼며 주변의 지원과 도움 없이는 학업을 지속하기 힘들다고 느낀다. 즉 학습자로서는 성인에게 기대되는 것과는 다른 의존적인 성향을 자신에게서 발견하게 되는 것이다. 이 두 역할의 갈등이 증폭될 때, 다시 말해 학생의 역할을 하면서 동시에 성인의 지위를 유지하는 것이 힘들어질 때, 원격학습은 중도 탈락으로 마감될 가능성이 높다.

원격학습자들이 캠퍼스 학생들에 비하여 제도화된 문화institutionalized culture에 익숙하지 않은 점도 이들이 도움을 요청하는데 주저하게 되는 원인이 된다. 제도화된 문화란 한 교육기관에 편재하는 문화적 규범norm을 말한다. 캠퍼스에 정기적으로 출석하는 학생들은 수업과 수업 이외의 활동을 통해서 자신도 모르게 한 교육기관의 문화적 규범들을 습득하게 된다. 하지만 이런 기회가 자연스럽게 주어지지 않는 원격학습자에게 대학과 같은 교육기관은 여전히 미지의 세계인 것이다. 이런 상황에서 원격학습자가 지원과 도움을 요청하는 행위에 대해 자기 의식적이 되는 것은 일면 당연하다. 경험적 연구는 특히 여성원격학습자들이 남성에 비해 대학의 교수자나 행정 직원의 권위로부터 위축되는 느낌을 받는 정도가 크다고 한다.[15]

허만Herrmann은 '내기' side-bet의 비유를 들어 성인원격학습자의 딜레마를 설명한다.[16] 성인학습자들은 문제를 해결하는 데서 오는 이득보다는 무지를 드러내는 것에 대한 창피함, 즉 '체면' 을 잃는 손해를 더 크게 느낀다는 것이다. 원격교육에 참여하는 것도 마찬가지로 설명될 수 있다. 즉 성인학습자들은 잃어버릴지도 모르는 시간, 노력, 돈, 가족, 친구와의 상호작용을 원격교육에 투자하는 셈이다. 따라서 원격교육 코스나 프로그램에 더 오랜 기간 동안 참여할수록 그 코스나 프로그램을 성공적으로 마치지 못했을 때 손해가 더 커진다.

허만은 원격교육에서의 탈락이 학기가 지남에 따라 현저히 줄어드는 것도 이런 이유로 설명한다. 학기가 상당히 지나서 탈락하는 것은 학습자의 입장에서는 정말 큰 손실이기 때문이다. 따라서 아이러니하게도 원격학습자의 불안과 부담감은 학기 초보다 학기 말에 더 높아진다.[17] 학습을 마쳐야 한다는 부담과 불안이 가중되는 것이다. 일반적으로 원격학습자의 불안 요인에는 가족, 일, 공부에 대한 책임감, 공부할 시간의 부족, 경제적 문제, 도서관이나 학습센터 등 자원으로부터의 물리적 거리, 출석 수업에 참석하기를 방해하는 정황 등이 포함된다.

따라서 성공적인 학습을 위해서는 우선 원격학습자가 교육기관의 문화에 성공적으로 입문하는 것이 중요하다. 이는 또 다른 형태의 '사회화' 로 볼 수 있다.[18] 그리고 교수자와 교육기관은 원격학습자에게 비학생non-student에서 원격학생distance student으로 자신의 정체성을 변화시킬 수 있도록 조력해야 한다. 인터뷰 자료들을 보면 놀랍게도 원격교육기관에 등록한 많은 학생들이 스스로를 '학생' 으로서 분명히 인식하지 않고 있음을 알 수 있다.[19] 원격교육 강의를 한두 과목 수강하는 것으로는 원격학습자로서의 정체감이 저절로 생기지는 않는 것이다. 이러한 학생으로서의 약한 정체감 역시 성인원격학습자의 특성이자 원격학습의 중도 탈락으로 이어질 수 있는 요인이 된다.

고립과 연결

불안과 부담 외에 '고립' 과 '외로움' 도 원격학습자의 심리적 특성을 설명하는 데 자주 등장하는 용어이다. 원격학습자의 고립isolation이란 대개 학습자원이나 지원으로부터의 고립을 의미한다.[20] 반면 외로움loneliness이란 '사회적 관계의 결핍에서 기인한 유해한 경험으로써의 주관적 감정' 으로 정의된다.[21] 즉 고립이나 외로움은 모두 '사회적 지원' 이나 '네트워크' 의 바깥에 있는 개인의 사회심리적 상태를 일컫는다. 여기서 사회적 지원이란 물질적 지원이라기보다는 '대인 간의 접촉 혹은 상보적인 사회적 교환으로부터 파생되는 일반적으로 유익한 인간적 성향의 한 측면' 을 가리킨다.[22]

자연히 원격학습자의 외로움에 대한 연구는 대인관계나 사회적 지원의 부족과 관련된다. 이는 상담심리학의 외로움에 대한 기본 전제와 맥락을 같이 한다.

> 외로움은 혼자 있다는 것과 동의어가 아니다. 그것은 사회적 관계들의 현존 혹은 부재 속에서 일어날 수 있다(McWhirter 1990: 418).[23]

따라서 일상 생활에서 외로움은 친밀한 우정의 부재, 참여할 수 있는 사회집단이나 네트워크의 부재, 소속감이나 환경과 연결되어 있다는 느낌의 부재를 통하여 경험된다. 쉽게 말해, 사회적 지원을 제대로 받지 못하는 사람들이 자신의 상태를 외로움으로 지각하는 것이다. 그리고 이 지각에는 개인의 성격, 관계에서의 자신감, 사교적 기술 등이 영향을 미친다. 즉 사회적 지원은 객관적인 정황이라기보다는 지원의 활용가능성과 그에 대한 만족감을 감지하는 개인차 변인에 따라 주관적으로 인지될 수도 있는 것이다.[24]

실제 연구도 외로움이나 고립감이 원격학습자들의 보편적인 정서라기보다는 개인차 변인에 상당 부분 의존함을 보여준다. 예를 들어, 전통적인 학교교육을 교육의 전형이라고 생각하는 학생들은 원격학습에 수반되는 상대적 고립감에 대해 상당한 불편함을 느낀다.[25] 또 다른 개인차 변인은 사교적 기술social skill과 관련된다. 크라냑Krajnc의 연구에 따르면, 사교성이 아주 높거나 반대로 아주 낮은 양극단에 있는 학습자 집단은 모두 (물론, 각기 다른 이유로) 원격학습에 잘 적응하지 못하는 것으로 나타났다.[26]

하지만 원격학습자의 외로움이나 고립감이 학업성취에 미치는 영향에 대해서는 연구가 드문 편이다. 아주 직접적으로 이 문제를 다룬 한 연구에 의하면, 심리학에서 개발된 일반적인 '외로움' 조사도구로 306명의 원격학습자들을 진단하고 이들의 외로움 정도와 학점 간의 관계를 살펴보았을 때, 이 두 변인 간에는 (통계적인 의미에서) 유의미한 관련이 없는 것으로 나타났다.[27] 하지만 이 연구를 수행했던 연구자들은 여전히 외로움이나 고립감이 원격학습에 대한 만족이나 학습과정에 영향을 미치리라고 추정한다.

중재된 소통상황에서의 외로움이라는 주제에 관해서는 원격교육 분야보다는 오히려 커뮤니케이션 연구 전통에서 더 많은 통찰을 얻을 수 있다. '메카노몰피즘' mechanormorphism에 관한 연구도 그 한 예가 될 수 있다. 메카노몰피즘이란 소통의 대상인 인간을 지각하는 양상이 컴퓨터 매체와 같이 기계를 지각하는 양상과 유사할 때 그 지각적 혼돈을 가리키는 말이다.[28] 온라인 수업의 게시판 이용을 예로 들어 보자. 이 경우 같은 내용이라도 아주 친밀하게 쓰인 메시지를 받은 집단보다 아주 사무적으로 쓰인 메시지를 받은 집단이 메카노몰피즘을 느끼는 정도가 높을 것이라는 가정을 해 볼 수 있다. 즉 후자의 집단은 전자의 집단에 비해 사람과 직접 상호작용한다는 느낌을 덜 갖게 되는 것이다. 이런 연구는 대인 접촉의 부족 뿐만 아니라 소통 스타일의 단조로움도 원격학습자의 외로움을 초래할 수 있음을 시사한다.

또한 외로움과 사회적 지원을 따로 연구하기보다는 이 두 현상을 포괄하는 상위 구인으로써 '사회적 연결성' social connectedness 구인에 초점을 맞추는 심리학의 접근도 원격학습자 연구에 의미 있는 시사점을 준다. 사회적 연결성이란 개인이 세계와 긴밀한 관계에 있다는 주관적 의식이다. 일반적으로 사회적 연결성이 높은 사람은 자신의 요구나 감정을 인지적으로 잘 처리한다. 반면, 사회적 연결성이 낮은 사람은 자아개념이 낮고 불안과 우울증을 경험하기 쉽다. 이 연결성 개념은 다음에서 살펴 볼 원격학습자의 탈락 연구에서 등장하는 '통합' integration 구인과 유사한 기능을 한다.

탈락과 성공

'탈락' drop-out은 의도했던 코스나 프로그램을 마치지 못하고 학습자가 스스로 중도에서 학습을 포기하는 것을 의미한다. 보통 원격교육 분야에서 탈락은 학습자에게나 교육 프로그램 제공자 모두에게 '실패' 를 의미하고, 코스를 마치는 것은 '성공' 으로 간주된다. 전통적인 교육에서 교육의 결과는 대부분 학업성취로 측정되지만 원격교육에서는 학업성취 못지않게 중요한 결과 변인이 학습자의 중도 탈락 여부

이다. 그만큼 학생 탈락은 원격교육 분야에서 심각한 문제이고 많은 관심을 받아온 연구주제이다.[29]

원격교육에서 탈락에 관한 연구의 이론적 배경은 뒤르껭Durkheim의 '자살이론'으로 거슬러 올라간다.[30] 간략히 말해 뒤르껭은 개인에게 있어 두 가지 종류의 사회적 통합이 결여될 때 자살에 이를 수 있다고 보았다. 하나는 도덕적 통합이고 다른 하나는 집단에의 소속에 의한 통합이다. 이 후자에 초점을 두고 틴토Tinto는 뒤르껭의 이론을 고등교육의 맥락에 적용하여 학생 탈락을 설명하고자 하였다.[31] 틴토에 따르면, 학생들이 의도했던 학위를 마치지 못하고 교육기관을 떠나는 것은 학문적 통합과 사회적 통합에 실패했기 때문이다. '학문적 통합' academic integration의 결과는 학점이나 지적 성장 등으로 나타난다. 그리고 '사회적 통합' social integration은 동료와의 그룹 활동, 교과 외 활동에의 참여, 교수나 행정직원들과의 상호작용에 관여한 정도로 측정된다. 따라서 '교수자, 동료학습자 그리고 기관과의 통합 정도가 높은 학생이 그렇지 않은 학생보다 탈락할 확률이 낮다'는 것이 틴토의 이론적 가정이 된다.[32]

켐버Kember는 틴토의 이론적 모형을 원격교육 맥락에 적용하여 학생 탈락 혹은 코스 이수 과정을 설명한다.[33] 켐버 역시 학문적 통합과 사회적 통합이라는 이론적 구인을 사용했다. 하지만 그 의미는 원격학습과 원격학습자의 정황에 맞게 변형된다. 켐버 모형에서 학문적 통합이란 튜터, 코스 개발자 등 교수진과 이루어지는 모든 형태의 접속을 포함한다. 그리고 사회적 통합이란 '원격학습과 가족, 직장, 사회적 요구 등을 통합시킬 수 있는 정도'로 정의된다. 즉 켐버 모형에서의 '사회적'이란 원격학습자가 가정과 직장에서 받을 수 있는 정서적 지원을 의미한다.

그림 8-2에서 보는 바와 같이 켐버의 모형에 의하면 학문적·사회적 통합 구인은 학습자의 배경변인과 학습결과 변인을 매개하는 역할

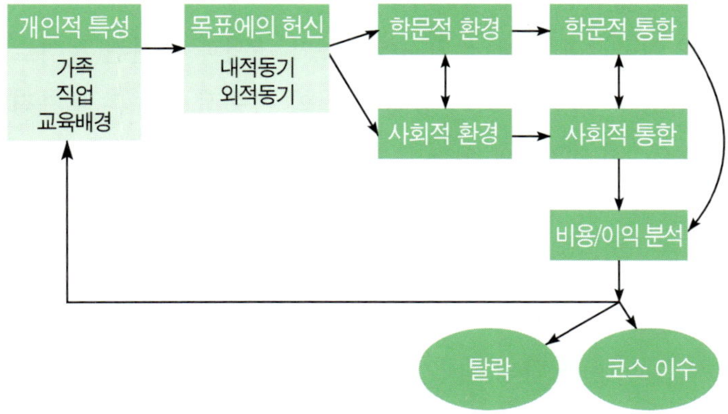

그림 8-2. 캠버의 원격학습자 탈락 모형
출처: Kember(1989: 197)

을 한다. 후에 켐버는 이 모형을 약간 수정하여 학문적 통합과 사회적 통합 구인이 각각 독립적으로 학습자 배경변인과 학습결과 변인을 매개하는 것이 아니라, 사회적 통합 정도가 학문적 통합의 정도에 영향을 미치고 이 학문적 통합(학점으로 측정) 변인이 탈락과 지속 결정에 영향을 미치는 패스 모델path model을 제시한다.[34)]

그런데 이러한 이론적 모형이 실제 원격학습자의 탈락 혹은 학업 지속을 어느 정도 설명해 줄 수 있을까? 한국 OU의 맥락에 있는 원격학습자의 학업지속을 연구한 결과에 의하면 켐버의 이론과는 다소 상이한 양상이 관찰된다.[35)] 원격학습자의 1년 후 실제 등록상태를 확인하여 학업지속에 영향을 준 변인들을 분석한 종단적 연구의 결과는 다음과 같이 요약된다. 첫째, 학문적 통합을 상징하는 학점 변인은 학업지속에 영향을 미치지 않았다. 둘째, 면대면 상호작용에의 참여도는 학업지속을 예언하는 강력한 변인이었다. 셋째, 사회적 통합 정도는 학점 변인과는 긍정적인 상관이 있었으나, 학업 지속 여부와는 미미하지만 부정적인 상관관계가 있었다.

이러한 연구결과는 한국 원격학습자의 특성과 관련된 흥미로운 일면을 보여준다. 특히 사회적 통합 변인의 이중적 기능은 부가적인 설명을 요한다. 사회적 통합의 정도와 학점이 긍정적인 상관을 보였다는 것은 학습자들이 가족, 친구, 직장으로부터 원격학습에 대한 정서적 지원을 많이 받을수록 학업성취가 높게 나타난다는 것이다. 반면, 사회적 통합 변인은 학업지속 여부에는 부정적인 영향을 미쳤다. 왜일까? 앞서 살펴본 허만의 '내기' side-bet이론에 의하면, 원격학습자들은 타인의 기대와 지원을 많이 받을수록 자신이 학업을 성공적으로 마치지 못했을 때 오는 실망에 대해 부담을 느끼게 된다. 따라서 성공할 가능성, 다시 말해 학업을 지속할 자신이 없을 때는 아예 등록 자체를 하지 않는 결과를 낳는 것이다. 하지만 일단 학업을 시작한 후에는 사회적 통합 변인은 부담인 동시에 동기요인이 되어 학점에 긍정적인 영향을 준다는 해석이 가능하다.

원격학습의 지속에는 위에서 살펴 본 개인적 요인 뿐만 아니라 기관과 제도적 요인도 영향을 미친다. 콜드웨이Coldeway는 원격학습의 성공에 영향을 미치는 요인으로 다음 네 가지를 들고 있다.[36]

- 개인요인: 인구통계적 배경과 경험들
- 등록이유: 원격코스에 등록하게 된 이유들
- 기관요인: 휴학, 학업연한 등 기관의 정책과 관련된 사항들
- 코스요인: 코스 설계 및 전달 방법과 관련된 사항들

개인요인에 관한 연구는 주로 기술적記述的이며, 학생 프로파일 student profile 제시의 형태로 나타난다. 즉 탈락한 학습자 집단과 지속한 학습자 집단의 인구통계적 특성을 비교하여 어떤 요인이 그 차이를

만들었는지를 분석하는 것이다. 이 프로파일에는 성, 연령, 학력, 공식교육으로부터 떠나 있었던 시간, 고등학교 성적, 이전 원격교육 경험 유무 등이 포함된다. 하지만 대개의 경우 이런 배경변인들의 탈락 현상에 대한 설명력은 10% 내외로 아주 제한적인 편이다.

등록이유는 원격학습에 대한 개인의 동기와 관련된다. 성인학습자의 경우 이 동기 요인은 주로 직업이나 경력개발 혹은 학위에 대한 열망과 관련됨을 살펴보았다.

기관요인은 학사운영과 관련된 정책으로 실현되기 때문에 학습자의 탈락을 규정하는 요인이 될 수 있다. 영국 OU의 경우는 등록 초기에 튜터-카운슬러 서비스를 제공하여 'OU에서 공부하는 방법' 에 대해 집중적으로 지도한다. 학생탈락률이 등록 초기에 특히 높기 때문이다.[37] 한국방송통신대학의 경우는 학습자가 세 번 연속해서 등록하지 않았을 때 비로소 탈락이라고 규정하며 그 전에는 '미등록생' 으로 분

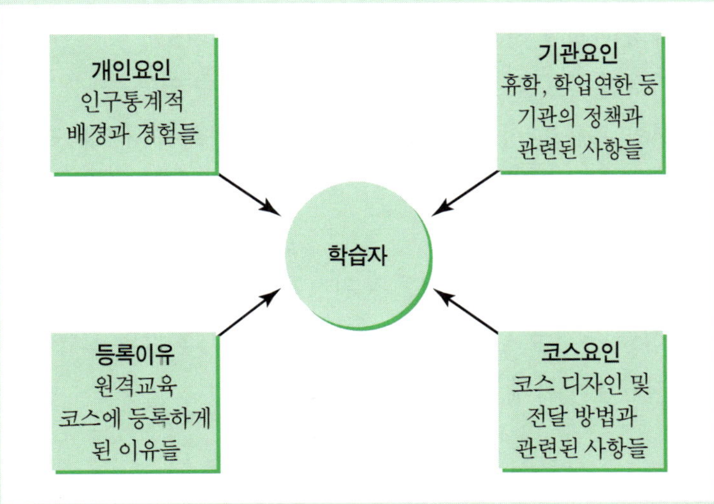

그림 8-3. 원격학습의 성공에 영향을 미치는 요인들
출처: Coldeway(1986: 91)

주

류하는 정책을 갖고 있다.[38)]

코스요인은 교과목별 특성에 따른 탈락을 설명할 수 있는 요인이다. 같은 기관에서 제공하는 원격교육 코스라도 교과목의 내용과 그 내용이 설계된 방식 그리고 전달매체와 교수자의 역량에 따라 학습자의 지속과 탈락률에 차이가 날 수 있다. 따라서 코스 간의 절대적인 비교는 불가능하지만 원격교육기관의 경영자들은 코스별 탈락률에 민감한 관심을 보인다.

위의 네 가지 요인 가운데 기관요인과 코스요인은 교육 프로그램 제공자의 노력으로 변화를 가져올 수 있는 영역이다. 반면 개인요인이나 등록이유와 관련된 영역은 단시간에 변화를 가져오기가 힘들다. 하지만 학습의 주체는 결국 개인 학습자이므로 이들 스스로의 노력 없이는 성공적인 원격학습을 달성하기 힘들다. 성공적인 원격학습을 위해 개별 학습자가 노력해야 할 사항은 다음과 같이 요약할 수 있다.

- 성공할 수 있다는 자신감
- 학습의 과정과 지적인 자극을 즐길 수 있는 태도
- 장기적인 목표를 갖고 학업을 지속해 나갈 수 있는 능력
- 자신의 목표 달성에 필요한 직장, 가족, 사회적 네트워크로부터의 지원 확보

대개의 경우 원격교육의 성공은 원격학습의 성공에 달려있고, 원격학습의 성공은 결국 원격학습자에게 달려있다. 그 밖의 모든 것들은 이들을 지원하기 위해 존재한다.

주

1) Lambert, M. & Ludlow, N.(2000). The home study inheritance. In M. Moore & N. Shin(Eds.). *Speaking Personally about Distance Education*(pp. 7~11). State College: American Center for the Study of Distance Education.

2) Rawaf, H. S. A. & Simmons, C.(1992). Distance higher education for women in Saudi Arabia: Present and proposed. *Distance Education*. 13(1), 65~80.

3) Indira Gandhi National Open University. http://www.ignou.ac.in/

4) Heinze, T.(1983). The social and psychological milieu of distance students. *Distance Education*. 4(1), 53~62.

5) Eastmond, D. V.(1995). Chapter 2, The Distance Students. In *Alone But Together: Adult Distance Study Through Computer Conferencing*(pp. 19~59). Cresskill: Hampton.

6) Krajnc, A.(1988). *Social isolation and learning effectiveness in distance education*. Hagen: FernUniversitat.

7) Huberman, A. M.(1974). *Permanent Education: Some Models of Adult change*. Council of Europe.
Kennedy, D. & Powell, R.(1976). Student progress and withdrawal in the Open University. *Teaching at a Distance*. 7, 61~75.

8) Saunders, N. G., Malm, L. D., Malone, B. G., Nay, F. W., Oliver, B. E. & Thompson, J. C.(1997). *Student perspectives: Responses to internet opportunities in a distance learning environment*. Paper presented at the Annual meeting of the Mid-Western Educational Research Association, Chicago, IL.

9) phobia. 공포증이란 의미.

10) Heinze(1983)

11) Eastmond(1995)

12) Grace, M.(1994). Meanings and motivations: women' s experiences of studying at a distance. *Open Learning*. 9(1), 13~21.

13) Kelly, M. & Shapcott, M.(1987). Towards understanding adult distance

주

learners. *Open Learning*. 2(2), 3 ~ 10.

14) Garland, M. R.(1994). The adult need for "personal control" provides a cogent guiding concept for distance education. *Journal of Distance Education*. IX(1), 45 ~ 59.

15) Kelly & Shapcott(1987)

16) Herrmann, A.(1988). A conceptual framework for understanding the transitions in perceptions of external students. *Distance Education*. 9(1), 5 ~ 26.

17) Jegede, O. J. & Kirkwood, J.(1994). Student' s anxiety in learning through distance education. *Distance Education*. 15(2), 279 ~ 290.

18) Herrmann(1988)

19) Kennedy & Powell(1976)

20) Billings, D. M.(1988). A conceptual model of correspondence course completion. *The American Journal of Distance Education*. 2(2), 23 ~ 35.

21) Lee, R. M. & Robbins, S. B.(1995). Measuring belongingness: The social connectedness and the social assurance scales. *Journal of Counseling Psychology*. 42(2), 232 ~ 241.

22) Newcomb, M. D.(1990). Social support by many other names: Towards a unified conceptualization. *Journal of Social and Personal Relationship*. 7, 479 ~ 494.

23) McWhirter, B. T.(1990). Loneliness: A review of current literature, with implications for counseling and research. *Journal of Counseling & Development*, 68(March/April), 417 ~ 222.

24) Sarason, I. G., Sarason, B. R. & Shearin, E. N.(1986). Social support as an individual difference variable: Its stability, origins and relational aspects. *Journal of Personality and Social Psychology*. 50(4), 845 ~ 855.

25) Krajnc(1988)

26) Krajnc(1988)

27) Pugliese, R.(1995). *The loneliness of the long distance learner*. Paper presented at the Distance Education Symposium 3: Learners and Learning. University Park, PA: The Pennsylvania State University.

28) Shamp, S. A.(1991). Mechanormorphism in perception of computer communication partners. *Computer in Human Behavior.* 7, 147~161.

29) Garrison, D. R.(1997). Computer conferencing: the post industrial age of distance education. *Open Learning.* June, 3~11.

30) Durkheim, E.(1961). *Suicide.* J. Spaulding & G. Simpson(trans.). Glencoe: The Free Press.

31) Tinto, V.(1975). Dropout from higher education: A theoretical synthesis of recent research. *Review of Educational Research.* 45(1), 89~125.

32) Bean, J. P. & Metzner, B. S.(1985). A conceptual model of nontraditional undergraduate student attrition. *Review of Educational Research.* 55(4), 485~540.

33) Kember, D.(1989). An illustration, with case studies, of a linear-process model of drop-out from distance education. *Distance Education.* 10(2), 196~211.

34) Kember, D., Murphy, D., Siaw, I. & Yuen, K. S. (1991). Towards a casual model of student progress in distance education: Research in Hong Kong. *The American Journal of Distance Education.* 5(2), 3~15.

35) Shin, N. & Kim, J.(1999) An exploration of learner progress and drop-out in Korea National Open University. *Distance Education.* 20(1), 81~95.

36) Coldeway, D. O.(1986). Learner Characteristics and success, In I. Mugridge & D. Kaufman(Eds.) *Distance Education in China*, New Hampshire: Croom Helm.

37) Kenney & Powell(1976)

38) Shin & Kim(1999)

제9장 테크놀로지

기술에 대한 전망
기술결정론
디자인결정론
시장결정론

1825년 조지 스티븐슨이 만든 로코모션(locomotion)이란 이름의 증기 기관차가 영국의 스톡턴과 달링턴 사이를 시속 24킬로미터로 주파했을 때 당시 사람들은 이 속도에 어지러움을 느낄 정도였다고 한다(이영준, 2006).[1]

원격교육을 첨단 테크놀로지를 활용한 교육이라고 정의하는 것은 원격교육에 대한 그릇된 이미지를 심어주기 쉽다. 첨단이란 이미지는 상대적이고, 문화적으로 형성되기 때문이다.

'테크놀로지', '첨단 기술' 혹은 '첨단 매체' 등은 현 단계 원격교육 분야의 이미지를 규정하는 대표적인 용어이다. 원격교육이 첨단 매체의 응용에 적극적인 것은 사실이지만 원격교육의 실천이 반드시 첨단 매체의 활용과 관련되는 것은 아니다. 그런데 왜 이런 논리의 도치가 자연스럽게 확산되는 걸까? '첨단'이란 현재의 기술수준에서 가장 정교하고 새로운 것을 지칭하는 것이다. 하지만 원격교육의 역사는 현재의 첨단 매체는 곧 그 자리를 더 새로운 매체에 넘겨준다는 것을 보여준다. 따라서 첨단 기술을 원격교육에 어떻게 응용할 것인가라는 질문에 앞서 탐구해야 할 좀 더 근본적인 질문은 기술에 대한 인간의 인식과 태도의 문제이다. 이 장에서는 원격교육과 기술은 대체 어떤 관련을 갖는가라는 포괄적이고 근본적인 질문을 다룬다.

기술에 대한 전망

'기술' technology의 의미는 시대마다 다르게 발전해 왔다. 18세기에는 예술art과 구별하여 산업상의 숙련된 기술skill이나 기교craft라는 뜻으로 사용되었고, 19세기에는 주로 기계공학적 기술이나 산업 기술을 지칭했다.[2] 20세기에 들어와 기술은 산업공학적 의미에서 도구, 기구, 기계를 가리킬 뿐만 아니라, 이런 인공물을 설계하는 데 필요한 지식, 조직, 방법, 시스템 등을 포괄적으로 의미하게 되었다.

현재 원격교육 분야에서 가장 주목 받고 있는 기술은 문자기술, 인쇄기술에 이어 커뮤니케이션 혁명의 마지막 단계라고 불리는 '정보기술' Information Technology: IT이다. IT 기술 가운데서도 컴퓨터와 인터넷 등 디지털 매체에 관한 논의가 현재 기술매체 논의의 대부분을 차지한다. 이런 논의는 교육이나 훈련에 대하여 정부나 회사, 학교가 기관의 전 시스템을 통하여 하나의 기술에 대해 지나치게 투자하려는 독점매체 열풍monomedia mania을 불러 오기도 한다.[3] 문제는 이러한 경향이 실증적인 연구나 효과에 대한 증거 없이도 자연스럽게 대중과 학자 집단에게 모두 설득력을 갖는다는 것이다. 왜 그럴까?

IT 혁명으로 대변되는 정보기술은 원격교육 행정에 있어서 다음과 같은 이점을 가져올 것으로 기대되었다.[4]

- 생산성, 효율성 증가
- 혁신과 생산에서의 리더십
- 보다 질 좋은 서비스
- 보다 나은 의사결정
- 보다 나은 관리와 조정
- 보다 나은 직원 개발과 훈련

이러한 전망은 IT 기술이 원격교육의 실천에 관련된 거의 모든 문제를 해결해 줄 수 있는 '만병통치약' 과 같다는 인상을 준다. 하지만 이러한 '기술만능론' 에 대한 반작용으로 기술 이용에 의해 좌우되는 원격교육의 실천에 대해 비판적인 목소리도 만만치 않다.[5] 이러한 정황에서 베이츠Bates는 새로운 기술과 그 영향에 대한 '흥분과 맹신' 혹은 '냉소주의와 거리두기' 의 극단적 경우를 지양하고 기술적 변화가 원격교육에 미칠 영향에 대해 균형 잡힌 시각을 갖출 것을 종용한다.[6]

> 새로운 기술이 반드시 열린학습과 연결되지도 않고 또 그런 방식으로 사용되리라는 것을 보장할 수도 없다. 조심스런 관리와 디자인이 없다면 기술은 부자와 빈자 간에 접근성에 있어 차이를 더 크게 할 수 있다. 그것은 문화적 제국주의와 교육과정의 미국화로 이끌 수 있다. 그것은 심지어 강력한 다국적 기업에 의해 공교육체계를 파괴할 수도 있다(Bates, 1997: 95).

일반적으로 원격교육에서 기술을 이용하는 근거는 다음 네 가지 측면에서 거론된다.[7)]

- 교육과 훈련에의 접근성을 높인다.
- 학습의 질을 향상 시킨다.
- 교육의 비용을 줄인다.
- 교육의 비용-효과성을 높인다.

하지만 특정 기술의 이용이 반드시 위와 같은 결과를 가져온다고 보장할 수는 없다. 예를 들어, '접근성' 문제에 있어 인터넷 같은 첨단매체의 이용이 반드시 교육과 훈련에 대한 기회확대의 면에서 긍정적으로 작용하지는 않는다. 오히려 온라인에의 접근성이 어려운 학습자 집단을 더 소외시킬 가능성도 다분하다. '학습의 질' 도 기술이용에 의해 저절로 보장되거나 향상되지 않는다. 학습의 질을 향상시키기 위해서는 교육 프로그램에 대한 세심한 기획과 관리가 필요하고 그 결과를 확인하기 위한 평가와 연구가 뒤따라야 한다.

교육비용을 줄일 수 있다는 전망도 마찬가지다. 이는 주로 교수인력이나 행정인력을 기술매체에 의한 자동화 프로그램으로 대체하고자 할 때 자주 등장하는 논리이다. 하지만 기술매체가 교수인력을 대체함으로써 발생할지도 모를 학습효과의 저하를 감안한다면 교육비용을 줄이는 것이 반드시 바람직하지만은 않다. 또한 이러한 사안에 대해서는 정책 결정자, 기관의 운영자, 교수자, 그리고 학습자의 입장이 서로 상충될 수도 있다.

교육의 비용-효과성 논의는 단순히 비용을 줄이겠다는 차원이 아니라 비용 대비 학습효과를 고려한다는 점에서 앞서 논의했던 교육비용을 줄일 수 있다는 근거와는 차이가 있다. 기술매체가 원격교육의 비용-효과성에 어느 정도 공헌하느냐에 대해서는 이용되는 매체와 기관이 처한 사회적 맥락에 따라 논의가 달라진다. 하지만 현재는 기술이용이 원격교육의 비용-효과성을 높일 수 있다는 전망이 가장 설득력을 얻는 것처럼 보인다. 이는 또한 교육 정책자나 학교행정가들이 원격교육 분야에 일차적인 관심을 갖게 되는 이유이기도 하다.

기술결정론

원격교육 뿐만 아니라 교육 분야에서 드러나는 기술적 전환에 대한 최근의 열풍은 기술을 역사 발전의 주요한 동인으로 보는 '기술결정론' technological determinism의 관점을 반영한다. 기술결정론은 기술 일반, 특히 소통기술communication technology을 다양한 양상의 사회조직이 기반하는 근본 조건으로 본다.[8] 인쇄술이나 텔레비전 혹은 컴퓨터가 '사회를 바꾼다' 혹은 '세계를 바꾼다' 와 같은 표현은 기술결정론을 대변하는 전형적인 표현이다. 여기서 기술이란 '기계' 가 아니라 상징을 표상하고 전달하는 '매체' 로써 이해된다.

> 인쇄매체, 컴퓨터, 텔레비전은 정보를 전달하는 단순한 기계가 아니다. 이들은 메타포이다. 우리는 이 메타포를 통하여 현실을 개념화하게 된다. 우리는 이 매체를 통하여 세계를 분류하고, 구성하고, 확대시키고, 축소시키고, 또 세계에 대해 주장할 것이다. 우리는 세계를 있는 그대로 보는 것이 아니다. 우리가 선택한 매체의 코딩 체계에 따라 세계를 보는 것이다. 이것이 정보의 형태가 주는 힘이다 (Postman, 1979: 39).[9]

닐 포스트만Neil Postman에 의하면, 기술의 의미는 그 기술이 사용자에게 행사하는 자율적인 힘에 있다. 달리 말해, 우리가 이용하는 도구가 우리의 세계관에 영향을 미칠 때 그 기술이 우리에게 의미를 가진다는 것이다. 기술결정론의 핵심은 기술을 이용하는 방식이 이용자보다는 기술 그 자체의 구조에 의해 결정된다는 것이다. 즉 매체 자체가 이데올로기적 편향을 갖는 것이다.

> 펜을 가진 사람에게는 모든 것이 리스트로 보인다. 카메라를 가진 사람에게는 모든 것이 이미지로 보인다. 컴퓨터를 가진 사람에게는 모든 것이 데이터로 보인다(Postman 1993: 14).

마셜 맥루언Marshall McLuhan 역시 사회의 주요 변화를 결정하는 요인으로써 소통매체의 변화에 주목했다.[10] "미디어는 메시지다"라는 말에서 맥루언이 의미한 것은 내용을 전달하는 도구로써의 매체가 아니라 특정한 매체의 등장이 수반하는 사회적 '파급효과' 이다.

> 여기서 우리가 고찰하고 있는 것은 디자인이나 유형들이 기존의 과정들을 증폭시키거나 가속화했을 경우 초래할 정신적 · 사회적 결과들이다. 왜냐하면 어떤 미디어나 기술의 메시지는 결국 미디어나 기술이 인간사(人間事)에 가져다 줄 규모나 속도 혹은 유형의 변화이기 때문이다. 예를 들면 철도는 이동, 수송, 바퀴, 길 등을 인간사회에 가져오지는 않았다. 그러나 철도는 그것이 등장하기 전까지 있던 각종 기능들의 규모를 가속화시키고 확대해 완전히 새로운 종류의 도시들과 노동과 여가 생활을 창출해 냈다. 이런 일은 철도의 가설 지역이 적도 지대냐 한대 지대냐와는 무관하게 일어났으며, 철도라는 미디어가 운반하는 화물이나 내용이 무엇인가와도 관계없는 일이었다(맥루언, 1964; 김성기, 이한우(역), 2002: 36).

예를 들어, 맥루언식으로 해석하자면 오늘날 영화 기법으로 친숙한 파노라마적 시각은 이와는 전혀 무관할 것 같은 기차여행의 대중화와 더불어 발달한 것으로 볼 수 있다.[11] 즉 기차여행은 관객이 풍경에 속하지 않은 채 관조의 자세로 현실을 바라보는 관점을 발달시킨 것이다. 하지만 KTX의 속도는 더 이상 이런 여유를 주지 않는다. 풍경은 그냥 스쳐지나가고 관객은 더 이상 '지리적 참조점'을 찾을 수가 없다. "기계적 패러다임의 차이가 다른 풍경을 만들어내는 것이다".[12]

이와 마찬가지로 새로운 기술은 현실을 인식하는 데 있어 기존과는 다른 관점을 가져온다. 왜냐하면 기술매체는 단순히 어떤 내용을 전달하려는 '수단' 혹은 '도구'가 아니라 인간이 세계를 인식하고 이해하기 위해 사용하는 상징을 조작하는데 관여하기 때문이다. 기술과 인간, 그리고 기술과 사회의 관계를 비판적으로 이해해야 하는 이유가 여기에 있다. 이런 관점은 매체의 성격을 도구나 수단으로 여기고, 중요한 것은 내용이나 교과라고 믿어온 교육학계의 이해 방식에 상당한 도전을 가져온다. 심지어 맥루언은 "우리는 다름 아닌 미디어의 '내용' 때문에 그 미디어의 성격을 파악하는 데 방해를 받는다"고 주장한다.[13]

기술자율성

기술자율성technological autonomy이란 현대 기술의 특징으로써 복잡하고 상호의존적인 기술 시스템이 사회보다는 기술 그 자체에 의해 형성됨을 지칭한다.[14] 기술자율성은 결국 기술결정론과 그 철학적 입장을 같이 한다. 미미한 차이가 있다면, 기술결정론은 역사 발전의 동인을 설명하는 데서 연유한 반면, 기술자율성은 근대 혹은 후기 근대 사회에서 기술에 의해 지배당하는 사회적 양태를 강조하는 개념이다.

> 기술은 사회적 산물로써 사회의 필수적인 부분이라기보다는 그 자체로 독립적이고, 자기 통제적이고, 자기 결정적이고, 자기 생산적이고, 자기 추동적이고, 자기 영속적이고, 자기 확대적인 힘으로써 제시된다. 그것은 인간의 통제를 벗어난 것처럼 보인다. 그리고 그 자체의 동기화에 의해 변화되고 맹목적으로 사회형태를 결정한다(Chandler, 2000).

원고가 작가의 손을 떠나면 작가로부터 자율적이 된다. 출판된 원고의 해석은 독자의 몫이며 작가의 직접적인 통제 바깥에 있게 된다. 이것이 책의 자율성이라면, 기계나 기술의 자율성도 마찬가지다. 궁극적으로 인간이 기술을 창조한다. 하지만 기술이 일단 창조되면 그것 자체의 힘에 의해 생명성을 유지하게 된다는 것이 기술자율성의 요지이다.

> 기술이 자율적이라는 표현은 자동차가 운전자 없이 혼자 돌아다닌다거나 기계가 생각하는 능력을 가지게 되었다는 말이 아니라, 기술발전이 기술 시스템의 관성에 의해 지속되고, 그 과정에 인간이 개입할 수 없다는 뜻이다. 오늘날 기술사회를 이끌어가는 거대한 기술 시스템은 인간들에 의해 조정되기보다는 효율성의 법칙에 따라 운영되고 발전한다. 인간의 가치나 필요는 효율성 논리 앞에 무력하다. 더 빠른 컴퓨터와 더 얇은 핸드폰이 꼭 필요해서 구입하는 것은 아니다. 필요에 의해 기술이 만들어지는 것이 아니라 기술이 필요를 창출한다. 누가 지하철에서 텔레비전을 보는 것을 그렇게 간절히 소망했던가?(손화철, 2006)[15]

문제는 기술이 인간 통제의 바깥에 있을 수 있기 때문에 그 부작용을 예측할 수 없다는 것이다. 쟈끄 엘륄Jacque Ellul은 기술적 진보가 가져올 수 있는 예측 불가능한 결과의 위험성을 경고하면서 '테크닉은 그것이 어떻게 사용되는가와는 별도로 그 자신의 효과를 지닌다' 고 주장한다.[16] 엘륄이 말하는 '테크닉' technique은 테크놀로지보다 더 추상적인 개념으로써 인간 행위의 모든 분야에 있어서 '합리적으로 도달한 방법들의 총체성' 을 의미한다. 엘륄에 따르면, 기술개발은 좋지도, 나쁘지도, 중립적이지도 않다. 기술은 그것이 어떻게 이용되는지와 관계없이, 그것 자체에 관한 긍정적 그리고 부정적 결과를 가진다.[17] 엘륄의 논리를 확대하면, 인간은 기술개발을 받아들일 수도 없고 거부할 수도 없게 된다. 기술 시스템의 자체 역학에 의해 결정되는 문제이기 때문이다.

포스트만 역시 기술이 중립적이지 않고 그 효과는 항상 예측할 수 없다고 주장한다. 하지만 '그래서 우리는 어떤 태도를 취해야 하는가' 라는 현실적인 문제에 대해서는 엘륄보다는 좀 더 실제적인 통찰을 준다. 예를 들어, 포스트만은 새로운 기술이 등장할 때마다 다음과 같은 비판적 질문을 던져보라고 제안한다.[18]

새로운 기술에 대한 비판적 질문들

- 새로운 기술이 해결해 줄 수 있는 문제가 무엇인가?
- 그것은 누구의 문제인가? 누가 그 문제해결로부터 이득을 얻는가? 누가 그 문제해결에 소용되는 비용을 지불해야 하는가?
- 그 문제를 해결함으로써 어떤 새로운 문제가 생겨날 수 있는가?
- 그 기술적 해결에 의해 가장 심각하게 타격을 입을 수 있는 사람이나 기관은 누구인가?
- 새 기술에 의해 언어에서는 어떤 변화가 수반되는가? 그리고 어떤 새로운 의미가 생기는가?
- 새 기술을 통해 어떤 부류의 사람들(혹은 기관들)이 권력을 획득하고 경제적 이득을 얻을 것인가?

기술명령

기술자율성과 관련되는 또 다른 가정은 특정한 기술 개발이 일단 시작되면 멈출 수 없다는 것이다. 이 불가피성inevitability은 기술명령technological imperative의 교리를 띤다.[19] 즉 '우리가 원하건 원하지 않건', '기술적으로 가능하기 때문에', '불가피하게', '언젠가는' 그 기술이 실현될 것이라는 어투로 기술에 대해 쓰고 말하는 것이다. 이와 같은 결정적인 언어deterministic language는 새로운 기술의 확산을 종용할 때 자주 사용된다. '정보혁명은 이미 진행되고 있다. 우리의 과제는 그것에 대응하는 방법을 배우는 것이다' 라는 논리 역시 기술명령적 어법이다. 이와 같이 기술명령은 특정 기술을 받아들이는 것이 자연스럽고 당연한 것처럼 보이게 한다. 특히 유전자 복제 같은 미래 기술에 대해서 이야기 할 때 이런 논법을 자주 발견할 수 있다. 실제로 '(기술적으로) 할 수 있기 때문에 때가 되면 할 것이다' 는 말은 원자폭탄의 이용에 대한 존 폰 노이만John von Neumann의 경고였다.[20]

기술명령적 표현이 꽤 익숙하게 들린다면, 그것은 곧 우리가 기술자율성과 기술결정론의 전제에 익숙하다는 의미가 된다. 예를 들어, 우리는 종종 꼭 필요해서가 아니라 '사용하지 않기에는 그 유혹이 너무도 강력해서' 혹은 '모두가 사용하기 때문에' 어떤 기술이나 매체를 사용하게 되기도 한다. 인터넷 기술에 대한 교육계의 반응도 마찬가지다. 이는 기술선택이나 사용에 있어 당장의 도구적 가치가 장기적으로 영향을 미칠 윤리적 · 사회적 가치를 제압한 상태를 보여준다. 즉 기술은 목적에 대한 수단이기보다는 목적 그 자체가 된 것이다.

> 기술적으로 달콤하기 때문에 특정한 문제를 추구하는 이들은 이 기술명령을 추종하는 셈이다. 그것은 윤리적 판단이나 사회적 통제의 유예를 함의한다. 개인과 사회는 그들의 목적을 결정하는 기술적 체제의 요구사항들에 봉사하는 것으로써 간주된다(Chandler, 2000).

이쯤되면 예측할 수 있다시피, 기술자율성 논의와 기술결정론적 시각은 기술을 신비화시키며 인간을 무력화시킨다는 비판을 야기한다. 실제로 이런 관점은 기술은 스스로 의지를 가지고 작동하는 실체인 반면, 인간은 그 작동 기제에 대해 통제력을 상실한 존재인 듯한 인상을 준다. 달리 말하면, 기술의 자율성을 지나치게 강조한 나머지 인간의 자율성이 고려될 여지에 대해서는 그리 낙관적이지 않다는 비판이 가능하다. 또한 기술결정론은 환원주의reductionism의 오류를 범하고 있다는 비판도 면할 수 없다. 이는 곧 사회변화를 가져오는 다양한 요인들을 기술이라는 하나의 요인으로 축소 또는 환원시키는 관점에 대한 문제제기이다.

디자인결정론

기술결정론에 대항하는 비평가들은 종종 기술은 그 자체로써 어떤 가치를 가지는 것은 아니라고 한다. 즉 기술은 '중립적' 이며 중요한 것은 그것을 이용하는 사회문화적 영향이나 개인의 의지나 방법에 달려있다는 입장을 편다. 사회문화적 영향을 강조하는 입장을 흔히 '사회문화결정론' 이라고 칭하므로, 개인의 기술 이용 방법을 부각시키는 입장을 이 책에서는 편의상 '디자인결정론' 이라 하자. 이 두 입장은 모두 기술이용에 대해 좀 더 낙관적인 태도를 취한다. 기술이용의 결과에 대한 책임 소재 또한 인간에게서 찾는다. 인간이 기술이용을 주도할 수 있다고 믿기 때문이다. 예를 들어, 교수설계가 학생들의 학습에 변화를 가져오리라고 믿는 교육공학 분야의 입장도 바로 이 디자인결정론에 속한다고 볼 수 있다.

> (과학)기술에는 많은 문제가 있고 이에 대한 인식이 필요하지만, 이러한 문제들이 기술 자체에 뿌리를 두고 있는 것은 아니다. 이것들은 기술을 사용하기 위해 우리가 선택하는 방식에 의해 야기되는 것이다(노먼, 1993; 인지공학심리연구회 역, 1998: 340).[21)]

자유의지론

디자인결정론은 기술 그 자체보다는 기술이용의 방법을 선택하는 인간의 의지에 더 큰 의미를 부여한다는 점에서 자유의지론voluntarism의 철학에 그 뿌리를 둔다. 자유의지론에서 인간은 무기력한 자동인형이 아니며, 항상 의식적인 노력과 선택을 하는 존재로 부각된다. 따라서 이 입장은 인간의 행위는 개인의 신념, 의도, 선호 등에 의해 설명될 수 있다고 믿는 인본주의자와 실존주의자에 의해 지지된다.[22]

자유의지론에 의하면, 우리가 할 일은 기계의 관점이 아니라 인간의 관점에서 기술을 개발하고 응용하는 것이다. 도널드 노먼Dornald Norman은 1933년 제시되었던 "과학은 발견하고, 산업은 응용하고, 인간은 이를 수용한다"라는 시카고 세계박람회의 모토를 "인간은 제안하고, 과학은 연구하며, 기술은 순응한다"로 바꾸어야 한다고 주장한다.[23] 노먼은 기술중립성을 믿지 않으면서도 기술결정론에 빠지지 않으려고 노력한다. 그리고 기술이용에 인간의 의지가 개입할 여지가 있음을 적극적으로 모색한다.

> 기술은 중립적이지 않다. 기술은 어떤 활동은 쉽게, 어떤 활동은 어렵게 만드는 속성, 즉 행동유도성을 지니고 있다. 그래서 행동유도성이 높은 것은 하게 되고, 낮은 것은 무시하게 된다. 기술은 일반적으로 기술과 상호작용하는 다른 기술, 인간 혹은 인간 사회에 대하여 요구와 변화를 강요하는 많은 제약, 전제조건 및 부수 효과를 가지고 있다. 마지막으로, 각 기술은 사고하는 방식과 사고와 관련된 활동인 마음의 틀을 취하기 때문에 마음의 틀은 기술과 접촉하는 사이에 알게 모르게 널리 퍼지게 된다. 기술이 성공할수록 널리 사용될수록, 사람들의 사고방식에 미치는 영향도 커지며, 그 결과, 사회 전반에 미치는 영향도 커지게 된다. 기술은 중립적이기보다는 위압적이다(노먼, 1993; 인지공학심리연구회 역, 1998: 330).

멀티미디어 학습디자인

인지심리학과 학습의 입장에서 노먼이 관심을 보인 기술은 물질적 기술보다는 '정보기술'이다. 물질적 기술이 과거에 인간의 몸을 안락하게 하는 데 동원되었던 기술이라면, 정보기술은 오락, 소통, 교육 등 인간의 인지와 관련된 기술을 가리킨다. 정보기술 가운데서도 멀티미디어에 대한 노먼의 접근은 교육과 원격교육 분야에서의 기술매체 이용에 의미 있는 시사를 준다.

> 멀티미디어란 텔레비전, 컴퓨터, 교과서, 오디오 등이 결합된 형태이다. 멀티미디어를 기술할 때, '마음을 끄는', '빠져드는', '창의적인', '사로잡는', '몰입하는' 등의 형용사가 주로 사용된다. 멀티미디어는 우리 교육체계의 잘못된 모습을 바로잡을 수 있는 기술일 수 있다(노먼, 1993; 인지공학심리연구회 역, 1998: 65).

노먼에게 멀티미디어란 인간의 다양한 감각 기관을 자극하여 서로 다른 인지작용을 가져오는 매체들이 결합된 것이다. 예를 들어, 책은 '읽기' 매체이다. 이 매체는 독자에게 속도조절과 구성적 기능을 허용한다는 점에서 '반성적 사고'를 제공한다. 하지만 텔레비전은 '보여주는' 매체이다. 여기서 시청자의 관점은 텔레비전이 보여주는 사건을 따라가게 되어 있다. 따라서 '체험적 인지'를 제공하는 데 적합할 수는 있지만 반성적 사고를 제공하는 데는 적절하지 못하다. 하지만 책과 텔레비전을 적절하게 함께 이용한다면 하나의 매체를 이용할 경우보다 훨씬 효과적인 학습을 가져올 수 있다. 이런 멀티미디어적 접근은 교육과 학습을 현재보다 더 흥미로운 작업으로 만들 수 있다.

> …당신(학생 혹은 교사)이 어떤 희곡을 읽고 나서, 각기 다른 해석에 의한 연극 공연들을 관람하고 그것을 녹화한 기록을 가지고 있다고 가정해보자. 당신은 희곡의 어떤 부분이라도 볼 수 있고, 즉시로 여러 가지 대안적인 공연을 보면서, 그 부분을 각 극단이 어떻게 다르게 해석하고 있는지를 비교할 수 있다. 이제 당신은 반성적 도구를 갖게 되었으며, 책만 가졌을 때보다 더 우수한 방법으로 대안적인 해석들을 비교, 대조할 수 있다. 아하! 이제 텔레비전은 반성적 사고를 제공하면서 이해를

돕는 시각적 기술이 되었다(노먼, 1993; 인지공학심리연구회 역, 1998: 338).

특정 기술은 그 기술 자체에 독특한 '행동유도성'을 갖지만 멀티미디어처럼 여러 가지 기술이 조합되었을 때는 각 기술의 단점이 상쇄되어 또 다른 효과를 가져 올 수 있는 것이다. 표 9-1은 멀티미디어를 교수설계에 이용할 때 유념해야 할 멀티미디어의 장단점을 보여준다.

멀티미디어를 이용한 코스가 싱글미디어를 이용한 코스보다 더 성공적이라는 사례는 원격교육에서 어렵지 않게 찾아볼 수 있다. 특히 멀티미디어 학습을 디자인할 경우는 전자매체와 비전자매체를 결합하는 것이 효과적이다. 예를 들어, 컴퓨터 매체로 전달하는 정보와 교과서, 교과서 외의 다른 교재들, 시험, 연구보고서 등의 인쇄매체를 통한 정보가 함께 제공될 때 원격학습의 효과는 더욱 향상된다. 문제는 이런 매체 간의 결합을 창의적으로 '디자인'하는 것이다.

표 9-1. 멀티미디어의 장단점

장점	단점
몰입의 경험	귀엽고 재치 있는 변화와 음악 등의 오락적 측면만 강조되기 쉬움
흥분감을 느낌	마음을 훈련시키기보다는 아무런 노력 없이 시간을 보내기에 적합한 매체인 것처럼 보임
사용자에 의한 조절	오랜 시간 동안 하나의 주제에 머물면 사용자들이 지루해 할 것이라는 강박관념 때문에 깊이 있는 내용을 제공하지 못함
기술적 정교성	기술적 정교성이 학습자의 주의를 앗아가 오히려 학습에 방해가 될 수 있음

출처: 노먼(1998: 66 재구성)

교수디자인

원격교육 분야에서는 특히 매체로 중재된 교수-학습활동을 디자인하는 것이 교수디자인instructional design의 핵심이 된다. 교수디자인에 관한 지식과 기술은 상당부분 교육공학적 지적 기반을 필요로 한다. 여기서 공학technology은 매체와 같은 '산물' 로써 이해되기도 하고, 특정한 교육 목적을 달성하기 위하여 지식을 체계적으로 적용하는 '과정' 으로써 이해되기도 한다.[24)]

> 교육공학은 교육에 있어서의 하드 · 소프트 공학을 총칭하는 말로서, 하드 공학은 교실수업에 사용되는 각종 시청각 기자재, 텔레비전, 라디오, 컴퓨터, CD-ROM, 상호작용 비디오 등의 하드웨어를 교육에 도입 활용하는 것을 의미하며, 소프트 공학은 교육의 실제적인 문제를 해결하기 위하여 과학적인 지식을 교육에 적용하는 방식에 관한 학문을 일컫는다(교육학용어사전, 1994).[25)]

교육공학 영역에서 교수활동의 디자인, 즉 교수설계에 관한 원리와 이론은 주로 '처방적' prescriptive인 성격을 띤다.[26)] 여기서 처방적이란 교수활동의 '조건' 과 '목적' 이 주어졌을 때 그 상황에서 가장 적합한 교수 '방법' 을 찾는 것이다. 하지만 이런 처방을 내리기 위해서는 우선 교수이론에 대한 서술적descriptive 지식이 필요하다. 서술적 지식은 어떤 교수의 조건에서 어떤 방법을 이용했을 때 어떤 결과가 도출되었는지를 보여주기 때문이다. 이런 서술적 지식이 축적되면 다양한 형태의 교수설계 모형, 모델, 전략 등으로 가공되어 교수설계자가 따라야 할 절차나 고려사항 등을 알려주게 된다. 이것이 소프트 공학 측면에서의 기술인 셈이다.

문제는 다시 하드웨어적 기술과 소프트웨어적 기술이 결합하는 방식에 대한 디자인이다. 이런 고민에 대하여 데이빗 조나센David

Jonassen은 기술이용에 대한 교육공학의 '모형적 처방'[27]을 재검토해야 한다고 주장한다.[28] 조나센에 따르면, 교수설계 모델을 따라 학습에서의 기술이용을 처방하는 교육공학의 전통적 접근은 '객관성'과 '인과성'이라는 서양 철학에 기반한다. 여기서 객관성이란 물리적 실제를 모사해서 전달하는 것이 가능하다는 전제를, 그리고 인과성이란 유기체의 행동과 학습결과를 예측할 수 있다는 전제를 의미한다. 그러나 조나센은 이런 전제들이 실증적으로 또 철학적으로 뒷받침되기에는 역부족이라고 평가한다. 우선 많은 실증적 연구들이 지식의 전달체conveyor로써 기술을 사용했을 때와 그렇지 않았을 때, 학습에 별 의미 있는 차이를 가져오지 못했다고 증언한다. 철학적인 입장에서는 학습의 과정을 인과적이기보다는 전체적holistic으로 조망하는 시각이 더 설득력을 가질 수 있다.

학습의 과정을 전체적으로 조망하는 교수디자인은 하드웨어적 기술의 이용과 그것을 정당화하는 소프트웨어적 기술이 결합되는 방식을 모두 고려해야 한다. 예를 들어, 교육공학 영역에 있어 컴퓨터 매체와 학습이 결합되는 방식을 살펴보자. 초기에 컴퓨터는 교수매체, 즉 교사를 대신하여 혹은 교사를 보조하여 가르치는 매체로 인식되었다. 이 때 교수매체는 우선 교수설계자에게 주어지고 학습자는 교수디자인에 의해 가공된 내용을 학습하게 된다. 흥미로운 점은 이 과정에서 내용에 대해 가장 많이 학습한 사람은 학습자가 아니라 교수설계자라는 점이다.[29] 따라서 조나센은 교수디자인을 학습자가 직접하는 것이 학습에 더 효과적이라고 주장한다. 이럴 때 기술매체는 지식 전달의 도구가 아니라 학습자가 가지고 '놀면서' 자신의 지식을 구성하는데 이용하는 도구가 된다.

이렇게 인지적 도구로써 컴퓨터 매체를 보는 관점은 교육매체에 대한 전통적인 관점과는 상당한 거리가 있다. 조나센은 컴퓨터와 학습의 이러한 결합을 컴퓨터와 함께 하는 학습learning with computer으로 개념화한다. 이는 컴퓨터로부터의 학습learning from computer이나 컴퓨터에 관한 학습learning about computer과는 다른 의미이다. 컴퓨터로부터의 학습은 프로그램 학습이나 시뮬레이션, 컴퓨터 보조학습에서와 같이 컴퓨터가 가르치고 학생이 배우는 형태를 띤다. 컴퓨터에 관한 학습은 컴퓨터 매체의 이용방법을 습득하는 것이다. 전통적인 의미에서의 미디어 리터러시media literacy 학습이 여기에 해당된다고 볼 수 있다. 반면, 컴퓨터와 함께 하는 학습은 인지적 과정을 촉발하도록 설계된 프로그램이나 컴퓨터 도구를 이용하여 스스로 학습하는 것을 의미한다. 이런 의미에서 '네이버' 나 '구글' 등의 정보검색 엔진, '엑셀' 이나 '파워포인트' 등의 소프트웨어는 아주 훌륭한 인지적 도구가 될 수 있다.

교수디자인의 입장을 포함하여 디자인결정론은 기본적으로 기술 이용자의 자율성을 인정한다는 점에서 능동적이고 낙관적이다. 하지만 일단 이 도구적 입장을 받아들이는 순간 기술이용에 영향을 미치는 사회문화적 요인들의 영향을 간과하기 쉽다. 또한 새로운 기술의 수용을 '진보' 와 동일시하며, 어떤 문제든지 기술이 '솔루션' 을 제공해준다고 믿는 기술만능주의에 빠지기 쉽다. 이런 점에서 디자인결정론을 지지하는 자유주의론자들은 '나이브naive하다' 는 평을 피하기 힘들다.

그림 9-1. 뉴욕의 존스비치 공원에 진입하는 고가도로
출처: 한겨레신문, 2006.6.22

엄밀히 보면, 디자인 행위 자체도 기술의 정치적 측면으로부터 독립적이지 않고 사회문화적 가치로부터 자유롭지 않다. 예를 들어, 미국 뉴욕의 존스비치 공원 진입 고가도로는 12피트 이상의 버스가 통과하지 못하도록 낮게 설계되어 있다. 1920년대부터 1970년대까지 뉴욕의 길, 다리, 공원 등을 건축했던 로버트 모제스Robert Moses의 전기에 따르면, 이런 설계는 버스와 같은 대중교통을 이용하는 흑인들이 중산층 백인이 이용하는 공원에 진입하지 못하게 하기 위한 의도에서였다.[30] 이런 의미에서 랭던 위너Landon Winner는 '사물' 도 '정치적' 이라고 주장한다.

시장결정론

기술에 대한 관점에 있어서 교육공학계는 디자인결정론적 접근에 익숙하다. 즉 '어떻게' 가르칠 것인가에 대한 '방법' 의 과학을 표명하는 것이다. 실제로 디자인결정론적 접근은 '실제적 과제해결을 위하여 과학적인 또는 조직적인 지식을 체계적으로 적용' 하는 데 필요한 절차적 지식을 제공한다.[31] 하지만 이 방법의 과학에 대한 비판은 방법 자체가 아니라 방법이 해결하려고 하는 '문제' 에 대한 비판으로부터 오는 경우가 많다. 특히 이 문제가 교육적 목적이 아니라 다른 명분에 봉사할 때 디자인결정론은 도구적이라는 비판을 면하기 어렵다. 이 글에서 시장결정론은 기술매체 이용에 작용하는 명분이 주로 경제적인 논리를 따르는 경우를 칭한다.

시장결정론에 대한 비판의 목소리는 컴퓨터와 인터넷 기술이 탄생한 미국에서 가장 두드러진다. 특히 비판의 초점이 되는 영역은 고등교육기관에서 확산되고 있는 온라인 교육으로의 기술전환이다. 미국에서 온라인 교육은 비디오 컨퍼런싱과 함께 원격교육의 대명사처럼 사용되기 때문에 온라인 교육에 대한 비판은 곧 원격교육에 대한 비판으로 오도되기도 한다.

> 많은 미국대학들은 멀티 캠퍼스를 가지고 있다. 텔레비전이나 비디오 컨퍼런싱을 통해 한 캠퍼스에서 다른 캠퍼스로 수업을 전달하는 것. 이것이 미국에서는 원격교육으로 불린다. 하지만 학생들은 여전히 정해진 장소와 정해진 시간에 있어야 한다. 이것은 가정에 있는 개별 학습자에게 인터넷을 통해 어디서나 전달되는 원격교육 형태와는 아주 다른 형태이다(Bates, 1997: 98).

시장결정론에 대한 비판의 핵심은 대학교육이 상업화되고 있고, 대학이 '학위공장' 으로 전락하고 있다는 것이다.[32] 기술매체의 이용과 관련하여 특히 문제가 되는 것은 교수활동을 '컴퓨터 기반' 으로 전환하려는 대학의 정책 결정이다. 데이빗 노블David Novel에 의하면 '교육의 상업화' 이전에 '연구의 상업화' 가 있었다.[33] 즉 대학은 지난 20년 동안 기업의 생산에 직접 기여하는 연구활동을 장려하는 방향으로 연구를 통제해왔다. 대학에서의 지적활동은 지적자본이 되었고 이는 곧 지적재산이 되었다. 반면에 최근에 진행되고 있는 교육의 상업화란 교수들의 교육활동, 다시 말해 수업을 교수들이 개입하지 않고도 다시 팔 수 있는 상품으로 전환하려는 시도이다. 이러한 전환은 모든 교수활동과 교재의 '디지털화' 를 통해 이루어진다. 수업은 녹화되고, 교재는 온라인 자료로 전환되고, 개별지도는 '클래스룸' 이 아니라 '보드룸' boardroom, 즉 게시판에서 조교나 튜터를 통해 이루어진다.

대학교육의 온라인화를 추진하는 표면적인 명분은 '더 많은 학생에게 더 질 좋은 교육을' 이라는 초기 원격교육의 철학과 유사하다. 하지만 실제로 이런 기술전환은 교수자와 학습자 모두로부터 그리 환영받지 못했다. 교수자의 입장에서 보면 온라인 교수의 준비와 실행은 교실수업보다 더 많은 시간을 요하는 작업이기 때문이다. 학생들을 직접 경험하지 못하기 때문에 교육효과에 대해서도 확신할 수 없다. 교수활동과 학문의 자유를 침해당할 우려도 있고, 검열의 위험도 있다. 학생의 입장에서 보면 교수자로부터 즉각적인 피드백을 받을 수 없어 불편하다. 컴퓨터나 프린터 이용 그리고 통신 등의 기술에 소요되는 비용 역시 부담으로 작용한다.

인터넷의 이용이 항상 더 나은 교수-학습활동을 가져오지는 않는다.[34] 그럼에도 왜 미국 대학은 온라인화에 열성적인가? 노블에 의하면, 현재 미국 대학의 기술전환을 추동하는 힘은 통신망 사업, 대학 행정, 그리고 기업훈련의 세 영역에서 기인한다. 교육이나 훈련기관은 컴퓨터와 통신망 사업자들에게는 가장 큰 시장인 것이다. 원격교육 방법은 통신매체의 이용을 근간으로 하므로 원격교수 방법의 적용은 더 많은 컴퓨터는 물론이고 미국의 기간산업인 통신 산업 자체에 대한 더 많은 수요 창출을 의미한다. 미국의 교육산업에의 투자 규모는 수십조 달러로 추정된다.[35]

> 고등교육을 하이테크 형태로 전환하려는 지속적인 시도는 교수자와 학습자를 고려한 일이 아니다. 이 전환은 정말 교육과는 아무 상관이 없다. 그것은 단지 시장의 이름일 뿐이다. 학문적 세계를 컴퓨터화하는데 가장 적극적인 사람들은 네트워크, 하드웨어, 소프트웨어 그리고 "콘텐츠" 사업가들(애플, IBM, 벨, 유선전화회사들, 마이크로소프트)이다(Novel, 1998: 33).

대학의 기술전환에 기여하는 또 다른 요인은 대학행정이다. 대학행정가의 입장에서 볼 때, (첨단)기술의 이용은 '최첨단으로 앞서가는 이미지' 와 결부된다. 기술이용 자체가 교육기관의 이미지를 고양하는데 도움이 된다고 보는 것이다. 이미지 고양보다 더 실제적인 교육행정가의 관심사는 경제적인 문제이다. 즉 컴퓨터 기반 수업이 직접 노동비와 건물 유지비를 줄여준다는 것이다. 수업이 사전 제작된 '온라인 패키지' 로 전환되어 있으면 비싼 임금의 교수를 더 채용하기보다는 덜 숙련되고 더 싼 노동력을 고용하여 같은 수업을 반복하여 전달할 수 있다. 학생 수가 늘어나도 교실을 더 지을 필요도 없다. 나아가 이런 수업은 캠퍼스 학생 뿐만 아니라 구매하려고 하는 세계 어느 곳에 있는 학습자에게도 팔 수가 있다. 더구나 대학은 자체적으로 교육 컨텐츠를 생산해 낼 수 있는 인적 · 물적 자원을 보유하고 있다. 기술은 교수행위의 복제를 가능하게 해 주고, 행정은 이를 이용하려 하는 것이다.

마지막으로 기업교육 담당자들 역시 대학교육의 온라인화를 환영하는 그룹에 속한다. 대학에서 생산되는 최신 지식과 이론에 관심 있는 기업들은 고등교육의 수업을 전자적 전달 형태로 전환하는 것이 최신 지식과 이론을 자신들이 적시適時에 수급받는 데 도움을 준다고 전망한다. 기업의 입장에서는 대학에서 온라인으로 전달되는 교육 프로그램을 이용하는 것이 자체적으로 교육과 훈련 프로그램을 제작하는 것보다 경비의 절감면에서도 도움이 된다. 특히 전문가 계속교육 영역이 대학과 소통하기 위해서는 교육과정의 온라인화가 필수적이다. 온라인은 직장과 가족이 있는 성인학습자들이 날로 갱신되는 최신 정보와 지식을 따라잡기 위하여 대학교육에 접근할 수 있는 거의 유일한 방법이기 때문이다.

지금까지의 논의를 정리해 보면, 대학교육의 컴퓨터화, 상업화, 온라인화는 사실 대학 내부 구성원의 필요보다는 통신망 산업과 노동시장 등의 사회경제적 조건과 체제에 의해 추진되는 셈이다. 문제는 지극히 미국적인 현상이기는 하지만 고등교육기관의 기술매체 이용에 대한 이러한 비판이 원격교육 분야에 대한 비판으로 이해된다는 점이다. 바로 이 점이 민주적 원격교육 실천을 지향하는 학자들이 전달도

주

구로써 원격교육을 인식하는 미국의 원격교육 실천에 대해 이질감과 불편함을 표명하는 이유이다.

경제적 이유와 기술 환상에 경도된 원격교육 실천은 교육의 장면을 지식창조보다는 지식소비의 공간으로 만들기 쉽다. 또한 학문적 담론의 틀을 자유롭게 하기보다는 특정 기술의 특성에 맞추도록 강요한다. 다음은 고등교육의 온라인화가 가져올 미래에 대한 노블의 전망이다. 이 장에서 이루어진 논의를 참고해 보자. 노블은 기술결정론자인가, 자유의지론자인가?

□

> 우수한 고등교육이 완전히 사라지지는 않을 것이다. 하지만 그것은 아주 부유한 특권층의 소수에게만 이용 가능하도록 보존될 것이다. 나머지 사람들에게는 음침한 새로운 고등교육의 시대가 시작되었다. 10년 후 우리는 한때 아주 민주적이었던 고등교육 체제의 잔재를 바라보며, 우리가 어떻게 그런 체제를 가질 수 있었는지 의아해 할 것이다. 우리가 지금 그런 일이 일어나지 않도록 결정하지 않는다면 말이다 (Nobel, 1998: 39).

주

1) 이영준(2006). 기술과 철도, 한겨레신문. 8월 3일.
2) 스티븐 몬스마(2000). 『책임 있는 과학기술』. 양성일 외(역). CUP.
3) Bates, A. W.(1995). Chapter 3. Selecting technologies, In *Technology: Open Learning and Distance Education.*(pp. 33~60). London & New York: Routledge.
4) Paul, R. H.(1990). *Open Learning and Open Management: Leadership and Integrity in Distance Education.* London: Kogan Page.
5) Noble, D. F.(1998). Selling academy to the technology industry. *Thought & Action.* 14(1), 29~40.
6) Bates, A. W.(1997). The impact of technological change on open and distance learning. *Distance Education.* 18(1), 93~109.
7) Bates(1997: 94)
8) Chandler, D.(2000). *Technological or Media Determinism.* Retrieved on August 13, 2001. from http://www.aber.ac.uk/media/Documents/tecdet/tecdet.html
9) Postman, N(1993). *Technopoly: The Surrender of Culture to Technology.* New York: Vintage.
10) 마셜 맥루언(2002). 『미디어의 이해』. 김성기, 이한우(역). 민음사.
11) 이지훈(2006). 기술과 예술, 한겨레신문. 7월 6일.
12) 이영준(2006). 기술과 철도, 한겨레신문. 8월 3일.
13) 맥루언(2002: 37)
14) Chandler(2000)
15) 손화철(2006). 기술 시스템과 자율적 기술-쟈끄 엘륄. 한겨레신문. 4월 27일.
16) Ellul, J.(1990). *The Technological Bluff.* Grand Rapids, MI: Eerdmans.
17) 손화철(2006)
18) Postman, N. (1999). Pennsylvania State University 강연에서, February.
19) Chandler(2000)
20) Chandler(2000)

주

21) 도널드 노먼(1998). 『생각있는 디자인』. 인지공학심리연구회(역). 학지사.
22) Chandler(2000)
23) 노먼(1998: 345)
24) 권성호(2002). 『교육공학의 탐구』. 양서원.
25) 서울대교육연구소(편)(1994). 교육학용어사전. 도서출판 하우.
26) 김신자, 이인숙, 양영선(2003). 『교육공학의 이론과 실제』. 문음사.
27) 여기서 모형적 처방이란 모델(model)이나 절차 제시에 중점을 둔 교수설계 접근을 말함.
28) Jonassen, D. H.(1995). Computers as cognitive tools: Learning with technology, not from technology. *Journal of Computing in Higher Education*. 6(2), 40~73.
29) Perkins, D. N.(1986). *Knowledge as Design*. Hillsdale, NJ: Lawrence Erlbaum.
30) Winner, L.(1986). *The Whale of the Reactor: A Search for Limits in an Age of High Technology*. Chicago: University of Chicago Press.
31) 나일주, 정인성(2000). 『교육공학의 이해』(p. 11). 학지사.
32) Guernsey, L.(1997). Information Technology: Is the Internet Becoming a Bonanza for Diploma Mills? *The Chronicle of Higher Education*. December 19.
33) Noble(1998: 30~31)
34) Boshier, R., Wilson, M. & Qayyum, A.(1999). Lifelong education and the World Wide Web: American hegemony or diverse utopia? *International Journal of Lifelong Education*. 18(4), 275~285.
35) Noble(1998: 33)

제10장 기술선택 : 'ACTIONS'

접근성
비용
교수와 학습
상호작용 · 편의성 · 통제
조직 관련 쟁점들
참신성
속도

원격교육에서 기술선택의 문제는 좁은 의미에서는 매체선택의 문제를, 그리고 넓은 의미에서는 매체활용에 관한 조직의 의사결정 문제를 모두 포괄한다. 이런 의미에서 '매체선택'이 아니라 '기술선택'으로 칭한다.

전통적인 교육에서와는 달리 원격교육에서의 기술이용은 선택의 문제가 아니라 전제조건이 된다. 선택해야 할 문제는 어떤 기술매체를 어떻게 이용할 것인가의 문제이다. 교수매체의 선택과 활용 방법은 교육공학 분야에서 활발히 논의된 주제이다. 하지만 여기서 개발된 매체 선정 모형들은 일차적으로 면대면 교실환경을 염두에 두고 있기 때문에 원격교육 상황에 그대로 적용하기에는 무리가 따른다. 현실적인 면에서도 기술선택의 문제는 특정한 모형을 따라 이루어지지 않는다. 오히려 교육기관의 상부에 있는 의사결정자들의 직관이나 외부요인에 의해 우연히 결정되는 경우도 많다. 하지만 원격교육이라는 특수한 상황에서 기술을 선택할 때 '직관' 이나 '우연' 을 넘어서 반드시 고려해야 할 사항들이 있다. 이 장에서는 이런 고려사항들을 토니 베이츠 Tony Bates가 제시한 'ACTIONS'[1] 논의를 중심으로 살펴본다.[2]

접근성 Access

원격교육을 위한 매체선택의 문제에 있어서 접근성보다 더 중요한 문제는 없다. 교재의 질이 아무리 좋아도 학습자가 그것에 접근할 수 없다면 아무 소용이 없기 때문이다. 따라서 기술선택에서 가장 우선적으로 고려되어야 할 질문은 다음과 같다.

- ☑ 주요 학습자 집단이 누구인가?
- ☑ 이 학습자들에게 가장 적합한 학습장소는 어디인가?
  - 집
  - 원격교육을 위해 지정된 학습센터
  - 원격학생들을 위해 시설을 대여해 주는 지역의 공공교육기관
  - 직장: 개인적인 공간 혹은 회사가 제공하는 학습센터

예를 들어, 교육기관이 코스에 대한 접근성을 높이는 데 일차적인 관심이 있다면, 사용할 매체는 학습자가 이미 보유하고 있는 것을 택하는 것이 가장 바람직하다. 이런 선택을 할 수 없다면, 기관이 그 매체를 제공하거나 대여해 주는 것이 바람직하다.

비용 Costs

비용을 고려할 때는 '고정비용'과 '변동비용' 그리고 '생산비용'과 '전달비용'을 함께 염두에 두어야 한다. 고정비용은 결과물의 수요에 관계없이 변하지 않는 비용이고, 변동비용은 변동의 여지가 있는 비용이다. 예를 들어, 전통적인 교육에서 교사는 변동비용이다. 학생 수가 많아지면 교사 수도 많아져야 하는 것이다. 보통 학교교육에서는 교사가 비용의 2/3를 차지하므로 전통적인 교육에서 대부분의 비용은 학생 수에 따라 변동한다. 하지만 영국 OU를 위해 프로그램을 제작하는 BBC의 경우 오디오-비디오 생산에 관해서는 80%가 고정비용이고, 나머지 20%가 변동비용이다. 즉 사용자의 수에 관계없이 오디오-비디오 생산에 관련된 장비나 비용은 고정되어 있는 것이다. 이와 같이 기술에 따라 고정비용과 변동비용의 비율은 다르게 나타난다.

전통적인 교육기관에서는 수업을 제작하고 전달하는 일을 교사 한 사람이 모두 수행하므로 생산비용과 전달비용의 구분은 별 의미가 없다. 하지만 단일 모드 원격교육 기관의 경우, 코스 제작비용과 전달 비용 간에는 큰 차이가 있다. 어떤 코스는 2년에 걸쳐 30명 이상의 팀에 의해 제작되기도 한다. 하지만 이때 생산비용은 학생 수나 코스가 이용되는 기간에 별로 영향을 받지 않는다. 전달비용은 매체에 따라 큰 차이가 난다. 라디오 프로그램의 전달을 살펴보면, 한 사람이 듣건 만 명이 듣건 전달비용은 똑같이 든다. 하지만 오디오 · 비디오 카세트나

표 10-1. 원격교육 비용구조의 예

구분	비용
전달	1 단위
생산	10 단위
지원	10~20 단위

출처: Bates(1991: 12)

CD-ROM의 경우는 학습자의 규모에 따라 전달비용이 달라진다.

비용에서 고려되어야 할 또 다른 중요한 요소는 '규모의 경제' economy of scale이다. 규모의 경제는 단위비용을 줄임으로써 달성된다. 이는 하나의 교육 프로그램을 다수의 학습자에게 전달하면 학습자 1인을 교수하기 위해 소요되는 단위 비용은 내려간다는 원리이다. 반대로 학습자의 중도 탈락률이 높아지면 단위 비용은 올라간다. 따라서 탈락은 학습자 뿐만 아니라 기관의 입장에서도 큰 손실이 된다.

원격교육의 비용 구조는 기관마다 다를 수 있다. 하지만 생산과 전달과 지원에 소요되는 일반적인 비용의 구조는 표 10-1과 같다.[3] 물론, 베이츠가 제시한 원격교육 비용구조가 모든 원격교육 코스에 적용되는 것은 아니다. 하지만 이 비용구조는 원격교육 프로그램의 생산과 전달 그리고 지원에 배분해야 할 자원의 규모를 가늠하게 해준다. 즉 하나의 코스를 생산하는 데 10이라는 비용이 들었다면, 이를 전달하는 데는 그것의 10분의 1 정도의 비용이 들고, 이 코스를 유지, 보수하고 학습자를 지원하는 데는 생산비와 맞먹거나 두 배의 비용이 든다는 의미이다. 이 지원 체제가 부실할 경우에는 아무리 질 좋은 원격교육 코스라도 높은 탈락률의 위협으로부터 자유로울 수 없다.

교수와 학습 Teaching and Learning

효과적인 교수나 학습에 대한 고려는 너무 포괄적이라서 '접근성'과 '비용'의 문제와 같은 방식으로 명확하게 규명하기는 힘들다. 하지만 기술선택에 앞서 다음 세 가지 질문은 반드시 고려해야 한다.

- ☑ 어떤 종류의 학습이 이루어져야 하는가?
- ☑ 그 학습이 구현되기 위해서는 어떤 수업전략이 이용되어야 하는가?
- ☑ 각 매체의 고유한 교육적 특성이 무엇인가? 이 특징이 교수학습의 요구와 어떻게 연결될 수 있는가?

매체선택과 관련해서는 특히 세 번째 질문이 자주 논의된다. 매체는 지식을 표상할 수 있는 방법에 있어 텍스트, 소리, 스틸 사진, 동영상 이미지 등 각기 다른 상징체계를 사용하기 때문이다. 또한 각 매체는 이 상징체계를 결합하는 능력에 있어서도 차이가 난다. 예를 들어, 책은 텍스트와 스틸 사진을 통하여 지식을 전달한다. 하지만 소리나 동영상 이미지는 사용할 수 없다. 반면에 컴퓨터는 텍스트, 사진, 동영상, 자연적인 언어, 음악, 기타 소리 등의 결합을 통해 모든 국면에서 가장 '실제'와 가까운 인간의 경험을 표상할 수 있다.

심리학에서는 감각 양식의 선택과 매체의 결합이 인간 인지의 특정 부분을 자극할 수 있다고 본다. 일반적으로 청각 정보는 상상력을 자극하고, 동영상 정보는 행위정보를 제시하는 데 적합하다. 그리고 그림 자료는 개념을 명확히 하는 데 도움이 되며, 텍스트는 자세한 설명이 필요한 학습에 도움이 된다.[4]

매체선택에서 교수자들이 가장 관심을 가지는 부분은 교과내용과 성격이 특정 매체의 상징체계와 상응할 수 있느냐는 문제이다. 흔히들 시각자료를 많이 활용하는 교과가 컴퓨터 응용 매체에 적합하고, 추상적 개념이나 설명을 요하는 교과는 그렇지 않다고 생각하는 경향이 있다. 하지만 특정 매체와 특정 교과 간의 이상적인 결합에 대한 연구는 극히 드물다. 오히려 원격교육 문헌에서는 교과와 매체 간의 창의적이고 실험적인 결합을 더 많이 찾아볼 수 있다. 오디오 컨퍼런싱을 통해 대수를 가르친다든지,[5] 비디오 컨퍼런싱을 통해 해부학을 가르치는 것 등이 그 예이다.[6] 일반적으로 교과의 내용과 구조에 가장 적합한 매체를 선택하기 위해서는 내용전문가가 매체선정 초기 단계에 관여하는 것이 바람직하다.

상호작용 · 편의성 · 통제 Interaction, User-friendliness and Control

교수활동에서 상호작용의 주요 목적은 학습자에게 피드백을 제공하는 것이다. 피드백은 학습자가 학습목표를 달성하는 데 필요한 안내와 같은 역할을 하기 때문에 성공적인 원격교육과 학습을 위해서는 반드시 적절한 정도의 상호작용이 이루어져야 한다. 표 10-2는 원격교육에서 고려해야 할 상호작용의 유형들을 제시한다.

베이츠는 원격교육에서의 상호작용을 학습자와 내용 간의 상호작용과 대인 간의 상호작용으로 구분한다. 학습자와 내용의 상호작용을 촉진하기 위해서는 학습자가 교재에 대해 어떤 식으로든 반응하도록 수업이 설계되어야 한다. 단지 듣거나 보거나 읽는 것보다는 학습자가 교재나 컴퓨터 화면에 제시된 내용에 대해 어떤 활동을 할 때 학습에 더욱 적극적이고 참여적이 된다. 이 과정을 통해 학습자는 새로운 정보를 수용하여 기존 지식체계에 통합시켜 나가는 인지적 과정을 자연스럽게 드러내게 된다.

표 10-2. 원격교육에서의 상호작용 유형들

참고	유형	준거
Moore(1989)	• 학습자-내용 상호작용 • 학습자-교수자 상호작용 • 학습자-학습자 상호작용	상호작용의 대상
Hillman, Willis, & Gunawardena (1994)	• 학습자-인터페이스 상호작용	교수매체를 다루는 학습자의 기술
Cookson & Chang(1995)	• 교수적 상호작용 • 사회적 상호작용	상호작용의 성격
Kearsely(1995)	• 문자 상호작용 • 음성 상호작용 • 화상 상호작용	전달매체
Berge(1995)	• 동시적 상호작용 • 비동시적 상호작용	피드백에 걸리는 시간
Saunders et al. (1997)	• 수업 중의 상호작용 • 수업 외의 상호작용	상호작용이 일어나는 시간과 장소

출처: Shin(2003: 28)[7)]

대인 간 상호작용은 일반적으로 학습자-교수자, 학습자-학습자 상호작용으로 구분된다. 베이츠는 좀 더 구체적으로 대인 간 상호작용을 학습자와 교재를 쓴 저자와의 상호작용, 학습자와 튜터와의 상호작용, 학습자와 다른 학습자의 상호작용으로 구분한다. 산업화 생산양식을 따르는 원격교육에서는 주로 학습자-튜터 상호작용이 일반적이었다. 하지만 후기 산업화 생산양식을 따르는 원격교육에서는 학습자와 저자, 그리고 학습자 간의 상호작용도 보편화되고 있다.

기술매체는 상호작용을 허용하는 데 있어 서로 다른 방식을 가지고 있다. 인쇄, 라디오, 텔레비전 방송 등 일방향 매체는 다량의 정보를 다수의 학습자에게 전달하는 데 효율적이나 상호작용의 촉진에 있어서는 상당한 제약이 있다. 반면, 오디오 · 비디오 · 컴퓨터 컨퍼런싱은

표 10-3. 동시적 · 비동시적 상호작용 비교

동시적 상호작용	비동시적 상호작용
학습동기를 유지시키는 데 도움이 된다.	시간, 장소의 면에서 자유롭다.
그룹 활동에서 합의와 의사결정을 신속하게 해 준다.	아이디어를 숙고하고 준비할 시간을 준다.
학습공동체의 형성과 유지에 도움을 준다.	기술의 비용-효과면에서 효율적이다.

쌍방향 상호작용을 가능하게 하므로 토론형 수업에 적합하다. 특히 피드백의 제공과 관련해서는 동시적 상호작용과 비동시적 상호작용의 특징을 유념할 필요가 있다(표 10-3 참고).

'편의성' 은 사람과 매체 간의 상호작용을 돕는 인터페이스interface 설계의 기본적인 고려사항이다. 사용하기 편한 매체가 그렇지 못한 매체보다 더 많이 이용될 것은 당연하다. 하지만 이런 상식이 종종 간과되는 경우가 있다. 특히 '첨단' 매체를 교수-학습에 활용하고자 할 때는 더욱 그렇다. 원격학습자들은 기술적으로 아무리 정교하더라도 인터페이스에 익숙해지는 데 상당한 시간이 걸리는 매체는 선호하지 않는다. 부득이 복잡한 인터페이스를 요구하는 매체를 사용해야 한다면 학습자의 기술 수준을 미리 점검하는 것이 좋다. 코스 시작 전에 사전 오리엔테이션을 제공하는 것도 학습자-인터페이스 상호작용을 돕는 하나의 방법이다.

사용의 편의성과 함께 기술매체 선택에서 중요한 사항은 기술의 '신뢰성' reliability이다. 아무리 뛰어난 기술 시스템이라도 제대로 작동하지 않는다면 원격학습의 과정을 심각하게 방해할 수 있다. 특히 역사가 짧은 매체일수록 많은 시행착오를 가져오기 쉽다. 경험적으로 볼 때 국내의 많은 원격학습자들은 교과내용의 구성보다는 불안정한 기술 시스템에 대해 불만족을 이야기하는 경우가 많다. 따라서 신뢰할 수 있는 기술 시스템의 구축은 원격교육 프로그램 개발 못지 않게 중요한 사안이 된다. 기술 시스템의 신뢰성은 그 기관이 제공하는 원격교육 프로그램의 신뢰성과 우수성에 대한 평가로 바로 이어지기 때문이다.

교수매체는 학습자가 그 이용을 통제할 수 있는 여지에 따라서도 구분될 수 있다. 면대면 강의나 전화 튜터링, 라디오나 텔레비전 방송 등은 일회성 매체인 반면, 비디오 카세트나 책, 컴퓨터 보조학습 등은 영구성 매체에 해당된다. 하지만 최근에는 라디오나 텔레비전 방송도 디지털화되고 있으므로 매체의 일회적 속성을 어느 정도 벗어나게 되었다. 이러한 기술적 전환은 결과적으로 매체에 대한 학습자 통제성을 높이게 된다.

'휴대성' portability도 매체에 대한 학습자 통제에 영향을 미치는 중요한 요인이다. 예전에는 전자매체에 비해 인쇄매체가 상대적으로 휴대성이 높았으나 디지털 매체의 등장 이후 사정은 달라졌다. 모바일 전화를 비롯하여 MP3, PDA 등의 각종 휴대용 스테이션의 등장은 일상생활과 원격학습을 자연스럽게 병행할 수 있게 해 준다. 원격학습자는 매체와 함께 움직이는 '전자 유목민' electronic nomade이 된 것이다.

조직 관련 쟁점들 Organizational issues

조직 역시 원격교육을 위한 기술매체의 선택에 영향을 미치는 중요한 요인이다. 해당 교육 기관의 내부적 · 외부적 요인과 관련하여 고려해야 할 질문은 다음과 같다.

☑ 특정 기술의 선택에 영향을 미치는 외부적 환경에서 위협과 기

회는 무엇인가?

☑ 이 기술을 성공적으로 이용하기 위해 조직 내부에서 요구되는 점은 무엇인가? 개선되어야 할 장애들은 무엇인가?

일반적으로 원격교육 매체선정 시에는 기관의 내부적 요인보다는 외부적 요인이 우선적으로 고려된다. 그것은 현대의 많은 커뮤니케이션 매체들이 국가나 지역의 정보 통신망 등 사회적 인프라 구조에 의존하기 때문이다. 인터넷의 예에서 알 수 있다시피 교육에 사용되는 대부분의 매체들이 교육보다는 오락이나 비즈니스 혹은 일반 커뮤니케이션을 목적으로 등장했기 때문에 원격교육을 위한 기술매체의 선택은 사회문화적 요인에 의해 많은 영향을 받는다. 때로는 정부의 주도나 시장의 요구 때문에 특정 매체가 독점적으로 이용되기도 한다. 이런 경우 기관의 입장에서는 이미 구축된 통신망 등 사회간접자본을 용이하게 이용할 수 있는 기회가 되기도 한다. 하지만 원격교육기관이나 실시자는 단기적인 기회를 포착하기보다는 기관의 고유한 비전에 부합하는 기술매체를 선택해야 한다. 그렇지 않으면 새로운 기술에 대한 지속적인 재정지원이 없거나 선택한 기술이 빨리 노쇠했을 때, 기관 운영에 곤란을 겪을 수 있다.

기술선택에 영향을 미치는 기관의 내부 요인도 다양하다. 대개의 경우 조직에서의 기술 혁신은 기관운영에 적극적인 주요 의사결정자들에 의해 주도된다. 이들은 '변화를 위한 챔피언' 의 역할을 하므로 조직이 새로운 기술 수용에 빨리 적응할 수 있도록 리더십을 발휘할 수 있다. 하지만 이들 '고위층' 은 종종 실무적 경험 없이 특정 기술을 옹호하기도 하여 적합하지 않은 결정으로 조직을 이끌 수도 있다.

현재 조직이 구비하고 있는 인적 · 물적 자원도 새로운 기술을 선택하는 데 영향을 미치는 중요한 요인이다. 새로운 기술을 이용한다는 것은 장비의 구입이나 설치, 기술담당 직원의 채용, 교수진 훈련을 포함하는 조직적이고 구조적인 변화를 가져오는 사안이기 때문이다. 특히 새로운 기술을 교수-학습에 이용하기 위해서는 지원체제를 재조정하고 재구축해야 한다. 이 과정은 단기적으로는 비용이 들지만 기술 기반 교수의 성공적인 실현을 위해서는 반드시 필요하다. 이것이 아마도 교육기관이 특정 교수매체의 선택에 신중해야 하는 가장 큰 이유가 될 것이다. 특정 매체의 이용에 이미 많은 투자가 되었고 직원들이 고용되었다면, 더 나은 기술이 다시 등장하더라도 상당 기간은 다시 이를 적극적으로 수용하기 힘들기 때문이다. 그리고 이런 의사결정은 종종 조직의 예산과 인력 배치에 관한 복잡한 과정을 거쳐야 한다. 실제로 이러한 조직의 내부적 문제들은 새 기술의 도입이나 이용을 늦추는 주요한 이유가 된다.

참신성 Novelty

'참신성' 은 새로운 매체 이용이 가져오는 단기적 효과라고 볼 수 있다. 이 효과는 개인 학습자와 교육기관의 층위에서 모두 나타난다. 우선 개인 학습자의 입장에서 보면, 새로운 매체의 이용은 학습에의 동기화에 도움을 준다. 또한 학습자는 향상된 기술이 가져다주는 사용의 편의성을 즐길 수도 있다. 한편 기관의 입장에서 보면, 새로운 기술의 활용은 정체된 기관을 자극하고 개발하는 데 도움을 주기도 한다. 하나의 기술을 도입한다는 것은 교육기관이 조직적인 자기 혁신을 꾀할 수 있는 계기가 될 만큼 파장이 큰 사업이기 때문이다.

속도 Speed

정보의 생성과 소멸의 주기가 짧아짐에 따라 교육 프로그램도 빨리 제작되고 쉽게 '업데이트' 되어야 할 필요가 생겼다. 시간과 관련하여 원격교육 체제에서 문제가 되는 것은 코스를 생산하는 데 걸리는 시간과 그 코스의 유효기간이다. 일단 코스가 생산되면, 교재에 드러난 크고 작은 실수와 오류에도 불구하고 개정을 하기가 힘들어지는 것이 보통이다. 더구나 기관에서는 이미 생산된 코스의 관리와 개선보다는 새로운 코스의 제작에 더 높은 우선순위를 주는 경향이 있다. 따라서 원격교육을 위한 기술매체를 선택할 때에는 교과내용의 변경을 용이하게 하는 유연한 매체를 선택하는 것이 중요하다. 또한 이런 '업데이트' 에 소요되는 비용에 관한 사항도 사전에 반드시 고려해야 한다.

지금까지 살펴본 것처럼 기술매체 선택에 관한 의사결정은 여러 가지 요인들을 동시에 고려해야 하는 복잡한 과정이다. 'ACTIONS' 는 원격교육 상황에서 기술선택 시 고려해야 할 기본적인 사항들을 상기시켜 준다. 하지만 다른 모든 의사결정의 과정과 마찬가지로 현실에서 의사결정이 이루어질 때는 이런 고려사항에 대한 객관적인 자료보다는 이 자료들에 대한 '개인적' 해석과 조직에서의 '지위권력' 이 더 큰 영향을 미치기도 한다.[8] 의사결정은 결국 '사람의 일' 이기 때문이다. 이런 점에서 보면 기술선택에 있어서는 '기술자율성' 못지않게 '인간의 자율성' 도 크게 작용하는 셈이다.

주

1) 'ACTIONS'는 이후 살펴볼 A(access, 접근성), C(costs, 비용), T(teaching and learning, 교수와 학습), I(Interaction, user-friendliness and control, 상호작용 · 편의성 · 통제), O(organizational issues, 조직 관련 쟁점들), N(novelty, 참신성), S(speed, 속도)의 머리글자를 따온 것임.
2) Bates, A. W.(1995). 3. Selecting technologies, In *Technology, Open Learning and Distance Education*(pp. 33~60). London & New York: Routledge.
3) Bates, A. W.(1991). Third generation distance education: The challenge of new technology. *Research in Distance Education*. 3(2), 10~15.
4) 김성일(1999). 제5장. 사이버공간에서의 새로운 학습패러다임. 황상민, 한규석(편저). 『사이버 공간의 심리』(pp. 123~161). 박영사.
5) Schmidt, K. J., Sullivan, M. J. & Hardy, D. W.(1994). Teaching migrant students algebra by audioconference. *The American Journal of Distance Education*. 8(3), 51~63.
6) Nader, D. & LeBlanc G.(1994). Providing a human biology laboratory for distance learners. *The American Journal of Distance Education*. 8(2), 58~71.
7) Shin, N.(2003b). The issue of interaction in open and distance learning. *Distance Education in China*. 17, 27~32.
8) Cervero, R. M. & Wilson, A. L. (1996)(Eds.). *What really matters in adult education program planning: Lessons in negotiating power and interests*. San Francisco: Jossey-Bass Publishers.

제11장 글로벌 교육

인터내셔널리즘
문화적 쟁점들
글로벌 교육의 실제
텔레교육

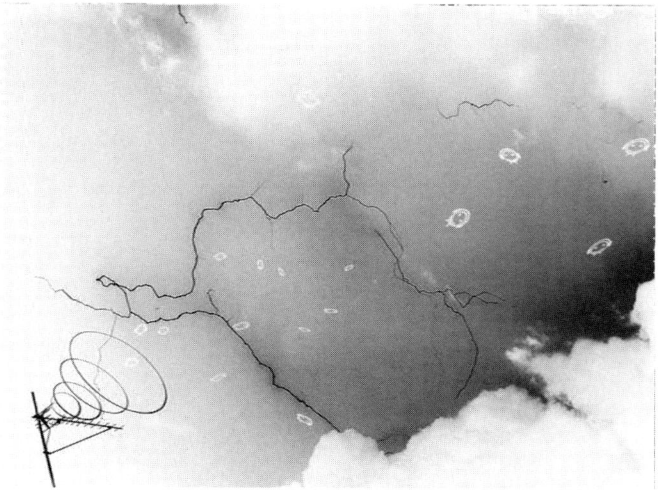

원격교육은 '지금 여기서'만 가능했던 교수행위의 일회성과 현존성을 '언제 어디서나'로 확장시켰다. 글로벌 교육이란 이 확장이 국경을 넘어 국제적으로 이루어지는 것을 가리킨다. 즉 교수-학습 활동이 한 국가 수준을 넘어 다국적 수준에서 일어나는 것이다.

원격교육의 실천은 국가나 지역마다 아주 다양한 모습을 띤다. 그리고 다양한 목적에 봉사한다. 아프리카의 농장에 사는 사람들은 더 발전된 농사 방법을 배우기 위해 원격교육을 이용하고, 아시아 태평양 지역의 작은 섬나라들은 과학기술에 대한 기초 지식을 가진 시민을 양성하기 위해 원격교육에 의존한다.[1] 호주의 경우, 무선 인터넷을 이용하여 도시의 학교에 있는 교사가 시골 오지의 학생들을 직접 지도하기도 한다.[2] 이와 같이 사회문화적 환경에 따라 양상과 목적은 다르지만 원격교육은 더 많은 사람들에게 각자에게 필요한 교육을 제공한다는 공통된 명분을 가진다. 그런데 이 '사회적'의 범위가 한 국가의 경계를 벗어나는 경우가 있다. 이 장에서는 원격교육 분야의 새로운 연구 주제로 등장한 '글로벌' 지평에서의 원격교육에 관해 살펴본다.

인터내셔널리즘

원격교육 문헌에서 사용되는 인터내셔널리즘internationalism, 글로벌 교육globalised education, 텔레교육tele-education, 국가 간 교육transnational education 등의 용어는 모두 교육의 접근성이 국경에 한정되지 않고 국제적으로 개방되는 것을 가리킨다. 쉽게 말하면, 교수-학습 활동이 한 국가 수준이 아니라 다국적 수준에서 일어나는 것이다.

로빈 메이슨Robin Mason에 따르면, 글로벌 코스는 다음과 같은 특징을 보인다.[3] 첫째, 학생 구성이 '글로벌'하다. 즉 둘 이상의 국가에서 참여한 학생들로 구성된다. 둘째, 교수자나 교육기관이 글로벌 학생을 유치하겠다는 의도를 공식적으로 표명한다. 셋째, 교육과정이 다국적 학생을 염두에 두고 개발된다. 넷째, 글로벌 학생을 지원하는 시스템이 구축되어 있다.

원격교육의 국제화 경향은 초·중등의 의무교육보다는 고등교육과 성인계속교육 그리고 기업교육 분야에서 두드러진다. 현실적으로도 글로벌 교육은 원격교육 뿐만 아니라 고등교육과 성인교육, 그리고 기업교육에 종사하는 이들의 공통적 관심사가 되고 있다.[4] 특히 고등교육이 글로벌화되는 배경에는 크게 두 가지 힘이 작용한다. 그 하나는 고등교육 기관에 가해지는 경제적인 압력이다. 전 세계적으로 대학에 대한 정부의 재정적 지원은 줄어들고, 18~20세의 대학 진학 연령 인구는 감소하는 추세에 있다.[5] 대학과 같이 오랜 역사를 가진 기관일수록 새로운 기술 세계에서 차지하게 될 전략적 지위에 대해 불안해한다. 자연히 대학들은 새로운 시장을 찾으려 하고, 원격교육은 그 방법을 열어주는 하나의 대안이 된다. 또 다른 이유는 우리가 살고 있는 물리적 세계 자체가 서로 연결되고, 상호 의존적으로 되어가기 때문이다. 글로벌 통신망과 기술 시스템의 확장은 사람과 사물이 국경을 넘어 물리적으로 이동하는 현상을 일상적으로 만들었다. 교육도 여기서 예외가 될 수 없는 것이다.

글로벌 교육을 옹호하는 입장은 주로 다음과 같은 이유에 근거한다.[6] 첫째, 글로벌 교육은 교육기회 확대에 기여한다. 학습자가 원하는 교육을 한 국가의 경계 내에서 반드시 찾을 수 있으리라는 보장은 없다. 지식은 날로 전문화 · 세분화되어 간다. 따라서 제한된 지적 자원을 가진 개발도상국 뿐만 아니라 선진국에서도 학습자가 원하는 교육을 자국 내에서 모두 제공해주기는 힘들어진다.

둘째, 글로벌 교육은 질 좋은 교육에의 접근성을 높일 수 있다. 특정 교육에 대한 요구가 자국 내에서 충족될 수 있더라도 '수입된' 교육이 질적으로 더 낫다면 소비자에게 그것을 선택할 권리를 보장해 주어야 한다는 논리다.

셋째, 글로벌 교육은 학습자의 국제이해 능력을 향상시켜준다. 이는 교수자와 학습자 집단이 다인종, 다민족, 다국적의 배경을 갖기 때문에 생기는 부수적 효과이다. 글로벌 규모에서의 학습자 간 상호작용은 서로 다른 문화와 세계관에 대한 이해와 관용성을 키워준다.

넷째, 본질적으로 '글로벌' 한 성격을 요구하는 교과들이 있다. 유럽의 경우 경영학 석사학위(MBA) 프로그램과 인문학의 경우는 유럽 개별 국가들의 특성보다는 이를 아울러 통합적으로 이해하는 접근을 필요로 한다. 유럽원격대학연합회[7]가 제공하는 '유럽이란 무엇인가' 라는 코스는 그 한 예가 될 수 있다.

반면, 교육실천이 국경을 초월하는 현상에 대한 우려의 목소리도 다양한 근거를 가지고 있다. 첫째, 글로벌 교육은 지식의 '디지털화' 와 '컴퓨터화' 를 조장한다. 이는 글로벌 교육이 컴퓨터와 인터넷을 기반으로 한 전자매체에 거의 전적으로 의존하는 데서 파생되는 문제점이다. 기술은 어떤 종류의 선택 폭을 넓히기도 하지만 동시에 다른 선택을 배제하는 결과를 수반하기도 한다.[8] 인지적인 측면에서 볼 때 지식의 디지털화는, 새로운 지식 창출의 가능성을 열지만 동시에 컴퓨터 시스템이 처리하지 못하는 정보는 교육과정에서 배제할 가능성이 있다.

둘째, 글로벌 교육은 기본적으로 '소비주의' consumerism 논리에 입각해 있다.[9] 즉 교육자와 학습자의 관계를 공급자와 소비자로 보고, 교육을 사고, 팔고, 광고하고, 포장하고, 영업하는 활동으로 보는 것이다. 실제로 이윤추구를 위해서든 아니든 시장, 즉 소비할 학습자가 없이는 글로벌 교육이 성립하기 힘들다. 글로벌 교육이 다루는 분야가 아직은 의무교육 영역이 아니기 때문이다. 이런 현실에도 불구하고 많은 교육자들은 이 소비주의 관점에 대해 정서적으로 불쾌감을 표한다.

셋째, 시장논리를 따르는 글로벌 교육은 학습의 질보다는 이윤추구에 경도되기 쉽다.[10] 흔히들 시장경쟁이 상품의 질을 높일 것이라고 기대하지만 교육과 같은 공공재의 경우 반드시 그런 결과를 가져오지는 않는다. 이는 '소비자 즉 학습자의 요구에 충실한 교육이 반드시 좋은 교육인가' 라는 규범적인 질문과 관련된다. 또한 이윤추구를 위해 설립된 '학습기업' 들이 생산하는 질적으로 보장되지 못한 프로그램과 부실한 학습자 관리로 인한 문제들도 글로벌 교육에 대한 우려를 낳는다.[11] 심지어 무어는 '원격교육의 제공을 시장경쟁에 맡기는 것은 사적인 용병에게 국가의 방어를 맡기는 것과 같다' 고 염려한다.[12]

넷째, 글로벌 교육은 '문화적 제국주의' 를 퍼뜨릴 수 있다. 교육 프로그램을 통하여 특정 문화와 사회의 가치관을 마치 보편적인 것인 양 다른 문화와 사회에 일방적으로 전달할 위험이 있다는 것이다. 글로벌 교육의 공급자들이 대부분 서구 사회에 기반하고, 국제 원격교육 사업의 50% 이상이 미국에서 기획되거나 재정지원이 이루어지는 현실을 감안한다면,[13] 이런 우려는 한층 심각하게 들린다. 문화적 제국주의 논쟁이 글로벌 교육에 관한 논의 가운데 항상 가장 '뜨거운' 쟁점이 되는 것도 이런 현실 때문이다.

문화적 쟁점들

글로벌 교육의 실천에서 '문화' 에 관한 논의는 상당히 다면적이고 중층적이어서 자칫 모든 문제를 문화의 문제로 돌릴 우려마저 있다. 문화적 논의에 관한 가장 일반적인 접근은 다국적, 다인종으로 구성된 학습자 집단에게 (주로 서구의) 지배적인 '문화 코드' 를 일방적으로 전달하지 않도록 주의해야 한다는 것이다. 문제는 이 '문화 코드' 에 대한 명쾌한 설명이 부족하다는 점이다. 문헌에서 드러나는 몇 가지 사례들에 비추어보면, 문화적 쟁점들은 주로 교육내용과 언어에 초점을 둔다. 그리고 이 두 주제는 모두 교육과정의 '학습자 관련성' learner relevance과 연관됨을 알 수 있다. 여기서 학습자 관련성이란 교육내용이 학습자의 삶과 어느 정도 유관하고 의미 있는가를 말한다.

원격교육 코스 개발의 지역 학습자 관련성에 관한 사례는 홍콩 오픈 유니버시티Open University of Hong Kong: OUHK의 실천에서 찾아볼 수 있다. OUHK는 1989년 설립 당시부터 주로 영국 OU의 교재들을 수입해서 이용했다. 이런 실천은 홍콩의 학교교육 시스템이 영국의 실천과 아주 유사했기 때문에 홍콩 원격학습자들에게는 별 거부감 없이 받아들여졌다. 수업과 교재에 사용되는 언어도 모두 영어로 이루어진다는 점에서 교재의 '로컬 관련성' 여부에 대해서는 별로 비판적이지 않았었다. 하지만 홍콩의 중국 반환 이후 홍콩 정부는 중국어로 이루어지는 수업의 경우 교과내용을 지역의 조건에 적합하게 조정하도록 제안했다.[14] 이런 영향은 영어로 이루어지는 코스에도 점차 확대되어 현재는 모든 코스의 교재는 외부 심사를 통해 홍콩 학습자에게 적합한지의 여부를 평가받도록 되어 있다.

학습자 적합성 여부는 학습의 효과성을 고려할 때 아주 중요한 질문임에 틀림없다. 하지만 한 문화권에서 개발된 교육 프로그램이 다문화적 배경을 갖는 지역의 학습자 개개인들로부터 관련성 면에서 높은 평가를 받기란 현실적으로 힘들다. 더 어려운 문제는 '관련성' 자체가 상당히 주관적이고 판단하기 힘든 가치의 문제라는 점이다. 실제로 지역 학습자 관련성을 높이기 위한 노력은 아주 기초적인 단계에서 이루어진다. 교재에 삽입된 지명이나 사진 이미지들을 개발자가 아닌 학습자가 위치한 지역이나 친근한 이미지로 교체하는 것 등이 그것이다. 만약 전면적인 '로컬화'를 추진하려면 굳이 외부에서 개발된 교재를 사용해야 할 의의가 없어지는 것이다.

교과내용의 구성은 결국 교과를 구성한 '사람'의 철학이나 가치를 반영하게 마련이다. 즉 교과의 관련성 문제는 크게 보아 교수자나 교수설계자의 '학습자 읽기'에 달린 문제이다. 학습자 집단이 다양하게 구성될수록 학습자의 요구도 다양하고, 그 요구에 대한 해석도 다양해진다.

예를 들어 보자. '원격교육 코스 개발'이라는 교과에 대하여 어떤 학습자들은 기능적이고 기술적인 접근을 선호하는 반면, 또 다른 학습자들은 철학적이고 비판적인 접근을 선호한다. 기능적이고 기술적인 접근을 선호하는 학습자들은 '예산 짜기', '비용분석', '매체선택과 이용', '기획 및 관리' 등의 '테크니컬한' 이슈에 관심을 가진다. 반면에, 철학적이고 비판적인 접근을 선호하는 학습자들은 '기술기반 교육을 촉진하려면 누가 안건을 설정해야 하는가', '기술기반 교육을 지원하는 암묵적인 가치체계는 무엇인가', '기술기반 학습의 부정적인 효과는 무엇인가'와 같은 질문을 탐구하고 싶어한다.

앞에서 든 예는 캐나다의 브리티시 콜롬비아British Columbia 대학과 멕시코의 몬테리 기술대학Monterrey Institute of Technology이 협력하여 개발한 글로벌 코스의 실제 사례이다.[15] 이 경우 교수진은 주로 철학적·비판적 접근을, 교수설계자는 기술적·기능적 접근을 선호했고, 각각 자신의 입장이 그 코스에 대한 학습자의 요구라고 보았다. 흥미로운 점은 글로벌 학습자의 요구가 북미(캐나다와 미국)에서 온 학생과 멕시코를 비롯하여 그 밖의 국가들에서 온 학생의 두 집단으로 양분되었다는 점이다. 두 집단 간에 학업성취 면에서는 차이가 없었다. 하지만 교수에 대한 접근과 교육과정에 대한 비판에 있어서는 항상 대립이 있었고, 이는 교수자와 교수설계자의 갈등으로 이어졌다. 문화적 배경에 따라 '가르쳐져야 할 것'에 대한 기대가 달랐던 것이다.

'언어' 역시 글로벌 교육의 문화적 쟁점과 관련된 중요한 주제이다. 언어는 사용되는 매체와 더불어 학습자들의 소통방식을 규정하는데 결정적인 역할을 하기 때문이다. 현실적으로 대부분의 글로벌 코스는 컴퓨터로 중재된 소통Computer-mediated communication: CMC 환경에서 영어를 통해 이루어진다. 이 때 언어와 소통방식은 서로 상호작용하는 효과까지 있어 특정 학습자 집단에게 더 우호적으로 또 다른 학습자에게는 그 반대로 작용할 수 있다. 예를 들어, 게이욜Gayol은 CMC에서의 동시적 상호작용의 경우, 영어 사용권 남성이 비영어 사용권 지역의 여성 학습자보다 대화를 지배할 확률이 훨씬 높다고 본다.[16] 성별과 영어능력에 따라 학습자의 소통참여에 있어 위계구조가 생기는 것이다.

이런 현상을 해석하는 관점도 문화적이고 상대적이다. 예를 들어, 글로벌 코스에서 북미의 학생에 비해 '외국' 학생은 수업에 잘 반응하지 않고 참여하지 않는다는 평가가 그것이다. CMC에서의 '침묵'을 학습자의 소극적인 심리 성향으로 판단하는 것이다. 그런데 이런 해석 자체가 문화적으로 편향된 시각이라는 비판도 가능하다. 모든 학습자들이 영어가 강요하는 사고 패턴에 익숙하지는 않다. 그리고 침묵이란 또 다른 형태의 학습 스타일일 수도 있다. 실제로 학습자가 속한 문화권에 따라 침묵이 '미덕'인 경우도 있다. 게이욜에 따르면, 특히 글로벌 CMC에서의 침묵 혹은 잠복은 지배적인 담론구조에 참여하지 않겠다는 학습자의 '저항'일 수도 있다.

언어와 관련된 이런 복잡한 문제들 때문에 언어적 상징보다는 수와 기호에 의존하는 교과가 글로벌 교과로 더 적합하다는 제안이 등장하기도 한다. 펠튼Pelton은 다음과 같은 이유에서 과학과 수학 같은 교과가 문학과 역사 같은 교과보다 '텔레교육' 방법에 의해 더 효율적으로 전달될 수 있다고 본다.[17] 첫째, 내용이 국가마다 거의 다르지 않다. 둘째, 기술적 전문용어를 사용하기 때문에 언어적 함의에 영향을 거의 받지 않는다. 셋째, 최신 연구에 관한 정보를 주는 소프트웨어 프로그램들이 개발되어 있어 실험실 작업에 도움을 줄 수 있다. 넷째, 코스의 결과를 용이하게 객관적으로 테스트할 수 있다.

일반적으로 글로벌하면서도 지역 관련성을 가진 프로그램을 개발하기 위해서는 어떤 교과이건 개발 초기부터 프로그램 개발자가 지역 전문가들과 함께 협업을 하는 것이 바람직하다. 또한 프로그램이 실행될 지역에 거주하는 교수자나 촉진자를 지원체제에 포함시키는 것도 고려되어야 한다. 그리고 무엇보다 중요한 것은 코스 개발자 자신이 문화적 다양성에 민감해지는 것이다. 이런 측면에서 글로벌 코스 개발자는 다른 문화에 대해 이해하는 작업에 앞서 자신의 문화와 교육에 대한 전제들을 비판적으로 검토해야 할 것이다.

글로벌 교육의 실제

글로벌 교육이라는 주제에 대하여 원격교육 분야는 체계적인 연구보다는 찬성과 반대, 기대와 우려에 대한 근거와 전망을 제시해 왔다. 그 실천 역시 교육기관의 체계적 지원보다는 개인 교수자의 열의에 의해 코스가 개설되는 수준이었다. 하지만 국제적으로 관찰되는 뚜렷한 하나의 경향은 교육을 소비자 수요에 의해 규정되는 상품으로 보는 관점이 보편화되기 시작했다는 점이다.[18)]

이는 국가 건설이나 경제개발 등의 '국가적' national 관점에서 교육을 바라보던 이전의 관점과는 확연히 구분된다. 이전의 원격교육은 국가기구가 정책적으로 장려하는 국가주도 공공사업의 일환이었다. 그 목적 또한 전통적 학교교육 시스템의 보완, 고등교육기회의 확대, 초 · 중등 교사양성과 재교육, 성인계속교육의 제공 등으로써 한 국가의 지속적 개발과 성장에 공헌하는 것이었다.[19)] 이런 의미에서 원격교육은 글로벌 시장에서 개인이 선택하고 소비하는 상품이라기보다는 개별 국가에 의해 주도되는 공공 서비스로서의 성격이 강했었다.

글로벌 교육의 소비주의를 우려하는 관점에도 불구하고 시장논리에 의해 주도되는 글로벌 교육은 장단점을 모두 갖는다. 장점은 교수자나 코스 개발자가 학습자의 요구를 고려하지 않을 수 없다는 것이다. 경쟁원리에 의해 학습자가 공급자를 선택할 수 있기 때문이다. 그리고 학습자 고객에 대한 서비스와 관리는 학습지원의 효과를 가져온다. 특히 글로벌 커뮤니케이션 시스템은 학습자의 요구를 적시에 그리고 적절히 교육환경에 반영하는 것을 가능하게 한다. 단점은 교육재화의 구매력 여부에 따라 교육영역에서도 '부익부 빈익빈' 현상이 심화된다는 것이다. 지구적으로 볼 때 어떤 나라나 지역은 통신망 인프라의 부족으로 글로벌 교육에의 접근이 아예 불가능하다. 또한 질적으로 보장되지 않은 프로그램의 범람으로 학습자가 피해를 볼 수 있다는 것도 시장원리에 따르는 글로벌 교육의 폐해 가운데 하나다.

글로벌 원격교육이 성공적이기 위해서는 기술적 · 행정적 · 교육적 측면에서 많은 노력이 필요하다. 그 가운데서도 교육기관이 갖추어야 할 핵심적인 사항은 다음과 같다.

- 학습자 관련성이 높은 교육과정
- 잘 개발된 정보기술 인프라 구조
- 지역의 문화와 언어의 장벽을 극복할 수 있는 전략
- 우수한 학습자 지원 체제

위와 같은 노력을 할 수 있는 글로벌 원격교육의 공급자는 크게 대학과 비영리 교육관련 기관, 그리고 기업으로 구분할 수 있다. 대학은 다시 전통적인 원격교육대학과 영리 혹은 비영리를 목적으로 설립된 신설 기관으로 나눌 수 있다. 영국 OU의 MBA 프로그램은 전자의 대표적인 예가 될 수 있다. 이 프로그램은 세계 각 지역에 협력 대학이나 기관을 지정하여 지역 수준에서 프로그램을 전달하고 관리할 수 있는 연결망을 구축하고 있다. 2006년 현재 러시아를 비롯하여 유럽 28개국, 아시아 11개국, 아프리카 3개국, 오세아니아 2개국에서 이 프로그램에 참여하는 기관이 있으며 750여명이 넘는 튜터가 글로벌 학습자들을 지원하고 있다.[20] 국내 원격교육기관들도 파트너십partnership 형태로 글로벌 교육에 참여하는 경우가 늘고 있다.[21]

글로벌 학습자에게 교육이나 교육정보를 제공하고자 신설된 기관들은 주로 글로벌 플랫폼을 이용하는 가상대학Virtual University 형태를 띤다. 물리적인 캠퍼스가 없고, 교수-학습활동의 대부분이 웹과 인터넷을 통해 가상공간에서 이루어지는 것이다. 가장 널리 알려진 영리추구형 가상대학의 예는 미국의 피닉스대학Phoenix University이다. 최근에는 특히 온라인 MBA 프로그램을 글로벌 규모에서 제공하는 '학습비지니스' 형 대학들이 수적으로 증가하고 있다. 미국의 카딘대학Cardean University도 그 한 예이다. 이 대학은 일리노이 고등교육위원회에서 MBA 학위 수여를 인정받았고, 콜럼비아, 스탠포드, 시카고, 카네기멜론, 런던 정경대학으로부터 컨텐츠를 제공받고 있다.[22]

글로벌 교육을 목적으로 신설된 기관들은 전통적인 대학이나 원격교육기관에 비하여 좀 더 유연하고 새로운 방식으로 기관의 정체성을 확립할 수 있다는 장점을 갖는다. 다른 대학의 내용전문가를 교수진으로 고용할 수 있으므로 연구에 대한 투자 부담이 없다는 것도 신생 조직의 이점이다. 하지만 원격교육 실천에 대한 경험 부족과 훈련된 직원의 부족은 신생 기관들이 글로벌 규모의 원격교육을 실행하는 데 있어 단점으로 작용한다.

비영리 단체로써 글로벌 학습자에게 원격교육 프로그램이나 관련 정보를 제공하는 기관으로는 가상 온라인 대학Virtual Online University, 글로벌 네트워크 아카데미Global Network Academy, 영연방학습공동체The Commonwealth of Learning 등이 있다. 특히 영연방학습공동체는 저개발국의 개발, 문맹퇴치, 경제적 자립 그리고 아프리카의 AIDS 퇴치 등에 필요한 교육 프로그램과 교육전문가를 지원함으로써 원격교육이 글로벌 문제를 해소하는 데 공헌할 수 있는 여지를 보여준다.[23]

기업 역시 글로벌 원격교육의 주 공급자이다. 사실, 규모면에서 보면 기업의 글로벌 교육이 가장 방대하고 활발하다. 기업 환경이 글로벌화 됨에 따라 전 세계에 흩어져 있는 직원 훈련이 원격교육 방식으로 이루어지는 것이다. 특히 컴퓨터와 소프트웨어 산업과 관련된 통

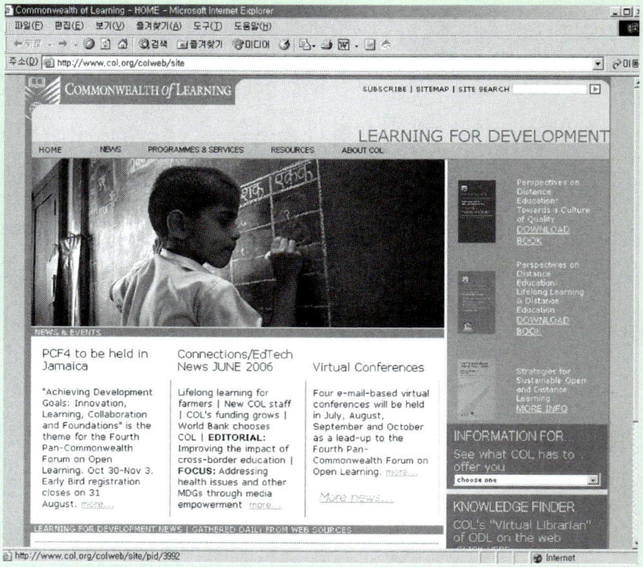

그림 11-1. 영연방학습공동체(The Commonwealth of Learning)홈페이지
비영리 국제기구로써 원격교육을 통해 저개발국의 개발과 지속가능한 발전을 돕고자 한다.
출처: http://www.col.org

신회사들은 전달매체에 대한 통제가 용이하므로 타 업종에 비해 글로벌 원격교육 공급에 있어 상대적 우위를 지닌다. 예를 들어, 마이크로소프트사의 마이크로소프트 온라인 기관Microsoft Online Institute은 자회사의 상품과 관련된 훈련과 수료증 취득을 위한 프로그램을 전 세계 직원에게 제공하고 있다.[24] 모토롤라 기업이 운영하는 모토롤라 대학도 기업대학 모델에서 가상 캠퍼스 모델로 교육 방식을 전환하고 있다. 또한 모토롤라 글로벌 훈련 컨텐츠를 제공하는 일반대학들과 온라인 교육 공급자들과의 전략적 제휴를 통하여 북미와 아시아 지역에 있는 직원들에게 훈련 프로그램을 제공하기도 한다.[25]

텔레교육

글로벌 원격교육은 다국적 학습자를 대상으로 하며 전자매체를 이용한 중재된 교육mediated education이라는 특징을 갖는다. 이 후자의 특징 즉 다양한 전자매체로 중재된 교육을 일컬어 텔레교육tele-education이라고 한다.[26] 텔레교육에 이용되는 전자매체에는 웹과 인터넷 기술 뿐만 아니라 인공지능을 응용한 교육용 완구들, CAD/CAM[27] 디자인 모듈, 지능로봇 및 가상현실 장치 등이 모두 포함된다. 예를 들어, MIT에서 개발한 인공지능형 교육용 장난감은 학생들의 문제해결을 도와주는 '똑똑한' 동료학습자의 역할을 수행한다. 또한 텔레-로봇 통제와 원격 컴퓨터 네트워킹을 통해서 여러 지역에 흩어져 있는 학생들이 CAD/CAM 지능 시스템을 이용하여 공동 작업을 수행할 수도 있다.[28] 21세기의 지적 네트워크는 시간과 공간을 가로질러 운영되

그림 11-2. 교수-학습 보조형 로봇
교실이나 가정에서 이용될 교수-학습 보조형 로봇에 대한 연구가 진행중이다.
출처: 한울로보틱스

고 이 영향은 자연히 교육에 반영된다.

텔레교육 개념은 교육을 면대면 교육과 원격교육으로 양분해 보는 것과는 또 다른 시각에서 현대 교육을 조망하게 한다. 소통매체의 발달로 인하여 대인 간의 의사소통이 직접 대면으로 이루어지는 것보다 매체로 중재된 형태로 이루어지는 경우가 많아졌기 때문이다. 전통적인 대면교육에서도 매체를 통해 교실 안팎에서 교수자와 학습자 혹은 학습자 간에 상호작용하는 경우가 늘고 있다. 즉 '텔레교육적' 인 요소가 첨가되는 것이다. 또한 텔레교육의 정의에 의하면, 글로벌 교육뿐만 아니라 전자매체를 이용하는 대부분의 현대교육은 텔레교육에 속한다고 볼 수 있다. 이런 의미에서 텔레교육 개념은 대면교육과 원격교육의 경계가 불분명해지는 현대 교육의 한 특성을 포착해준다.

텔레교육의 가장 중요한 기능은 한 국가 차원과 글로벌 차원에서 모두 유연한 교육 서비스를 제공할 수 있다는 것이다.

> 오늘날 미국 시골 학생의 약 50%가 화학, 물리, 외국어 교과목의 경우 비디오 교육 보완물을 공급받고 있다. 아마 2010년까지 미국 교육기관의 교육 가운데 50% 이상이 (매체로) '중재된 교육' 이 될 것이다 (Pelton, 1991: 4).

위의 예측에서 알 수 있듯이 텔레교육은 전통적인 학교교육 체제에서 발생하는 교육문제의 일면을 기술매체로 해결하는 데 도움을 주기도 한다.

한국의 이러닝 역시 국가 수준에서 체계적으로 이루어지는 전자매체로 중재된 교육, 즉 텔레교육의 실천이라고 볼 수 있다. 이러닝에 대한 한국 정부의 지원과 관심은 텔레교육이 대면교육, 원격교육, 학교교육, 평생교육과 같은 영역에 모두 걸쳐 있음을 보여준다.

> 2004년 8월 교육인적자원부에서 발표한 'e-러닝 지원체제 종합발전방안'의 주요내용은 e-러닝지원체제를 통해 21세기 지식정보기반 사회에 부합하는 교육체제로 전환하여 21세기형 인재육성과 교육복지 실현으로 국가경쟁력을 강화하는 내용을 담고 있다. 이를 위하여 5대 목표와 10대 과제를 선정하여 향후 5년간 추진과제를 제시하였다. … 그 주요내용은 교사, 학생을 위한 교수-학습의 장을 마련해주고 교육의 장을 학교, 가정, 사회까지 확대하며, 이를 위해서 시스템 및 문화, 제도 기반을 조성하는 것으로 하고 있다(교육인적자원부, 한국교육학술정보원, 2005: 39).[29)]

그러면 한국의 글로벌 교육 현황은 어떠한가? 글로벌 교육은 세계적 수준에 이르는 인터넷 보급망 덕분에 한국 원격교육의 기회와 위기의 요인으로 동시에 작용할 것이다. 우선 세계 수준의 교육 프로그램에 국내 학습자들이 접근할 수 있는 가능성이 높아졌다는 점은 기회의 측면이다. 물론 국내에서 개발된 교육 프로그램이 세계의 학습자들에게 다가갈 수 있는 가능성도 커졌다. 하지만 이런 기회들은 기술적 환경보다는 사회문화적 요인과 글로벌 교육상품의 질에 따라 그 실현 여부가 결정될 것이다.

위기의 요인은 국내의 교육 프로그램 공급자들이 글로벌 시장에서 경쟁해야 한다는 점이다. 예를 들어, 2006년 8월 현재 진행되고 있는 자유무역협정Free Trade Agreement 협상에서 미국은 '인터넷 등을 통한 교육 서비스' 시장을 개방할 것을 요구했다.[30)] 이 요구가 관철되면 외국 교육기관들은 한국에 분교를 설치할 필요 없이 학생을 모집할 수 있게 된다. 따라서 국내 학습자만을 시장으로 삼는 원격교육 프로그램 공급자와 기관들에게 이 변화는 위기로 다가올 수 있다.

'지금, 여기'서만 가능했던 교수행위의 일회성과 현존성을 '언제, 어디서나'로 확장한 것이 원격교육의 출발이었다. 기술매체의 발달은 이 확장의 속도를 조절해 왔다. 기술이 국경을 넘어서 통용되는 상황

주

에서 교육활동에 이 원리가 적용되는 것을 막을 수 있을까? 아니면 인간 즉 운영 주체의 결정에 따라 그 속도의 완급은 조절이 가능할까? 글로벌 교육에 대한 논의가 다시 '기술'과 '교육'의 관계에 대한 문제로 회귀되었다. 그리고 '기술결정론'과 '자유의지론'의 대립은 여기서도 반복된다. '기술'과 '교육'은 원격교육의 이해에 있어 핵심적인 주제임에 틀림없다. 이는 또한 교수행위의 기술복제시대에 있어 교육에 대한 일반적 이해와도 무관하지 않다.

주

1) Mood, T.(1995). Chapter 7. The International Scene. In *Distance education: an annotated bibliography*(pp. 141~145). Englewood, CO: Libraries Unlimited Inc.

2) 한겨레신문(2005). 오지학생 원격수업 "교육소외는 없다", 7월 24일.

3) Mason, R.(1998). *Globalising Education: Trends and Applications*. New York: Routledge.

4) Moore, M.(1994). Introduction. In Melody M. Thompson(Ed.). *Internationalism in distance education: A vision for higher education(Research Monographs, Number 10 in the series)*.(pp. 1~4), University Park, PA: American Center for the Study of Distance Education, The Pennsylvania State University.

5) Mason(1998)

6) Mason(1998)

7) European Association of Distance Teaching Universities

8) 스티븐 몬스마 외(2000). 『책임 있는 과학기술』. 양성일 외(역). CUP.

9) Moore, M.(1994). Is there a cultural problem in international distance education. In Melody M. Thompson(Ed.). *Internationalism in distance education: A vision for higher education*(Research Monographs, Number 10 in the series).(pp. 187~194), University Park, PA: American Center for the Study of Distance Education, The Pennsylvania State University.

10) Moore(1994)

11) Guernsey, L.(1997). Information Technology: Is the Internet Becoming a Bonanza for Diploma Mills? *The Chronicle of Higher Education*. December 19.

12) Moore(1994: 191)

13) Pelton, J.(1991). Technology and education: friend or foe? *Research in Distance Education*. April, 2~9.

14) Craft, M. Carr, R. & Fung, Y.(1998). Internationalisation and distance education: A Hong Kong case study. *International Journal of*

Educational Development. 18(6), 467~472.

15) Bates, A. W.(Tony) & Gpe, J.(1997) Crossing boundaries: Making global distance education a reality. *Journal of Distance Education*. XII, 1/2, 49~66.

16) Gayol, Y.(1998). Technology transparency: A myth of virtual education. ***Bulletin of Science, Technology & Society***. 18(3), 180~186.

17) Pelton(1991: 8)

18) Field, J.(1995). Globalisation, consumption and the learning business. *Distance Education*. 16(2), 270~283.

19) Rumble, G.(1989). The role of distance education in national and international development: An overview. *Distance Education*. 13(1), 65~80.

20) http://www.open.ac.uk/oubs/studying-worldwide.php

21) 중앙일보(2006). 원격교육시장 단계별로 개방을. 7월 24일.

22) 한국경제(2001). 페이스: 온라인 카딘 대학 제프리 콕스 총장. 5월 15일.

23) http://www.col.org/colweb/site

24) http://www.microsoft.com/

25) http://www.motorola.com/

26) Pelton(1991: 7)

27) CAD: Computer Aided Design, 컴퓨터를 이용한 설계.
CAM: Computer Aided Manufacturing, 컴퓨터를 이용한 생산(제조).

28) Pelton(1991: 7)

29) 교육인적자원부, 한국교육학술정보원(2005). 『2005 교육정보화 백서』. 한국교육학술정보원.

30) 한겨레신문(2006). FTA 양허안 틀부터 짜자, 인터넷 교육서비스 관심. 7월 10일.

참고문헌

교육인적자원부, 한국교육학술정보원(2004). 『2004 교육정보화백서』. 한국교육학술정보원.

교육인적자원부, 한국교육학술정보원(2005). 『2005 교육정보화 백서』. 한국교육학술정보원.

권성호(2002). 『교육공학의 탐구』. 양서원.

김성일(1999). 제5장. 사이버공간에서의 새로운 학습패러다임. 황상민, 한규석(편저). 『사이버 공간의 심리』(pp. 123~161). 박영사.

김신자, 이인숙, 양영선(2003). 『교육공학의 이론과 실제』. 문음사.

김종서, 황종건, 김신일, 한숭희(2000). 『평생교육개론』. 교육과학사.

김희수(2003). 『원격교육론』. 한올출판사.

나일주, 정인성(2000). 『교육공학의 이해』. 학지사.

도널드 노먼(1998). 『생각있는 디자인』. 인지공학심리연구회(역). 학지사.

마셜 맥루언(2002). 『미디어의 이해』. 김성기, 이한우(역). 민음사.

마이클 하임(1997). 『가상현실의 철학적 의미』. 여명숙(역). 책세상.

발터 벤야민(1983). 『발터 벤야민의 문예이론』. 반성완(편역). 민음사.

배영달(2005). 『보드리아르와 시뮬라시옹』. 살림.

산업자원부, 한국사이버교육학회(2003). 『2003 e러닝 백서』. 한국사이버교육학회.

서상원(2005). 『e-Learning 컨텐츠 저작도구 동향 및 사례』. 동국대학교 교육학과 발표자료. 미간행물.

서울대교육연구소(편)(1994). 교육학용어사전. 도서출판 하우.

손화철(2006). 기술 시스템과 자율적 기술-쟈끄 엘륄. 한겨레신문. 4월 27일.

스티븐 몬스마 외(2000). 『책임 있는 과학기술』. 양성일 외(역). CUP.

신기현, 김혜수, 신나민(2005). 『주요 원격대학 교육체제 비교연구』. 연구보고 04-3. 한국방송통신대학교 원격교육연구소.

신나민(2005). 원격교육의 이념과 지향: 열린원격학습. 김신일, 박부권(편저). 『학습사회의 교육학』(pp. 223~237). 학지사.

신나민(2005). 해외 원격대학의 튜터제도 운영-OUHK의 사례. 『평생학습사회』. 1(1), 171~194.

참고문헌

신나민(2005a). 한국 인터넷 활용 원격교육의 보수성. 『정보와 사회』. 제7권, 27～42.

신나민(2005b). 원격현존감과 인터페이스에 대한 지각이 학습자의 사이버강좌 평가 및 학습활동에 미치는 영향. 『교육공학연구』. 21(3), 215～240.

신나민, 임정훈, 이혜정(2005). 한국 원격교육 연구의 동향과 전망: 1985～2000년도를 중심으로. 『교육공학연구』. 21(4), 195～227.

월터 J. 옹(2003). 『구술문화와 문자문화』. 이기우, 임명진(역). 문예출판사.

유영만(2002). 『e세상 e러닝: e모양 e꼴의 e러닝』. 한언.

이수경(2004). 웹 기반 기업교육의 정책 · 제도 동향. 나일주, 임철일, 이인숙(편저). 『기업교육론』(pp. 293～309). 학지사.

이영준(2006). 기술과 철도, 한겨레신문. 8월 3일.

이지훈(2006). 기술과 예술, 한겨레신문. 7월 6일.

정인성, 임정훈(2001). 방송원격수업과 웹기반 가상수업의 비용효과성 비교 · 연구. 『교육공학연구』. 17(1), 131～164.

중앙일보(2006). 원격교육시장 단계별로 개방을. 7월 24일.

진중권(2004). 『미학 오디세이 3』. 휴머니스트.

피에르 레비(2002). 『디지털 시대의 가상현실』. 전재연(역). 궁리출판.

한겨레신문(2006). FTA 양허안 틀부터 짜자, 인터넷 교육서비스 관심. 7월 10일.

한겨레신문(2005). 오지학생 원격수업 "교육소외는 없다". 7월 24일.

한국경제(2001). 페이스: 온라인 카딘 대학 제프리 콕스 총장. 5월 15일.

홍순정(2003). 발간사. 『원격교육연구』. 3(1).

Amundsen, C. L., & Bernard, R. M.(1989). Institutional support for peer contact in distance education: an empirical investigation. *Distance Education*. 10(1), 7～26.

Badham, R. & Mathews, J.(1989). The new production systems debate. *Labour and Industry*. 2(2), 194～246.

Bates, A. W.(1991). Third generation distance education: The challenge of new technology. *Research in Distance Education*. 3(2), 10～15.

Bates, A. W.(1995). *Technology, Open Learning and Distance Education*. London & New York: Routledge.

Bates, A. W.(1997). The impact of technological change on open and distance learning. *Distance Education*. 18(1), 93～109.

Bates, A. W.(Tony) & Gpe, J.(1997) Crossing boundaries: Making global distance education a reality. *Journal of Distance Education.* XII, 1/2, 49～66.

Bean, J. P. & Metzner, B. S.(1985). A conceptual model of nontraditional undergraduate student attrition. *Review of Educational Research.* 55(4), 485～540.

Berge, Z. L. & Mrozowski, S.(2001). Review of research in distance education, 1990～1999. *The American Journal of Distance Education.* 15(3), 5～19.

Billings, D. M.(1988). A conceptual model of correspondence course completion. *The American Journal of Distance Education.* 2(2), 23～35.

Bischoff, W. R., Bisconer, W., Kooker, B. & Woods, L.(1996). Transactional distance and interactive television in the distance education of health professionals. *The American Journal of Distance Education.* 10(3), 4～19.

Boshier, R., Wilson, M. & Qayyum, A.(1999). Lifelong education and the World Wide Web: American hegemony or diverse utopia? *International Journal of Lifelong Education.* 18(4), 275～285.

Buxton, W. A. S.(1993). Telepresence: integrating shared task and person spaces. In R. M. Baeker(Ed.). *Readings in Computer and Computer-supported Cooperative Work.* San Francisco: Morgan Kaufmann.

Campion, M.(1996). Contemporary debates about bureaucracy: Implications for dual mode universities. Different Approaches: Theory and Practice in Higher Education. *Proceedings HERDSA Conference 1996.* Perth, Western Australia, 8～12 July.

Cervero, R. M. & Wilson, A. L. (1996)(Eds.). *What really matters in adult education program planning: Lessons in negotiating power and interests.* San Francisco: Jossey-Bass Publishers.

Chandler, D.(2000). *Technological or Media Determinism.* Retrieved on August 13, 2001. from http://www.aber.ac.uk/media/Documents/tecdet/tecdet.html

Choi, J., Sung, K., Song, H. & Song, J.(1996). *A study on the students' learning achievement process in Korea National Open University.* Seoul: Student Guidance Center, Korea National Open University.

Clark, R.(1983). Reconsidering research on learning from media. *Review of Educational Research.* 53(4), 445～459.

Clark, R.(1989). *Evaluating distance learning technology.* Final draft prepared at the invitation of the United States Congress. Office of Technology Assessment, ERIC document ED325097.

Clark, R.(1994). Media will never influence learning. *Educational Technology Research & Development.* 42(2), 21～29.

Coldeway, D. O.(1986). Learner characteristics and success, In I. Mugridge & D. Kaufman(Eds.). *Distance Education in China.* New Hampshire: Croom Helm.

Cook, J.(1989). The liberation of distance: Teaching women' s studies from China. In T. Evans & D. Nation(Eds.). *Critical Reflections on Distance Education*(pp. 23～37). London, New York and Philadelphia: The Falmer Press.

Craft, M. Carr, R. & Fung, Y.(1998). Internationalisation and distance education: A Hong Kong case study. *International Journal of Educational Development.* 18(6), 467～472.

Daniel, J. S. & Marquis, C.(1983). Interaction and independence: getting the mixture right. In D. Sewart, D. Keegan, & B. Holmberg(Eds.). *Distance Education: International Perspectives*(pp. 339～357). London: Croom Helm.

Dick, W. & Carey, L.(1990). *The Systematic Design of Instruction*(3rd Ed.). Glenview, II.: Scott, Foresman, and Company.

Durkheim, E.(1961). *Suicide.* J. Spaulding & G. Simpson(trans.). Glencoe: The Free Press.

Eastmond, D. V.(1995). Chapter 2, The Distance Students. In *Alone But Together: Adult Distance Study Through Computer Conferencing* (pp. 19～59). Cresskill: Hampton.

Ellul, J.(1990). *The Technological Bluff.* Grand Rapids, MI: Eerdmans.

Field, J.(1995). Globalisation, consumption and the learning business. *Distance Education.* 16(2), 270～283.

Forman, D.C. & Richardson, P.(1977). Course development by team: How many cooks does it take to spoil the broth? *Educational Technology.* December. 30 ~ 35.

Garland, M. R.(1994). The adult need for "personal control" provides a cogent guiding concept for distance education. *Journal of Distance Education.* IX(1), 45 ~ 59.

Garrison, D. R.(1997). Computer conferencing: the post industrial age of distance education. *Open Learning.* June, 3 ~ 11.

Gayol, Y.(1998). Technology transparency: A myth of virtual education. *Bulletin of Science, Technology & Society.* 18(3), 180 ~ 186.

Grace, M.(1994). Meanings and motivations: women's experiences of studying at a distance. *Open Learning.* 9(1), 13 ~ 21.

Guernsey, L.(1997). Information Technology: Is the Internet Becoming a Bonanza for Diploma Mills? *The Chronicle of Higher Education.* December 19.

Gunawardena, C. N. & Zittle, F. J.(1997). Social presence as a predictor of satisfaction within a Computer-mediated conferencing environment. *The American Journal of Distance Education.* 11(3), 8 ~ 26.

Gunawardena, C. N.(1992). Changing faculty roles for audiographics and online teaching. *The American Journal of Distance Education.* 6(3), 58 ~ 71.

Gunawardena, C., Low, C. & Anderson, T.(1997). Analysis of global online debate and the development of an interaction analysis model for examining social construction of knowledge in computer conferencing. *Journal of Educational Computing Research.* 17(4), 397 ~ 431.

Hackman, M. Z. & Walker, K.(1990). Instructional communication in the televised classroom: the effects of system design and teacher immediacy on student learning and satisfaction. *Communication Education.* 39, 196 ~ 206.

Harper, W. R.(1903). The president's quarterly statement. University Record July: 43.

Heinze, T.(1983). The social and psychological milieu of distance students. *Distance Education.* 4(1), 53 ~ 62.

Herrmann, A.(1988). A conceptual framework for understanding the transitions in perceptions of external students. *Distance Education*. 9(1), 5~26.

Holmberg, B.(1986). A discipline of distance education. *Journal of Distance Education*. 1(1), 25~40.

Honan, W. H.(1995). *Professors battling television technology*. New York Times.

Huberman, A. M.(1974). *Permanent Education: Some Models of Adult Change*. Council of Europe.

Indira Gandhi National Open University. http://www.ignou.ac.in/

Jegede, O. J. & Kirkwood, J.(1994). Student' s anxiety in learning through distance education. *Distance Education*. 15(2), 279~290.

Jonassen, D. H.(1995). Computers as cognitive tools: Learning with technology, not from technology. *Journal of Computing in Higher Education*. 6(2), 40~73.

Kailani, T. Z.(1995). The role and tasks of tutors at Al-Quds Open University. *Open Learning*. June, 27~32.

Keegan, D.(1980). On defining distance education. *Distance Education*. 1(1), 13~36.

Keegan, D.(1996). *Foundations of Distance Education: Third Edition*. London & New York: Routledge.

Kelly, M. & Shapcott, M.(1987). Towards understanding adult distance learners. *Open Learning*. 2(2), 3~10.

Kember, D.(1989). An illustration, with case studies, of a linear-process model of drop-out from distance education. *Distance Education*. 10(2), 196~211.

Kember, D., Murphy, D., Siaw, I. & Yuen, K. S. (1991). Towards a casual model of student progress in distance education: Research in Hong Kong. *The American Journal of Distance Education*. 5(2), 3~15.

Kennedy, D. & Powell, R.(1976). Student progress and withdrawal in the Open University. *Teaching at a Distance*. 7, 61~75.

Kirkup, G. & Priimmer, C. V.(1990). Support and connectedness: the needs of women distance students. *Distance Education*. 8(1), 4~17.

Krajnc, A.(1988). *Social isolation and learning effectiveness in distance education*. Hagen: FernUniversitat.

Lambert, M. & Ludlow, N.(2000). The home study inheritance. In M. Moore & N. Shin(Eds.). *Speaking Personally about Distance Education* (pp. 7～11). State College: American Center for the Study of Distance Education.

Lee, R. M. & Robbins, S. B.(1995). Measuring belongingness: The social connectedness and the social assurance scales. *Journal of Counseling Psychology*. 42(2), 232～241.

Lombard, M. & Ditton, T.(1997). At the heart of it all: the concept of presence. *JCMC*. 3(2), Retriered on July 6, 2000. from http://jcmc.indiana.edu/vol3/issue2/lombard.html.

Martin, J.(1981). *Telematic Society: a challenge for tomorrow*. Englewood Cliffs, Prentice-Hall.

Mason, R.(1995). *Using Communications Media in Open and Flexible Learning*. London: Kogan Page.

Mason, R.(1998). *Globalising Education: Trends and Applications*. New York: Routledge.

May, S.(1993). Collaborative learning: More is not necessarily better. *The American Journal of Distance Education*. 7(3), 39～50.

McHenry, L. & Bozik, M.(1995). Commucnication at a distance: A study of interaction in a distance education classroom. *Communication Education*. 44(October). 362～371.

McWhirter, B. T.(1990). Loneliness: A review of current literature, with implications for counseling and research. *Journal of Counseling & Development*. 68(March/April), 417～222.

Mood, T.(1995). Chapter 7. The International Scene. In *Distance education: an annotated bibliography*(pp. 141～145). Englewood, CO: Libraries Unlimited Inc.

Moore, M. & Kearsely, G.(2005). *Distance Education: A Systems View*. Belmont CA: Thomson Wadsworth.

Moore, M.(1994). Introduction. In Melody M. Thompson(Ed.). *Internationalism in distance education: A vision for higher education(Research Monographs, Number 10 in the series)*. (pp. 1～4), University Park, PA: American Center for the Study of Distance Education, The Pennsylvania State University.

Moore, M.(1994). Is there a cultural problem in international distance education. In Melody M. Thompson(Ed.). *Internationalism in distance education: A vision for higher education(Research Monographs, Number 10 in the series).*(pp. 197～194), University Park, PA: American Center for the Study of Distance Education, The Pennsylvania State University.

Moore, M.(1990b). Introduction: Background and overview of contemporary American distance education. In M. Moore(ed). *Contemporary Issues in American Distance Education.*(pp.xii～xxvi) Oxford: Pergamon Press.

Moore, M.(1990a). Recent contributions to the theory of distance education. *Open Learning.* November 1990, 10～15.

Moore, M.(1989). Editorial: Three types of interaction. *The American Journal of Distance Education.* 3(2), 1～6.

Moore, G.(1976). *Investigation of the interaction between the cognitive style of field independence and attitudes to independent study among adult learners.* Ph.D. Dissertation, University of Wisconsin, Madison.

Moore, G.(1973). Towards a theory of independent learning and teaching. *Journal of Higher Education.* 44(9), 661～679.

Morgan, A. & Thorpe, M.(1993). Residential schools in open and distance education: Quality time for quality learning? In T. Evans & D. Nation(Eds.). *Reforming Open and Distance Education: Critical Reflections from Practice*(pp.72～87). New York: St. Martin' s Press.

Munro, J. S.(1998). *Presence at a Distance: The educator-learner relationship in distance education(Research Monograph 16).* American Center for the Study of Distance Education. University Park, PA: The Pennsylvania State University.

Nader, D. & LeBlanc G.(1994). Providing a human biology laboratory for distance learners. *The American Journal of Distance Education.* 8(2), 58～71.

Newcomb, M. D.(1990). Social support by many other names: Towards a unified conceptualization. *Journal of Social and Personal Relationship.* 7, 479～494.

Nipper, S.(1989). Third generation distance learning and computer conferencing. In R. Mason & A. Kaye(Eds.). *Mindweave: Communication, Computers and Distance Education.* Oxford: Pergamon.

Noble, D. F.(1998). Selling academy to the technology industry. *Thought & Action.* 14(1), 29~40.

Paul, R. H.(1990). *Open Learning and Open Management: Leadership and Integrity in Distance Education.* London: Kogan Page.

Pelton, J.(1991). Technology and education: friend or foe? *Research in Distance Education.* April, 2~9.

Perkins, D. N.(1986). *Knowledge as Design.* Hillsdale, NJ: Lawrence Erlbaum.

Perraton, H.(2000). Rethinking the research agenda. *International Review of Research in Open and Distance Learning.* 1(1). http://www.irroal.org/~1.1 html

Peters, O.(1971). Theoretical aspects of correspondence instruction. In O. Mackenzie and E. L. Christensen(Eds.). *The Changing World of Correspondence Study*(pp. 223~228). University Park & London: The Pennsylvania State University Press.

Peters, O.(1997). A paper written for the virtual seminar professional development in distance education, Jan-March. http://www.fernuni-hagen.de/ZIFF/PETERS2.HTM

Peters, O.(1998). *Learning and Teaching in Distance Education: Analyses and Interpretations from an International Perspective.* London: Kogan Page.

Phipps R. & Merisotis J.(1999). *What's the difference? A review of contemporary research on the effectiveness of distance learning in higher education.* Washington D.C.: The Institute for Higher Education.

Pittman, V.(1996). Harper's Headaches: Early Policy Issues in Collegiate Correspondence Study. In Duning, B. S. and V.V. Pittman(eds). *Distance Education Symposium 3: Policy and Administration*(pp. 19~31). University Park. PA: American Center for the Study of Distance Education, The Pennsylvania State University.

Postman, N(1993). *Technopoly: The Surrender of Culture to Technology.* New York: Vintage.

Postman, N. (1999). Pennsylvania State University 강연에서, February.

Pugliese, R.(1995). The loneliness of the long distance learner. Paper presented at the *Distance Education Symposium 3: Learners and Learning.* University Park, PA: The Pennsylvania State University.

Rafaeli, S.(1988). Interactivity: from new media to communication. In R. P. Hawkins, J. M. Wiemann & S. Pingree(Eds.). *Advancing Communication Science: merging mass and interpersonal processes.* Newbury Park, CA, Sage.

Rawaf, H. S. A. & Simmons, C.(1992). Distance higher education for women in Saudi Arabia: Present and proposed. *Distance Education.* 13(1), 65~80.

Rosen, L. D. & Maguire, P.(1990). Myths and realities of computerphobia. a meta-analysis. *Anxiety Research.* 3, 175~191.

Rourke, L., Anderson, T. & Garrison, D. R.(1999). Assessing social presence in asynchronous text-based computer conferencing. *Journal of Distance Education.* 14(2), 50~71.

Rumble, G.(1988). Animadversions upon the concept of distance education. *Journal of Distance Education.* 3(1), 39~56.

Rumble, G.(1989). The role of distance education in national and international development: An overview. *Distance Education.* 13(1), 65~80.

Saba, F. & Shearer, R.(1994). Verifying key theoretical concepts in a dynamic model of distance education. *The American Journal of Distance Education.* 8(1), 36~57.

Saba, F.(2000). Research in distance education: A status report. *International Review of Research in Open and Distance Learning.* 1(1). http://www.irrodl.org/index.php/irrodl/article/viewFile/4/24

Sammons, M.(1990). An epistemological justification for the role of teaching in distance education. In M. Moore(eds.) *Contemporary Issues in American Distance Education.* Oxford: Pergamon Press.

Sarason, I. G., Sarason, B. R. & Shearin, E. N.(1986). Social support as an individual difference variable: Its stability, origins and relational aspects. *Journal of Personality and Social Psychology*. 50(4), 845～855.

Saunders, N. G., Malm, L. D., Malone, B. G., Nay, F. W., Oliver, B. E. & Thompson, J. C.(1997). Student perspectives: Responses to internet opportunities in a distance learning environment. Paper presented at the Annual meeting of the Mid-Western Educational Research Association, Chicago, IL.

Schlosser, C. & Anderson, M.(1993). *Distance Education: Review of the Literature*. Iowa State University.

Schmidt, K. J., Sullivan, M. J. & Hardy, D. W.(1994). Teaching migrant students algebra by audioconference. *The American Journal of Distance Education*. 8(3), 51～63.

Schramm, W.(1962). What we know about learning from instructional television. In *Educational television: The next ten years*. Stanford CA: The Institute for Communication Research, Stanford University.

Schummer, M.(1994). Synthesizing epistemological belief research: Tentative understandings and provocative confusions. *Educational Psychology Review*. 6, 293～319.

Sewart, D.(1983). Distance teaching: a contradiction in terms? In D. Sewart, D. Keegan & B. Holmberg(Eds.). *Distance Education: international perspectives*. London: Croom Helm.

Shamp, S. A.(1991). Mechanormorphism in perception of computer communication partners. *Computer in Human Behavior*. 7, 147～161.

Shin, N. & Chan, J(2004). Direct and indirect effects of online learning on distance education. *British Journal of Educational Technology*. 35(3), 275～288.

Shin, N.(2003a). Transactional presence as a critical predictor of success in distance learning. *Distance Education*. 24(1), 69～86.

Shin, N.(2003b). The issue of interaction in open and distance learning. *Distance Education in China*. Vol. 17, 27～32.

Shin, N.(2002a). Beyond interaction: the relational construct of 'Transactional Presence'. *Open Learning*. 17(2), 121～137.

Shin, N.(2002b). Institution' s presence: Its significance to distance learning.

Global E-Journal of Open, Flexible & Distance Education. 2(1), 27~36.

Shin, N. & Kim, J.(1999) An exploration of learner progress and drop-out in Korea National Open University. *Distance Education*. 20(1), 81~95.

Short, J., Williams, E. & Christie, B.(1976). *The Social Psychology of Telecommunication*. New York: John Wiley.

Simonson, M., Smaldino S. Albright, M. & Zvacek, S.(2003). *Teaching and Learning at a Distance: Foundations of Distance Education*. Upper Saddle River, NJ: Merrill Prentice Hall.

Soo, K. S. & Bonk, C. J.(1998). *Interaction: what does it mean in online distance education?* Paper presented at the 98 World Conference Educational Multimedia and Hypermedia & World Conference on Educational Telecommunication. Freiburg, Germany. 20~25 June.

Spaulding, C. L.(1995). Teachers' psychological presence on students' writing-task engagement. *Journal of Educational Research*. 88(4), 210~219.

Student Research Centre, I. E. T., O.U.(1986). The human dimension in Open University study. *Open Learning*. June, 14~17.

Tait, A.(1988). Democracy in distance education and the role of tutorial and counselling services. *Journal of Distance Education*. Spring 1988, 3(1), 95~99.

Tait, A.(1996). Conversation and community: Student support in open and distance learning. In R. Mills & A. Tait(Eds.). *Supporting the Learner in Open and Distance Learning*(pp. 59~72). London: Pitman Publishing.

Tallman, F. D.(1994). Satisfaction and completion in correspondence study: The influence of instructional and student-support services. *The American Journal of Distance Education*. 8(2), 43~57.

Tammelin, M.(1998). From telepresence to social presence: the role of presence in a network-based learning environment. In S. Tella(Ed.). *Aspects of Media Education: strategic imperatives in the information age*. Helsinki: University of Helsinki.

Tight, M.(1985). Do we really need course teams? *Teaching at a Distance*.

26, 48~50.

Tinto, V.(1975). Dropout from higher education: A theoretical synthesis of recent research. *Review of Educational Research*. 45(1), 89~125.

Vrasidas, C. & McIsaac, M. S.(1999). Factors influencing interaction in an online course. *The American Journal of Distance Education*. 13(3), 22~36.

Williams, E.(1978). Teleconferencing: social and psychological factors. *Journal of Communication*. 28, 125~131.

Winner, L.(1986). *The Whale of the Reactor: A Search for Limits in an Age of High Technology*. Chicago: University of Chicago Press.

Wolcott, L. L.(1997). Tenure, promotion, and distance education: Examining the culture of faculty rewards. *The American Journal of Distance Education*. 11(2), 3~8.

Wright, C.(1988). The Independent/Distance Study Course Development Team. *Educational Technology*. December. 12~17.

Zhang, W. Y. & Wenkaiah, V.(2000). A preliminary study of current state of distance education in India. *The Malaysian Journal of Distance Education*. 2(1), 1~14.

찾아보기

| 인명 |

| 용어 |

ㄱ

ㅇ

ㅈ

◀ 저자소개 ▶

신나민

동국대학교 교육학과 교수

서울대학교 교육학과 학부와 석사를 졸업하고, 미국 펜실베니아 주립대학교에서 원격교육 전공으로 박사학위를 받았다. 미국원격교육연구소(American Center for the Study of Distance Education)와 홍콩 오픈 유니버시티의 성인원격학습센터(Centre for Research in Distance & Adult Learning)에서 일한 경험이 있다. 사람들이 서로 다른 시공간에 있으면서도 교수-학습이 이루어지는 상황 자체가 무척 흥미로운 연구 분야라고 생각한다. 특히 원격교육 상황에서 현존감, 몸과 인식의 관련성, 그리고 매체로 중재된 상황에서의 커뮤니케이션에 관심이 있다. 최근에는 사람과 인공지능 에이전트(아바타, 로봇) 간의 관계와 상호작용에 대해 연구하고 있다.

인지

원격교육입문 기술복제시대 교육에 대한 이해

2007년 4월 15일 1판 1쇄 인쇄
2007년 4월 20일 1판 1쇄 발행

지은이 신나민
펴낸이 조재성

펴낸곳 서현사
(410-828) 경기도 고양시 일산동구 정발산동 1238-9 103호
전화 031-919-6643 팩스 031-912-6643
등 록 2002년 8월 14일 제03-01392호

ISBN 978-89-90357-67-0 93370
정 가 14,000원